Großherzog) Karl August (Sachsen-Weimar-Eisenach)

Briefwechsel des Großherzogs Carl August von Sachsen Weimar Eisenach mit Goethe

In den Jahren von 1775 bis 1828

Großherzog) Karl August (Sachsen-Weimar-Eisenach

Briefwechsel des Großherzogs Carl August von Sachsen Weimar Eisenach mit Goethe
In den Jahren von 1775 bis 1828

ISBN/EAN: 9783742816115

Hergestellt in Europa, USA, Kanada, Australien, Japan

Cover: Foto ©Thomas Meinert / pixelio.de

Manufactured and distributed by brebook publishing software
(www.brebook.com)

Großherzog) Karl August (Sachsen-Weimar-Eisenach

Briefwechsel des Großherzogs Carl August von Sachsen Weimar Eisenach mit Goethe

Briefwechsel

des

Großherzogs Carl August

mit

Goethe.

Briefwechsel

des

Großherzogs Carl August

von

Sachsen-Weimar-Eisenach

mit

Goethe

in den Jahren von 1775 bis 1828.

Zweiter Band.

Weimar

Landes-Industrie-Comptoir

1863.

248.

Das ist mir recht lieb. Im Fall uns Alten die Alten ausgehn sollten, so kennen wir Jemanden, der wirklich Künstler in dieser Art ist, ohne eine angeborene Gefälligkeit für den ersten Eindruck zu besitzen. — Zur Reise wünsche ich viel Glück und in Jena wirst Du gewiß gute gemeinnützliche Einrichtungen treffen.

28. 4. 9.

Carl August.

249.

Bei der Menge Leute, die heute da waren, konnte ich nicht an die Theatralia kommen. Gestern wurde auf künftigen Sonnabend die Entführung angesagt; mag sein! Hinterdrein soll, wie ich heute von Kirms erfahre, Müllerinn, Cosa rara u. s. w. seyn, lauter Sachen, die man sich in den Winterzeiten satt gehört hat. Wie ich Dir neulich sagte, so wünschte ich den Sommer hindurch einige von den alten kleinen lustigen Sachen zu hören, die uns jetzt wieder neu sind, da sie gewiß binnen 10 Jahren nicht sind gegeben worden und die wir bei dem eingeschränkten Personale und der Mangelhaftigkeit der Besetzung geben können.

Ich habe das Verzeichniß der Opern, will mir etliche aus lesen und mit der Jagemann besprechen, was etwa practicabel davon seyn möchte, oder nicht; um Dir dann morgen meine Vorschläge zu schicken, oder übermorgen.

9. 7. 9.

C. A.

250.

Die Beilage ist von Fall; er las es neulich vor und scheint große Liebschaft dafür zu haben. Unter uns gesagt ist nicht[1] . . . . und passabel schlechte Verse; indessen spielt das Ding höchstens 20 Minuten. Wenn wir es spielen lassen, so ist's Fallen lieber, als wie eine goldene Dose. Ich dächte Du ließest es einen Sonnabend mit durchlaufen.

20. 7. 9.

Carl August.

251.

5. 8. 9.

Hier schicke ich Dir allerhand Curiosa.

1) Ein Paar Löffel von Caldarischem Erze, in Berlin gefertigt, deren chemische Untersuchung interessant seyn kann.

2) Das Nest einer kleinen Art Wespe, das neulich an einem Fenster im Schlößchen zu Schwansee hing.

[1] Hier folgen einige unleserliche Worte.

3) zwei Päckchen Erde, oder sogenannte Trockne aus der Atmosphäre, id est erdiger Niederschlag aus Regenwasser. Das größere Packet enthält Erde aus 6 Porzellan-Schüsseln, die auf dem äußersten Rande des Ballons standen, in welche aber doch wohl etwas Staub vom Kehren des Ballons gefallen seyn kann. Drei Monate lang wurden diese Schüsseln dem Regen und der Sonne ausgesetzt. Das kleine Packet ist aus zwei Porzellan-Schüsseln, welche 4—6 Wochen ganz frei an Fäden hingen und worin gewiß kein Kehricht gekommen ist. Professor Voigt wird den nähern Zusammenhang dieser Untersuchungen Dir angeben können; Diesem gieb auch diese Erden und das Wespennest.

Herzlich wünsche ich, daß das Eger-Wasser gut anschlage; jetzt solltest Du doch noch nach Carlsbad gehn. Bernhard ist hier; der Königlich Sächsische Hof reiset morgen von Frankfurt nach Dresden und kommt Dienstag hier durch. Leb bestens wohl.

C. A.

252.

Meinen besten Dank für Deinen Antheil an dem heut'gen Tage[1] statte ich Dir ab. Wenn Du thätig froh und wohl bist, so lange ich noch mit Dir gute Tage erleben kann, so wird mir mein Daseyn schätzbar bleiben. Leb wohl.

Carl August.

J. 9. 9.

Wen an Goettlings[2] Stelle? doch einen sehr Bedeutenden?

---

[1] Geburtstag des Herzogs. [2] Gestorben am 1. Sept. 1809.

253.

Der Hofkammerrath Kirms hat mir heute Morgen gesagt, daß er von Dir beauftragt wäre, mir von Dir die Lage vorzutragen, in welcher sich die Sache befände, das neue Engagement der Schauspieler Wolf, Mann und Frau, betreffend, und einige Vorschläge, um diese nützlichen Leute dem Theater zu erhalten. Recht habe ich nicht Kirmsens Vortrag gefaßt und da bei dergleichen mündlichen Erzählungen ofte Mißverständnisse erfolgen, so wäre es mir lieb, wenn Du mir Deine Meinung schriftlich zukommen ließest.

Carl August.

254.

Die Prinzen wünschen sehr, Deinen Tasso spielen zu sehn: ich habe mich deswegen mit der Jagemann besprochen und diese sagt, daß wenn sie gewiß wäre, daß er heute über acht Tage gespielt würde, so wolle sie sich gleich an ihre Rolle machen und getraue sich, sie bis dahin zu lernen. Laß mich doch gleich mit ein Paar Zeilen Antwort wissen.

3. 2. 10.

C. A.

255.

Bestelle also den Tasso auf künftigen Sonnabend. Morgen früh komme ein bißchen zu mir, ich habe Dich über Allerhand zu sprechen.

3. 2. 10.

C. A.

256.

Zu meiner Schande bekenne ich, daß ich einen schlechten
Esel[1] empfohlen habe. Laß ihn aus dem Repertorium des
hiesigen Theaters ausstreichen. Mir gehts damit, wie Voltaire
und Piron, da Letzterer Ersterm sagte: Du gäbst was drum,
wenn ich das Stük geschrieben hätte. Laß den Esel nicht wieder
erscheinen. Ich erinnere so etwas, weil man sich manchmal
hinterdrein ärgert, wenn man es vergessen hat.

C. A.

8. 3. 10.

257.

6. May 10.

Da ich gestern nach Hause kam, fand ich zwei Kisten von
Voigten an mich adressirt, welche ich öffnete und sehr vorsichtig
auspackte, dann in ein verschlossenes Zimmer bringen ließ. Die
Sachen gehören Theils für's Cabinet, Theils für die Gärten,
Theils Voigten selbst; sie sind alle so durcheinander, daß sich Niemand herausfinden kann. Manches ist sehr beschädigt. Die Saamen müssen in die Erde; da man aber nicht unterscheiden kann,
was wirklich Sämereien, oder blos Curiosa von Saamen für's
Cabinet sind; so getraue ich mir nicht zu sichten. Dieses und
mancherlei andere Gegenstände, über welche ich Dich sprechen

---

[1] Des Esels Schatten, von Kotzebue, war am 7. März 1810 gegeben
worden.

möchte, veranlassen mich, Dich zu ersuchen, morgen oder übermorgen her zu kommen. Dich erwartend wünsche ich wohl zu
leben.

C. A.

Eine Bronze-Medaille von Papst Pius VII., drei Zoll im
Durchmesser, hat sich in Deinem Garten gefunden.

258.

[1810.]

Die ganze Sache ist, daß ich meinem Sohn eine Fontaine
auf dem Schloßplatz in Belvedere setzen lassen will, zu welcher
ich den bekannten Porphyr von Münchenholzen[1]), den Du
einmal dorten holen ließest, anwenden wollte. Er ist zwischen
4 — 5 Fuß lang und zwischen 3 — 4 Fuß breit, sehr dick und
eignet sich deswegen zu einer Schaale. Ich gedachte das Wasser
gerade aus dem Becken in die Höhe springen und auf den Rasen fallen zu lassen, wo es dienen würde, das Gras auf jener
dürren Höhe beständig frisch grün zu erhalten. Einen Fuß
unter die Schaale zu finden, das wäre die Auf-
gabe. Der Wasserstrahl selbst kann ziemlich beträchtlich werden, da der Zufluß doch wohl zwei Kubikzoll in der Secunde
enthalten kann, mehr aber wohl schwerlich nicht. Das Maaß
der Schaale und das des Strahls giebt also leichte das Verhältniß an; der Rasenplatz selbst, etwas elliptisch, hat ohngefähr

---

¹) Münchenholzhausen, weimarisches Dorf zwischen Weimar und Erfurt.

über's + 180 Fuß. Die weiblichen Figuren, die Steiner ge
zeichnet hat, sind mancher Kritik ausgesetzt, denn

1) werden sie schwerlich gut auszuführen,

2) werden sie kostbar seyn;

3) die Gruppe zu schwer für die Schaale, die sie tragen
soll, werden;

4) vier Paar A — backen zum Empfange der Ankom-
menden ein seltsames Emblem abgeben;

5) das Waschen, durch Heruntertränseln aus dem Becken
dieser acht — Schwestern vielleicht lächerlich ausfallen.

Ein leichter Fuß von vergoldetem Blei oder Erz, in capri-
ciöser Form, möchte vielleicht besser dienen. Alles, was hier im
Buche steht, ist zu ungeheuer. Keinen untern Brunnen-
kasten möchte ich nicht, weil ich den Rasen dazu anwenden möchte.
Denke ein Bißchen nach.

C. A.

Vielleicht fände sich in Deinen Arabesken der Bogen von
Raphael eine Idee um so eine Schaale, wie die, von welcher
die Rede ist, durch leichtes phantastisches Tragwerk in die Höhe
zu heben?

259.

[1810.]

Das ist gewiß eine recht schöne Ordnung. Ich gehe diesen
Nachmittag nach Jena; warum? werde ich Dir mündlich sagen,
wenn Du heute gegen 11 Uhr wolltest nach Belvedere kommen.

Die Witterung ist warm und hübsch. Ich habe beiliegenden Theil noch hier liegen und vermuthe, daß er zu dem Exemplare gehört, das ich nach Jena abgegeben habe.

C. A.

260.

Wenn Ew. Durchlaucht wissen könnten, wie günstig jene letzte nächtliche Unterhaltung bei mir nachwirkt und den Wunsch nach ähnlichen Stunden erregt, so würden Sie fühlen, in welchen Zustand mich Ihr Gestriges versetzt hat. Ich brachte den Abend zu, mehrere Blätter mit der Schilderung meines Zustandes zu füllen; heute Morgen, als sie der Bote abholen will, kann ich sie nicht wegsenden. Unsre heimlichen Laster, geheimen Gebrechen, stillen Leiden nehmen sich auf dem Papiere nicht ergötzlich aus und warum soll ich nicht lieber, wie so vieles Andre auch, die Erlaubniß, gerade von hier in's Carlsbad gehen zu dürfen, ganz allein Ihrer Güte und Nachsicht verdanken?

Alles, was mir in Geschäften obliegt, ist Theils schriftlich, Theils mündlich auf das Beste besorgt und ich hoffe zu Ew. Durchlaucht Zufriedenheit.

Nur mit schwerem Herzen bitte ich, mich von einer Tour nach Weimar zu dispensiren, da mir die letzte nach Hohlstedt zum geheimen Rath Voigt sehr übel bekommen ist. Mehr darf ich nicht sagen, um nicht wieder in die Litanei meiner gestrigen Blätter zu fallen. Voigt sollte jede Stunde ankommen.[1]) Bei

---

[1]) Aus Frankreich zurück. Vgl. Goethe's Werke, XXXII, 57.

Sonderung der Saamen würde ich wenig durch meinen Beirath
nutzen. Darf ich vielleicht Wagnern schicken, den ich mitgebracht
hätte, weil er in diesen Dingen genaue Kenntniß hat? Mögen
Ew. Durchlaucht, was sonst zu besorgen oder zu bedenken wäre,
mir schriftlich gnädigst anzeigen, was Ihnen so leicht wird und
ja wohl auch selbst im engern Bezirk der Stadt geschieht. Ich
werde nicht verfehlen, Alles aufs Beste zu besorgen und zu
überlegen. Noch immer komme ich, indem ich Dieses schreibe
in Versuchung, dieses Blatt abermals und zwar durch meine
Abreise nach Weimar zu vernichten; aber meine letzte Erfahrung
und das nächste Beispiel unsers guten Stark schüchtert mich zurück. Und so habe ich keinen sehnlicheren Wunsch, als daß Ew.
Durchlaucht mich bald aus der Verlegenheit reißen und mich
versichern mögen, daß ich nicht mißfällig geworden. Die päpstliche Münze¹) intriguirt mich. Pius der Sechste könnte sich
allenfalls in meinen Garten verloren haben; vom Siebenten begreife ich es nicht.

Die Unruhe, Ew. Durchlaucht zu Willen zu leben, bringt
mich zu dem Entschlusse, Wagnern gleich selbst zu schicken, wodurch wenigstens dem Dringenden abgeholfen wird und er
Saamen und Kapseln und andere Dinge gleich sichten kann.

Indessen wird Voigt ja wohl ankommen.

Wegen dieses Letztern habe ich mit geheimen Rath Voigt
neulich gesprochen und werde wegen des ihm gegönnten Vor-

---

¹) Vgl. Nr. 257.

schnittes und sonst nächstens einen Aufsatz einreichen, welchen, so wie er zum Vortrag kommt, Ew. Durchlaucht zu gnädiger Aufmerksamkeit empfehle, so wie einiges Andre, unsre hiesigen wissenschaftlichen Anstalten betreffend.

Die Farbenlehre ist noch nicht vom Stapel gelaufen und macht zuletzt noch, wo Alles zusammentreffen soll, viel Unruhe und Mühe. Ew. Durchlaucht nehmen gewiß gnädig auf, daß ich in dem Capitel: Confession des Verfassers betitelt, kurz und bündig ausgesprochen habe, wieviel ich Ihnen schuldig bin?[1]

Mich zu Gnaden empfehlend

Goethe.

Jena 7. May
1810.

261.

7. 5. 10

Recht sehr bedauere ich es, daß ich Dich vor Deiner Abreise nicht noch sehn soll, indessen muß man sich in die Umstände fügen. Ich wünsche Dir eine glückliche Reise und den besten Erfolg des Bades. Du lässest ja wohl manchmals etwas von Dir hören. Ich gehe Sonnabend wieder nach Leipzig, um einige Käufe zu machen, bin aber bald wieder zurück. Im July muß ich nach Teplitz, weil die Gichtzufälle sich sehr gröblich wieder einstellen und zwar in unangenehmen Formen.

[1] Goethe's Werke, LIV, 300.

Wagner kann auch aus den Sachen nicht klug werden. Da Voigt einen dieser Tage kommen muß, so lasse ich die Sachen ausgepackt liegen; er mag dann selbsten zusehn, wie er sie eintheilt und fortbringt.

Die andern Gegenstände der Unterhaltung sollten seyn 1) die Aufstellung des in Dresden gefertigten Modell's des Terrains der Bataille von Jena. 2) Die Frage: ob unser Theater bis zu Ende Juny hier bleiben könnte? 3) über den Zustand der Jenaischen Academie in Ansehung der Lehrer. Ich will also nunmehr diese drei Gegenstände schriftlich abhandeln.

1) Bekanntlich habe ich durch den Lieutenant Kühnemann in Dresden, beim Cadettencorps angestellt, ein Relief von dem Terrain, wo die Schlacht bei Jena geliefert wurde, machen lassen. Dieses ist jetzt fertig geworden und soll durch Dresdener Portechaisen-Träger nach Jena gebracht, getragen, werden. Es ist von Gyps ganz vortrefflich gerathen. Ich will es in einem der obern Zimmer des Schlosses (in der dritten Etage) aufstellen lassen und zwar dergestalt, daß es nach der natürlichen Lage orientirt erscheine. Es ist 1¾ Dresdener Ellen in's Gevierte lang und breit, an der höchsten Stelle ohngefähr 5 Zoll dick. Es muß also ein sehr solider Tisch, 2 Ellen ins Gevierte, gemacht werden, der das Relief trage, ohne zu wackeln, es wiegt praeter propter 3 Centner, und ein Glasdeckel darüber, der von Fensterscheiben, in Blei gelegt, gemacht werden muß. So bald ich erfahre, daß diese Anstal-

ten beendigt sind, schreibe ich nach Dresden und lasse das Relief nach Jena bringen.[1]

2) Es wäre wünschenswerth, daß unser Theater bis Ende
Juny hier bleiben könnte. Die Prinzen von Mecklenburg
kommen schon den 14. Juny und die Heirath kann nicht vor
den ersten Tagen July stattfinden; die Zwischenabende könnten
durch Vorstellungen verkürzt werden. Kirms quängelt erbärmlich und will das Theater schon Anfang Juny fortschicken, während es sonsten erst den 20. reisete. Außer der Anwesenheit
der Prinzen und dieser Fremden wird auch in derselben Zeit
das hiesige Vogelschießen gehalten werden. Nach ähnlichen
Gelegenheiten reisete sonsten das hiesige Theater; jetzt will es
Kirms früher ins leere Lauchstedt schicken. Da kann ich den
Menschenverstand dieses Projectes nicht ergründen. Es scheint,
daß ihm der Amtmann in Lauchstedt goldne Berge versprochen
hat, an die er glaubt.

3) Schon discursive habe ich hie und da hören müssen,
daß Jena als Universität sich nicht erhalten könne, weil die
wichtigsten Collegia daselbst fehlten. Durch einen Zufall kam
ich dieser Tage in einem Nachtquartier mit dem geheimen Hofrath Eichstedt zusammen, brachte den Abend mit ihm zu und
ließ mir von ihm die Lage der Academie schildern. Das Resultat dieser Unterhaltung war, daß Studenten nicht hinkommen

---

[1] Das Relief befindet sich im großherzoglichen Mineraliencabinet
zu Jena.

könnten, weil sie zu vielen nöthigen Wissenschaften keinen, oder
wenigstens unvollständigen Unterricht fänden.

Die theologische Facultät ist vor der Hand leidlich, so
lange Griesbach lebt; vielleicht arbeitet sich Dr. Röthe in das
Fach der Kirchengeschichte ein.

Die juristische Facultät ist, wenn wir Jemanden an
Schmid's Stelle bekommen, was hoffentlich nicht fehlen wird,
gut besetzt; die medicinische ganz erbärmlich; die Hauptcollegia,
ausser der Anatomie, so gut wie nicht existirend.

Unser Chemiker ist abmarschirt, diese Stelle also ganz un
besetzt. In der Geschichte sieht es traurig aus, bei der Philo
sophie, qua talis, ebenso erbärmlich. Höhere Mathematik
wird, so viel ich weiß, gar nicht gelehrt, weil Niemand da ist,
der sie versteht. Ein Plan muß doch ausgedacht werden, nach
welchem Leute angenommen werden sollen. That is the question!
Die Professur der Chemie kann nicht länger unbesetzt bleiben
und muß einen würdigen Lehrer bekommen; Mehrere sind in
Vorschlag, Einer oder Zwei haben sich angeboten. Für die
medicinische Facultät habe ich Luft den hiesigen Hofmedicus
Hufeland zu engagiren, da es in dieser Familie Herkommens
ist, daß sie gelehrtere Aerzte, als gute Practikanten sind, dabei
aber eine wissenschaftliche Tendenz und eine gewisse Eleganz
besitzen, die für die höheren Schulen gehört. Der hiesige
Hufeland schreibt ebenfalls gewaltig viel und soll viel gute
Qualitäten des Bruders besitzen.

Ich habe mich erbärmlich verschrieben, wenn ich Pius statt

Alexander setzte!¹) Hier ist das Corpus delicti von dem Zaune Deines Gartens. Von dem Cubus und Globus aufwärts wurde ein Grabeland angelegt und ein paar Spaten tief fand sich die Medaille. Die Jagemann war eben in dem Garten, als sie der Tagelöhner fand, der ihr sie gleich brachte.

Mit dem Dresdener Relief wird noch eine Kiste mitkommen, die aber verschlossen bleiben muß; sie enthält Kostbarkeiten, über welche Du Dich erstaunen wirst. Noch schicke ich einige Kleinigkeiten, die ich Herrn Bergrath Lenz von mir zu Füßen zu legen bitte, damit er sie in's Cabinet eintrage.

Lebe bestens wohl.

C. A.

262.

Das zu fertigende Pferdeskelet betreffend.

Eure Durchlaucht haben befohlen, daß dieses Skelet natürlich werden, d. h. im Zusammenhange seiner Bänder bleiben soll. Dabei macht Hofrath Fuchs mit mir folgende Bemerkung.

Die sogenannten natürlichen Skelete haben, besonders bei großen Körpern, die Desavantage, daß indem die Bänder eintrocknen und zusammenschrumpfen, weder Maaß, noch Verhältniß, noch Stellung richtig und dem Auge angenehm bleiben. Es kommt noch dazu, daß die Knochen nicht gebleicht werden

¹) Vgl. Nr. 257 und 260.

können, daß also das Ganze immer einen unangenehmen Eindruck macht. Auch ist die Aufstellung in manchem Sinne beschwerlich. Bei dem Pferde ist eigentlich nur das Ligamentum
nuchae bedeutend, das den Hals in der Höhe hält. Dieses
ist aber zur Demonstration schon genugsam an dem Exemplar
ersichtlich, was im osteologischen Saal steht und wäre deshalb
wohl an dem neuen Skelet entbehrlich.

Sieht man nun dagegen das schöne Hirschskelet an, welches wir Ew. Durchlaucht Vorsorge verdanken, so entsteht
freilich der Wunsch, das Pferdeskelet eben so künstlich und
zierlich, nachdem die Knochen gebleicht worden, mit Drähten
zusammengehängt zu sehen.

Dazu kommt noch eine Hauptbetrachtung: daß jenes Skelet
mit Ligamenten durch den Prosektor gemacht werden müßte,
welcher nie gewohnt ist, zu thun, was man ihm besiehlt, selbst
wenn man es ihm bezahlt, und weder ich noch Hofrath Fuchs
können garantiren, daß das Skelet jemals fertig werde. Es ist
sogar möglich, daß er es verfaulen läßt, da man denn zuletzt
ein künstlich Skelet noch immer als pis aller würde machen
müssen.

Der Anatomiediener hat in künstlicher Zusammensetzung
von Thierskeleten bisher so viel Beweise seiner Accuratesse und
Geschicklichkeit gegeben, daß wir ihm sehr gerne nach unserer
Ueberzeugung das Pferd zur Reinigung, Bleichung und end-
lichen Zusammensetzung der Knochen übergeben würden und ver-
sichert sind, daß er etwas sehr Lobenswürdiges zu Staude

bringen werde. Doch möchten wir ohne Ew. Durchlaucht aus-
drückliche Genehmigung nicht von dem ausdrücklichen Befehl
abgehen.

Goethe.

Jena
den 8. May 1810.

263.

Wenn bei Muskelskelet's die Aussenpunkte zur rechten Zeit
befestigt werden, so können die Muskeln nicht über die Maaße
eindorren und den Knochenbau verrücken. Mir war dran gelegen, ein Muster von schönem Bau eines Pferdekörpers skeletirt
zu besitzen, nicht zu denen gewöhnlichen Lectionen blos dienlich,
sondern auch für diejenigen Liebhaber, die sich mit Maaß und
Verhältnissen abgeben, ohne eben den gewöhnlichen compara-
tiven Lectionen ganz zu folgen. Ich wollte ein Cabinetsstück
haben. Das Hirschskelet und alle die gebleichten Sachen sind
bloße Blender, aus denen man die Zahl und Form der Knochen
u. s. w. bestimmen kann, nicht aber ihre erste Verbindung.
Wenn Herr Fuchs sich nicht in diese Idee finden und Homburgen[1]), der sonst schön arbeitete, nicht dirigiren kann, so
werde dieses edle Thier zur Erde bestattet.

C. A.

9. 5. 10.

<hr>

¹) Prosector. Vgl. Nr. 262.

264.

Der Platz oben im Schloſſe iſt der einzige ſchickliche für das Relief. Wenn etwas in den Zimmern geſchehen ſoll, ſo wird man ſich ſchon helfen, ohne dem Dinge zu ſchaden. Ich muß mit der nächſten Poſt nach Dresden ſchreiben, um die Maſchine holen zu laſſen, weil Kühnemann es gerne los ſein will.¹) — Wenn Fuchs das Skelet nicht in meinem Sinne machen kann²), ſo mag er es lieber unterwegs laſſen, ein ſogenanntes künſtliches hilft zu gar nichts. Ich ſollte aber denken, daß wenn das Cadaver gehörig zwiſchen feſte Leiſten und Schrauben geſpannt würde, die Muſkeln ſich nicht zuſammenziehen könnten. Schade iſt's darum, denn ein ſo regelmäßig ſchönes Thier kommt nicht wieder vor. Ich begreife es nicht, warum Fuchs den Homburg nie brauchen will, der doch ſo ſehr geſchickt iſt und doch ſonſten gern und gut arbeitete. Den Menſchen unnütz zu beſolden habe ich keine Luſt, und wenn Fuchs Homburgen für unbrauchbar erklärt, ſo ziehe ich die Homburg'ſche Beſoldung ein. Es ſcheint, daß Fuchſen's Bequemlichkeit mit im Spiele iſt und die ſich jetzt dadurch ausſpricht, daß er Homburgen nicht zanken will. Wenn Homburg bedroht wird, ſeine Beſoldung zu verlieren, ſo wird er ſchon Fuchſen gehorchen, und Herr Fuchs kann ſich manchmal ein Bischen ärgern, das ſchadet ihm und ſeinem Menſchen nichts, — verſteht ſich nüchtern.

---

¹) Vgl. Nr. 261. ²) Vgl. Nr. 262 und 263.

Das beste Gedeihen Dir wünschend, erwarte ich Dich auf dem Kampfplatz in Teplitz.

Leb wohl.

E. A.

Das Theater bleibt bis Ende Juny hier.

265.

(10. May 1810.)

Ich begreife nicht, wie diese Sache beschaffen ist. Macht denn Fuchs Umstände, oder woran liegts denn eigentlich?[1]

E. A.

266.

Ew. Durchlaucht haben mich durch Ihr gnädiges Schreiben recht erquickt und ich bin auf das Lebhafteste dankbar für die huldreiche Condescendenz und erbitte mir zugleich die Erlaubniß diesmal in Teplitz aufwarten zu dürfen.

An den Hofkammerrath[2] habe ich heute nach Ew. Durchlaucht Absichten geschrieben und ich hoffe er wird von seinen Bedenklichkeiten geheilt werden.

Lenz sprang hoch auf und triumphirte, daß er auch eine solche Dose und zwar eine schönere aufzuweisen habe.[3] Die versteinerten Hölzer sind merkwürdig und das Accident mit den

---

[1] Vgl. Nr. 262, 263 und 264.   [2] Kirms.   [3] Vgl. Nr. 261.

Gesichtern einzig artig; es bedarf keiner Imagination um sie zu erkennen.

Die Päpstliche Medaille ist wahrscheinlich eine meiner Doubletten die sich verirrt hat.[1]) Von diesem Alexander Chini habe ich sehr viele Schaumünzen. Möge die schöne Finderinn sich in der Frühlingsumgebung recht froh fühlen und zu Ew. Durchlaucht Freude glücklich genesen.

Auf die Beilagen erbitte mir gnädigste Resolutionen. Wegen der Academie will ich meine Gedanken zusammen nehmen und in einem kurzen Aufsatze vorlegen.

Sobald ich nach Carlsbad komme soll mein Erstes seyn, die Resultate der Naturerscheinung des vergangenen Jahres[2]) zu beobachten und einige Nachricht davon sogleich zu übersenden.

Auf die angekündigten Schätze höchst neugierig empfehle ich mich zu Gnaden.

Goethe.

Jena d. 9. (14.) May
1810.

267.

Dein Brief von Carlsbad hat mich sehr erfreut, er bezeugte, daß Du wohl und in gutem Stande die Hilfsquelle erreicht hattest. Die mir überschriebenen Bemerkungen sind sehr merkwürdig; fahre fort Nachrichten von Dir zu geben.

---

[1]) Vgl. Nr. 257, 260 und 261. [2]) Wahrscheinlich die durch einen heftigen Sprudelausbruch im Jahre 1809 entstandene Hygieaquelle.

Heute sind die Prinzen von Mecklenburg angelangt. Das Wetter ist trübe und kalt bei uns, aber unsere physischen, körperlichen Umstände noch übler.

Die Großfürstinn zog nach Jena, um durch Luftveränderung sich den Husten und ihrem Kinde die Coqueluche zu vertreiben; sie wohnt in Knebels altem Quartier am Thor bei Hellfeld. Das Kind[1]) ist leider so krank geworden, daß die Aerzte es gestern für verloren hielten. Heute ist's etwas besser, der Himmel erhalte es uns. Ich bin in miserablen Umständen; in der linken Seite, zwischen Rippen und Hüfte, habe ich unausstehliche Schmerzen; ich weiß nicht was es werden will. Die Niere ist nach allen Symptomen frei; es scheint auf den Gebärmen ein gichtisches Uebel zu sitzen, das mich schrecklich quält.

Kapellmeister Müller macht seine Sachen vortrefflich; er hat allgemeinen Beifall, Zutrauen und Respekt. Ihm zu Ehren laß ich eine neue Orgel in der Stadtkirche²) bauen.

Schreibe bald wieder und lebe bestens wohl.

14. 6. 10. Carl August.

268.

1. 7. 10.

Ueberbringer dieses, meinen Verwalter zu Oberweimar, Brehme, empfehle ich bestens; er wurde mir etwas gar zu schwarzlebrig; das Carlsbad soll seine Kunst an ihm zeigen.

¹) Prinzessinn Marie, geb. 1808. ²) von Weimar.

Heute ist der Hochzeitstag meiner Tochter[1]), gestern ist der Polterabend gehörig gefeiert worden. Das junge Ehepaar reiset den 14. ab, ich werde mich aber zu Ende dieser Woche weg-machen, um Sonnabends den 10. in Teplitz seyn zu können. Vielleicht nehme ich Huschken mit, der gute Lust hat, mich zu begleiten. Meine Seite ist so weit wieder hergestellt, daß ich zu Fuße so ziemlich wieder fort kann, aber bis zum Reiten habe ich es noch nicht gebracht. Entsetzliche Schmerzen habe ich aus-gehalten. Der Großfürstinn ihr Kind[2]) ist seit etlichen Tagen wirklich in der Besserung. Noch am vergangenen Mittwoch erwartete man das Ende; es hat sich wunderbar erholt. Jetzt ist Kalkwasser mit Milch versetzt die Arznei, welche dem Kinde den meisten Nutzen bringt. Die Natur der Kleinen scheint wirk-lich gut zu seyn, da sie die unbegreiflichen Zufälle, ein Nerven-fieber, Leberentzündung, und — 6 Aerzte ausgehalten hat. Sie ist noch immer in Jena im Hellfeldischen Hause.

Es scheint nun gewiß zu seyn, daß Sachsen Erfurt bekömmt; wenn uns Blankenhain nur zu Theil wird. Bernhard und Rühle bleiben bei mir in Teplitz, letzterer studirt stark Dein Zur[3]), es geht mit in's Bad. Laß balde etwas von Dir hören und leb wohl.

Carl August.

Voigt ist auch wieder hergestellt, seine Coqueluche schien Gefahr bringen zu wollen; über 14 Tage hat er gar nichts thun können.

[1]) der Prinzessin Caroline mit dem Erbgroßherzog Friedrich Ludwig von Mecklenburg-Schwerin. [2]) Vgl. Nr. 267. [3]) „Farbenlehre".

269.

Seit gestern Nachmittag bin ich hier, die Kaiserinn¹) seit
6 Tagen. Sie wohnt im Herrnhause. Niemand wie Graf
und Gräfinn Althann und Graf O'Donell begleiten sie. Lichnowsky ist gestern angelangt und ist wieder zum Vorleser bestimmt. Sonsten ist Niemand, der zur Gesellschaft dienen könnte,
hier. Das Bad ist sehr leer. Ich wohne in den Zimmern des
Königs von Holland²) im gold'nen Schiff und bin ganz allein.
Die Kaiserinn scheint sehr zu wünschen, daß Du herkömmst;
wenn Du ihr vorläsest, würdest Du ihr viele Freude machen.
Lichnowsky und Althanns schreien beide nach Dir. Komme
doch balde.

Leb wohl.

C. A.

Die Clarys und Ligne sind auch da.

270.

(Teplitz)
Freitag 13. (7. 1810.)

Mr. St. Vincent hat mir gestern Abend Deinen Brief und
Packet überbracht. Ich danke Bestens, freue mich sehr Deines
Fleißes, Deiner Munterkeit und daß ich Dich balde hier sehn
werde.

---

¹) von Oesterreich, Maria Ludovica, zweite Gemahlinn des Kaisers
Franz I. ²) Ludwig Napoleon.

Nothwendig ist es, daß Du mir genau den Tag Deiner
Ankunft und Deine Bedürfnisse bestimmst, damit ich für Dein
Unterkommen sorge, denn dieses ist ein schwerer Artikel in jetziger
Zeit. Hier im Hause ist kein Platz. Den Fürsten Lichnowsky
habe ich schon näher kennen lernen; er gefällt mir sehr wohl. —
Der Kaiserinn[1]) bin ich am Dienstag in Pillnitz vorgestellt
worden. Ich kann nicht leugnen, daß Ihre ausgezeichnete geist=
reiche Liebenswürdigkeit mich frappirt hat. Sie sagte mir viel
Schönes auf Deine Rechnung. Wir erwarten Sie morgen Vor=
mittag hier. Der Himmel erhalte Sie lange während dieser
Badekur bei uns, und noch länger hintendrein auf der Welt!
Ich fürchte aber, daß unsere Wünsche nicht erhört werden möchten.

Seit gestern habe ich die Bäder angefangen. In Dresden
habe ich zum ersten Male seit vier Wochen wieder geritten, ohne
Beschwerniß zu spüren; Ambrozi hat es mir aber für acht Tage
lang gänzlich verboten, um bei dem Bade keinen neuen Reiz
zu veranlassen. Die Reise hierher hat das Uebel doch wieder
aufgeweckt. Den Sohn des geheimen Hofraths Stark erwarte
ich einen dieser Tage hier; wir wollen einander wechselweise
kuriren.

Seit vorgestern Abend ist hier eine wunderbare Erscheinung,
aber nur zu 1/10 sichtbar: der König von Holland[2]) im strengsten
Incognito. Ambrozi ist sein Arzt, und nur durch Zusammen=
stellungen und Fragen hat er herausgebracht, wer der Kranke

¹) und ²) Vgl. Nr. 269.

ist, der sich ihm im Betreff seines Standes auf keine Weise entdeckte. Ich habe meine nächsten und liebsten Umgebungen in Weimar nicht in dem brillantesten Zustande verlassen. Geheime Hofrath Stark wird Dir die betrübenden Details davon mittheilen. Bis jetzt habe ich noch keine Nachricht vom Hause und dieses fängt an mich zu ängstigen.[1]) Der Herzog von Dessau ist hier in einem sehr lahmen Zustande.

Leb bestens wohl.

Carl August.

271.

Teplitz 20. (7. 1810.)

Blumenstein[2]) hat mir gestern Morgen Deinen Brief und das Bild, sehr wohl getroffen, des Herrn Franz Meyer überbracht. Ueber beides habe ich mich sehr gefreut. Vogel, der radiren kann, sticht Meyern in Kupfer und ich schicke das Blatt mit analogen Aufschriften an Graf Grünne nach Wien, damit Meyer dorten freundlich empfangen werde. Komm doch her, wir wollen dann zu Wasser mit einander nach Dresden gehn. Hier lebt man sehr häuslich und still; der Zirkel der mich umgiebt ist angenehm; Müffling, Rühle, Blumenstein, Gentz, Ligne u. s. w. Komm her! was willst Du immer den alten

--- —

[1]) Vgl. Nr. 267 und 268. [2]) von Blumenstein, damals preußischer Hauptmann, später Generalmajor und Commandant von Erfurt.

Weg machen? Bis hierher stößt es nicht so, wie gegen die Heimath, dann ist aller Noth ein Ende. Hier lachst Du Dich über Swoboda recht satt und über Dresden wirst Du Dich doch freuen. Laß mich nur balde Deine Ankunft wissen, damit ich Dich einlogiren kann. Leb wohl.

C. A.

272.

Dresden 3. 9. 10.

Fürst Loblowitz erwartet Dich, mein Lieber, von künftigem Sonnabend an alle Tage und wird sich sehr freuen, Dich zu sehn. Am besten gehst Du mit Post über Brix nach Eisenberg. Gestern Abend war viel Gesang beim Fürsten, von untermischter Art. Heute ist viel besehn worden; der übrige Tag und die halbe Nacht wird mit Essen, Trinken und dergleichen nützlichen Geschäften zugebracht. Punkt Mitternacht reise ich ab und bin übermorgen in Weimar. Meine Gesundheit hält sich leidlich. Die anhaltende große Hitze ist freilich sehr beschwerlich und der Körper noch sehr schwächlich; daher muß man sich in Geduld fassen, wenn nicht gleich Alles so ist, wie es seyn sollte. Eben komme ich von der kleinen Levetzow, die sich Dir bestens empfiehlt. Das arme Colibri ist sehr krank, sieht erbärmlich, grün, gelb und blau aus und hustet ihr armes Lüngelchen weg. Leb bestens wohl.

C. A.

273.

Ew. Durchlaucht

gnädigste Empfehlung hat mir einen höchst freundlichen Empfang in Eisenberg verschafft; drei volle Tage habe
ich daselbst auf eine sehr angenehme Weise verlebt. Alles empfiehlt sich und der Fürst hofft im November seine Gegenvisite
in Weimar machen zu können.

Was mit Brizzi verabredet worden und was vorläufig ge-
schehen, erhellet aus beiliegendem Blatt. Das wäre denn auch
Alles schön und gut, wenn nicht der Preis, den er auf seine
Talente setzt, ein wenig stark wäre. Er verlangt zwei Hundert
Ducaten, die Kosten der Her- und Zurückreise nach München
und frei Quartier.

Indessen da Ew. Durchlaucht selbst voraus sahen, daß er
nicht würde wohlfeil zu haben seyn, so ist diese Forderung weniger auffallend. Ich habe jedoch erklärt, daß ich nicht abschlösse,
sondern bloß melden würde; daher es noch ganz von Höchst-
Ihro Bestimmung abhängt. Brizzi hofft baldige Resolution,
welche Ew. Durchlaucht an den Fürsten selbst könnten gelangen
lassen. Die Erfahrung lehrt, daß es immer besser ist, sich mit
Virtuosen gleich auf einen entschiedenen Fuß zu setzen; denn am
Ende giebt man noch immer mehr an Geschenken und Nachträgen, als man Anfangs vor hatte. Ich bin hierüber nicht weitläufiger, weil Ew. Durchlaucht Alles selbst bedenken und beher-
zigen werden. Mein Wunsch ist freilich, daß er zu uns komme,
ich habe daher auch vorläufig Partitur und Stimmen angenommen,

weil nicht zu säumen ist. Berechne man, daß außer dem Vergnügen, das ein solcher Mann gewährt, fürs Theater mancher
Nutzen dadurch entsteht. Kapellmeister Müller kann sich zeigen,
und dem Theater kommt doch auch einige außerordentliche Ein-
nahme zu Gute. In diesem Betracht vermindert sich einigermaßen die Summe. Auf alle Fälle wäre ihm ein Bestimmtes
für die Reise anzubieten.

Indem ich von diesen vergnüglichen Dingen schreibe, er-
schreckt mich die Nachricht von Eisenach.[¹]) Solche zufällige Folgen des Krieges sind fürchterlicher als die nothwendigen.

Mich zu Gnaden empfehlend

Goethe.

Erste Nachschrift.

Der Sänger Brizzi ist geneigt den 24. Oktober in Weimar einzutreffen und bis Ende November zu bleiben. Die Oper
Achille von Paer würde gegeben, da er in derselben den meisten Beifall einzuärndten hofft. Er verpflichtet sich zu 4—6
Repräsentationen.

Könnte man noch mit einem kleinen Stück zurecht kommen,
wollte man einzelne Singpartien als Concert oder Akademie oder
auch in Camera geben; so steht er auf alle Weise zu Befehl.

Partitur und Stimmen erstgedachter Oper hat mir der

---

¹) Am 1. September 1810 wurde ein ansehnlicher Theil der Stadt
durch die Explosion eines französischen Pulvertransportes zerstört.

Fürst Lobkowitz mitgegeben. Sobald ich nach Dresden komme, sollen sie, in ein Kästchen geschlagen, mit der fahrenden Post nach Weimar abgehn, damit man sogleich den Anfang mit Einstubiren machen könne.

Wegen der Besetzung ist Nachstehendes zu bemerken:

Achill	Brizzi.
Agamemnon	Stromeyer.
Briseis	Jagemann.
Patroclus	Moltke.
Chryseis	Deny
Priester	Eylenstein ⎫ vielleicht.
Priesterinn	Häsler ⎭

Bei der Rolle des Patroclus ist zu bemerken, daß sie eigentlich Baß ist. Herr Brizzi ist aber wohl zufrieden, daß es ein Tenor sey und glaubt, daß Herr Kapellmeister wohl das Nöthige umsetzen würde. Auch ist die Arie Nr. 5 im ersten Bande etwas leichter Art. Sollte man eine bedeutendere Tenorarie einlegen wollen, so hängt dieß gleichfalls vom Belieben ab. Ferner fehlt eine Hauptscene der Briseis, welche Herr Brizzi von München sendet, wie er denn auch seine Partitur mitbringt, um alle kleine Veränderungen einzurichten.

Das Textbüchelchen, Original und Uebersetzung, sendet er gleichfalls von München; welches man bei uns könnte abdrucken lassen, wie es an andern Orten auch geschieht.

Wenn nun bei Ankunft der Stimmen die Rollen gleich ausgetheilt werden; so hat man beinahe einen Monat Zeit bis

zur Ankunft des Brizzi. Die Ensemble - Proben könnten alsdann sogleich seyn und Anfang Novembers die erste Vorstellung.
Was die Decorationen betrifft, so werden sich diese, nachdem
was Herr Brizzi mir erzählt hat, in kurzer Zeit malen und
herstellen lassen.

Weiter wüßte ich nichts hinzuzufügen. Sollte mir noch
etwas beigehen, so werde ich Solches von Dresden aus melden.

G.

Teplitz
den 13. September
1810.

Zweite Nachschrift.

Beikommendem füge ich noch die lebhaftesten Wünsche für
Ew. Durchlaucht fortdauerndes Wohl hinzu. Nicht weniger den
lebhaftesten Dank für alle in Teplitz mir erzeigte Gnade und
Güte.

Sonntag den 16. Abends denke ich in Dresden zu seyn;
Ihre Befehle finden mich bei Verlohren. Der König von Holland[1]) ist nun mein Wandnachbar. Er bleibt sich immer gleich
und doch gewinnt er immer mehr je mehr man ihn sieht und
hört.

Mich zu Gnaden empfehlend.

G.

¹) Vgl. Nr. 269.

274.

Ich habe gestern Abend den Kapellmeister Müller gesprochen, und ihm gesagt, wie es mit Brizzi stünde. In
dieser Lage, meint er, daß alle Ambition zusammen genom-
men, der Teufel $\square$ durch ein $\triangle$ Loch fahren und Achill gehn
müßte.

Er wird zu Dir kommen, bahne die Wege.

Brizzi kommt nun gewiß, oder — wir sind in der Avantage.

C. A.

275.

Für Deinen Sohn August wird ein Defret als charaf-
terifirter Kammerassessor gefaßt. Sehr freut es mich, wenn
ich Dir etwas verschaffen kann, was Dir auf die Dauer des
Lebens Bequemlichseyn gewährt. In dieser Absicht schicke ich
Dir in etlichen Tagen ein Paar treue Polen, die Dich fahren
sollen, und die Anweisung auf das Futter dieser Diener. Den
Einen habe ich castriren lassen, damit er sich bescheiden auf-
führe; so wie er den Verlust verschmerzt hat, so wird er und
sein sanfterer Kamerad, der trotz seiner Hoden doch bescheiden
ist, aufwarten.

C. A.

276.

Nun das ist gut, daß Brizzi kommt. Vielleicht bringt er
aber keine Kleider mit? indessen die sind wohl beizuschaffen.
Mit so einem katholischen Italiener wird man doch allerhand
Maaßregeln nehmen müssen, um ihm begreiflich zu machen,
daß er, trotz aller überschriebenen Schwierigkeiten, doch den
Achill spielen müsse, ohne eine neue Forderung zu machen.
Deine angeborne Prudentia ex- et interna wird Dich hierin
schon leiten und inspiriren. Vor der Hand ist fast Alles fertig
bis zur Ankunft des Achills. Mache, daß auch die übrigen
Kleidungen dem fremden Achill eine gute Idee der hiesigen
Griechen eindrücken und Alles recht anständig, Theils neu,
Theils gewaschen auf dem klassischen Boden erscheine. Kirms
und Genast haben nicht immer klare Begriffe über die Distinc-
tionen des Reinen und Schmutzigen puncto der Theater-
Garderobe.

Lenz ist in seiner Mineralogie ein anderer Mann wegen
der Nomenclatur. Bei der Theater-Garderobe ist alles Neue
neu und das Andere wird nicht unterklassificirt, sondern erscheint meistens klassenlos schmutzig.

Ich hätte Dich so gerne gestern oder heute wegen des
chemischen Instituts in Jena gesprochen, aber Du hausetest.
Goettlings Verzeichniß habe ich, da sind schöne Sachen drinne.
Laß doch Doebereiner einen dieser Tage herüber kommen, damit
er sehe, was wir hier besitzen, damit er das Goettlingsche Ver-

zeichniß einsehe, um zu bestimmen, was man kaufen müsse, um
selber mit ihm einen Accord über die jährliche Unterhaltung
des zu brauchenden chemischen Apparats zu schließen, um die
Taxe der Goettlingschen Sachen, die wir kaufen müssen, zu
fixiren. Morgen bin ich nicht zu Hause, aber übermorgen.

C. A.

277.

(Anfang December 1810.)

Das ist S. V. um die Schwerenoth zu kriegen. Huschke,
den ich eben sprach, attestirt, daß Brizzi[1]) keinen Ton heraus-
bringen kann. Ich habe gleich nach Erfurt geschickt, um die
Franzosen[2]) von dem Unglück zu avertiren und sie auf den
Mittwoch vertröstet. Meine Frau meint, es würde gut seyn,
wenn ein anderes Stück gegeben würde, selbst wenn der Sturm
von Smolensk wiederholt würde, da dieses bei den Schauspie-
lern im frischen Angedenken ist.

(C. A.)

278.

Die Aerzte, welchen ich aufgetragen hatte, mich heute bei
guter Zeit zu unterrichten, ob Brizzi den Mittwoch singen könnte,
versichern, daß dieses ohnmöglich sey. Ich wünsche nun zu wissen,

---

[1]) Vgl. Nr. 273, 274 und 276. [2]) den damaligen kaiserlich französischen Intendanten des erfurter Gebietes be Bismes und Kammerprä-
sidenten von Resch.

ob Mittwochs Blaubart, der, wie ich höre, hat präparirt
werden sollen, gegeben werden kann? Ich muß die Franzosen
avertiren lassen.¹) Kämpfer²) hofft, daß Brizzi den Sonnabend
werde singen können. Brizzi's Frau hat ihrem Manne geschrieben, daß das gelbe Fieber sich in Italien zeigte und schon bis
in die Gegend von Mayland gedrungen sey.

C. A.

10. 12. 10.

279.

Die vergangene Nacht³), gnädigster Herr, entschuldige
mich, wenn ich nicht persönlich aufwarte, und nur mit wenigen
Worten meine Empfindungen andeute.

Im verflossenen Jahre verdanke ich Ew. Durchlaucht außer
manchem andern bedeutenden Guten auch die Erfüllung meines
höchsten Wunsches.⁴) Möge der Jüngling, der sich nun unter
die Ihrigen zählen darf, durch eine lange Reihe von Jahren
Zeuge seyn des Glücks, das Sie Sich und Andern in einer
bedenklichen Zeit zu verschaffen wissen. Seine Gesinnungen
gleichen den meinigen; es kann ihm nichts mehr am Herzen
liegen, als Ew. Durchlaucht Wohl und Zufriedenheit.

Goethe.

W. d. 1. Januar
1811.

¹) Vgl. Nr. 277. ²) Leibchirurg des Herzogs. ³) Ball auf dem
sogenannten Stadthause; der Hof hatte daselbst soupirt. ⁴) Die Ernen-
nung seines Sohnes zum Kammerassessor, vgl. Nr. 275.

280.

Herr, wie Du willst! Sehr reizend ist's hier nicht, es ist eben Niemand hier, dessentwegen man vor's Kegelthor[1]) reisen möchte. Der Herzog Ferdinand von Württemberg ist die einzige bedeutende Person, der man zuweilen bei Tische begegnet. Des Abends sitze ich vor meiner Hausthüre mit dem Stallmeister Böhme, rauche und trinke, wie der seelige Solms. Es ist auch gar keine Hoffnung vorhanden, daß es besser werde. Ligne und Clary's kommen nicht, als nach der Hälfte July. Brizzi's Brief remittire ich; es ist recht gut, daß wir ihn lange genug besitzen, um uns einrichten zu können. Dem Kapellmeister Müller habe ich die Nachricht mitgetheilt, er befindet sich hier sehr wohl.[2]) Die Hitze ist bedeutend drückend und kein Gewitter ist vermögend sie zu mindern.

Den besten Erfolg des Bades wünsche ich Dir herzlich. Es ist endlich in Dresden beschlossen worden, Bernharden[3]) diesen Herbst nach Wien und Italien zu schicken, damit er versuche, ob er Geschmack an Dingen gewinnen könne, die außer dem Kreise des Parabeplatzes liegen. 15—18 Monate lang bekommt er Urlaub; der dicke Bose, ehemals von der Garde

---

[1]) Ein nahe bei dem Residenzschlosse gelegenes Thor der Stadt Weimar. [2]) Vgl. Nr. 273, 274, 276 und 278. [3]) Prinz Bernhard, zweiter Sohn des Herzogs.

du Corps, den Du oft hier gesehen hast, wird hoffentlich nebst
Rühle ihn begleiten. Leb bestens wohl.

C. A.

Vom Hause habe ich die besten Nachrichten.

281.

Ew. Durchlaucht

von meiner Ankunft in Jena schuldige
Nachricht zu geben, versäume ich um so weniger, als sich mir
eine Gelegenheit darbietet, das Gegenwärtige durch Jenaische
Kurgäste in Ihre Hände zu bringen.

Gute Nachrichten von Wilhelmsthal habe ich hier gefunden
und bin dadurch von einer sehr beschwerlichen letzten Tagreise wie=
der glücklich hergestellt worden. Die sonst leidlichen Wege über
Pösneck waren von Gewitterfluthen äußerst zerrissen und stellen=
weise grundlos geworden, so daß ich mich gegenwärtig auf
ebenem und festem Boden sehr glücklich fühle.

Eben als ich ankam war die militärische Verloosung
geschehen. Die Jenenser sind ein lustig Völkchen, sie haben die
Sache ziemlich leicht genommen und sich ausgebeten, Abends
den Vorgesetzten ein Ständchen zu bringen, welches dann auch
mit kriegerischer Musik geschehen. Da es nun dabei mit den
Studenten Händel gab, welche den cidevant Knoten eine solche
Ehre nicht gönnen wollten, so haben diese sich so lustig erwie=

3 *

fen und zugleich wirklich gesetzt und verständig, daß sie aus dieser ersten Affaire mit allen Ehren hervorgegangen sind.

Ueber der Reitbahn sieht es noch etwas wild aus, doch hoffe ich in kurzer Zeit in Ordnung zu kommen. Doebereiners Laboratorium und Hörsälchen sieht desto artiger und reinlicher aus.

Die Vegetation in der Gegend ist ganz herrlich und das Saalthal will mir gar viel luftiger vorkommen, als der düst're Ellenbogener Kreis, ob wir gleich diesem seine Verdienste nicht schmälern wollen. Für das Grummet ist seit einigen Tagen der Regen sehr willkommen, wie überhaupt die Pflanzenwelt nicht leicht der Feuchtigkeit genug hat. Mit dem botanischen Garten hoffe ich werden Ew. Durchlaucht zufrieden seyn.

Nun hoffe ich bald zu vernehmen, daß das Teplitzer Bad seine vollkommene wohlthätige Wirkung äußert, ob man gleich erst hinterdrein sich davon überzeugen kann. Diese Kuren mit der sie begleitenden Lebensart bringen doch immer eine Art von Fieber hervor von dem man sich erst zu erholen hat, um zu fühlen, daß man wirklich besser geworden. Der Herr von Schönberg-Rothschönberg, ein kleiner munterer Mann, den Ew. Durchlaucht kennen, wird in Teplitz aufwarten. Er hat Skizzen und Zeichnungen nach der Natur die ein gewisser Wehle[1]) von Bautzen auf einer Reise nach Persien gefertigt, die höchst interessant sind, und wird sie vorlegen. Auf dem noch übrigen klei-

---

[1]) Vgl. Goethe's Werke, XXXII, 67.

nen Namen die größte Anhänglichkeit, Ergebenheit und Verehrung
betheuernd

Jena den 6. Juli 1811. Goethe.

282.

Der König von Holland[1]) soll wieder in Teplitz seyn; das
Haus Küstner in Leipzig hat einen Credit von 100/M. fl. für ihn.

C. A.

283.

(Anfang August) 1811.

Hier hast Du ein Briefchen aus Saan und ein Autographum
vom Kaiser Franz, was ich dorten gestern Abend erbeutete.
Die Luft und Bewegung hatte unsre Kaiserinn[2]) wieder so
frisch gemacht, daß sie sehr munter nach Saan kam und dorten
Abends und heute Morgen gesund und fröhlich sich bezeigte.
Um 5 Uhr früh fuhr Sie ab. Begleiten Sie ewig die besten
Einflüsse, Sie ein seltenes liebenswürdiges Wesen! Sie läßt
Dich sehr schön und graciös grüßen. Morgen früh reise ich
zum alten Trebra und bin den 10. zu Hause.

Laß Dir Deine Gesundheit in die Ordnung kommen und
lebe wohl.

C. A.

---

[1]) Ludwig Napoleon. [2]) Vgl. Nr. 269 und 270.

284.

Cantate
(19. April 1812.)

Das ist ja ein wunderbar schneller Entschluß! Was Teufel willst Du jetzt bei der Kälte im Karlsbade machen? an Katarrhen wird's dort nicht fehlen; indessen wünsche ich glückliche Reise und guten Erfolg.

Ein Versuch in der Hof-Conditorei, Syrup aus Kartoffelmehl zu machen, ist gestern sehr gut gelungen; die Berechnungen sind nur noch nicht ganz richtig. Frag doch Sturmen, was für eine Art von Kartoffeln er für die zuckerreichsten hielte?

Künftigen Sonnabend wird Herr Rabenstein sich produciren, gestern haben sich die Adolescenten ganz artig gehalten.

Leb recht wohl.

C. A.

285.

(Teplitz 19. July 1812.)

Deinen Brief, mein Lieber! habe ich heute richtig empfangen. Ich befinde mich jetzt in der bösen Zeit der Badekur, nämlich nach dem 9. Bade, in der, wo Alles aufgeregt wird und manche Stelle im Körper wehe thut; die Seite schmerzt auf's Neue. Indessen kenne ich diese Verhältnisse durch lange Erfahrung zu genau, als daß ich es mir sollte leid seyn lassen.

Am 4. dieses hatte meine Frau das Unglück, bei einem Spazier-
gange von der Wartburg zum Elisabethen-Brunnen auf dem
glatten Rasen zu fallen. Sie spürte Schmerz im linken Fuß,
trat noch ein Paar Tage mit Beschwerlichkeit darauf, am 7.
aber entdeckte es sich, daß die Fibula halb zerbrochen sei. Dieser Unfall zieht ihr ein sehr beschwerliches Stilleliegen zu; nach
den neusten Nachrichten aber scheint die Heilung so gut von
Statten zu gehn, daß sie wahrscheinlich am Ende der künftigen
Woche wieder wird ausgehn können. Das Bedauerliche dabei
ist, daß ihr Vergnügen, in Wilhelmsthal und in den schönen
Gebirgen zu seyn, ihr so sehr ist verleidet worden.

Iffland hat sich theils durch Wolfs, theils durch einen
Brief an die Jagemann für den Anfang September in Weimar
ansagen lassen, auch das Repertorium der Stücke geschickt, aus
welchen man wählen kann. Ich habe ihm sagen lassen, daß er
kommen könne, da Brizzi ohnedies erst den 15. September
eintreffen will [1]); indessen könnte es doch nicht schaden, wenn Du
Letztern von der Ankunft des Ersteren avertirtest und ihm vielleicht an die Hand gäbest, erst zu Ende September bei uns
einzutreffen. Mache das, wie Du es für gut findest. Die
Cray ist mit ihrer Tochter gekommen und das ist doch ein
Trost. Unser Bataillon wirst Du in Weimar finden. Leb und
gehab Dich wohl.

C. A.

---

[1]) Vgl. Nr. 273, 274, 276, 278 und 280.

286.

Schreibe etwas abschlägliches Höfliches an Brizzi; Du wirst Dich besinnen, daß schon in Teplitz ich Dir einen Brief von ihm an mich gleichen Inhalts zur Beantwortung gab.[1]

C. A.

1. 17. 12. (17. 9. 12.)

287.

Ew. Durchlaucht

werden wohl schwerlich geneigt seyn Herrn Duports[2] Talente zu bewundern. Darf ich also nach Ihrem Befehl demselben verneinend antworten?

Goethe.

F. 17. Sept. 1812.

288.

Weise Monsieur Duport höflich ab; er kostet Geld und hilft uns zu nichts. Brizzi hast Du doch wohl schon von Teplitz geantwortet und ihn abgewiesen?[3] Das Album behalte ich noch zurücke, um mich einzuschreiben.

C. A.

(17. September 1812.)

---

[1] Vgl. Nr. 280 und 285. [2] Louis Duport, berühmter Balletttänzer.
[3] Vgl. Nr. 280, 285 und 286.

289.

Hier schicke ich Dir, mein Lieber, ein Leipziger Belobungs=
schreiben, das Dich doch freuen wird. Die gedruckte Beilage
und die Caraibenzähne gieb dem Bergrath Voigt.

Der schöne Theil des Herbstes hat uns mit Unmuth ver=
lassen, denen Hirschjagden ein Ende gemacht und uns nach
Schnellschem Ausdrucke H—jäger · Nächte dagelassen, die für
sittsame Menschen sehr verdrießlich sind. Der Theatercassen·
Diebstahl wird Dir auch keine angenehmen Empfindungen ge=
macht haben; Kirms nagt dran mit verbissenem Unmuthe und
spähenden Riecherforgen. · Sehr wünsche ich, daß er auf die
Fährte der Diebe komme.

Durch geheimen Rath Voigt weiß ich, daß mein Sohn[1]
Dich wegen des Berkaischen[2] Badeprojekts consultirt hat. Das
ist mir sehr lieb, laß die Professoren Doebereiner und Kieser
einen Aufsatz schreiben, in welchem sie die Resultate ihrer Ver=
suche über die Eigenschaften der Quellen, ihre Nützlichkeit und
Werth detailliren und in welchem sie ihre Meinung sagen, ob
es räthlich sey, die Quellen zu einer Badeunternehmung zu
benutzen und ein beträchtliches Capital dran zu wagen. Indessen
müssen die Herren etwas liefern, das sie zu behaupten im Stande

---

[1] Der Erbprinz Carl Friedrich.   [2] Stadt Berka an der Ilm. 1 1/4
Meile von Weimar.

sind und das ihrem Rufe, Wissenschaft und Genauigkeit Ehre
macht. Du fügtest wohl Deine schriftliche Meinung über diese
Gegenstände dazu, und übergäbest es bei Deiner Rückkunft meinem Sohne. Es ist recht löblich von ihm, daß er vorsichtig
geht, indessen ist ihm der Gegenstand, von dem die Rede ist,
so neu, daß er noch mehr Gefahren, welchen das Unternehmen
ausgesetzt seyn könnte, erfindet, als wie jeder Andere, der schon
mehr Erfahrung hat und der weiß, wie weit auf Wahrschein-
lichkeiten gegründet, gespielt werden kann. Seine wahrschein-
lichen Berechnungen führen ihn jetzt noch immer zur Negative.
So wenig ich ihn bereden möchte, sein erspartes Geld auf etwas
ganz Ungewisses zu verwenden, so lieb wäre es mir doch, wenn
er es auf bessere Zinsen brächte, wenn er zumal dabei eine
nützliche Anstalt beförderte, die in dem Reiche der Möglichkeiten,
doch eher sich zum positiven, wie zum — Pol neiget. Der
größte Gewinn, den er dabei machen kann, ist die nützliche Anwendung seiner Zeit und die Anschaffung nöthiger und nützlicher
Kenntnisse. Mache nur, daß die Herren Professoren etwas
recht Solides liefern. Im Grunde hat mein Sohn viel Lust
zur Sache selbst, aber er stößt überall auf Schwierigkeiten, die
zu fassen ihm leichter werden als darüber wegzuschreiten. Die
Möglichkeit, daß die Quellen ausbleiben könnten, wenn Alles
gebaut und fertig wäre, quält ihn am Meisten. Dagegen können bloß ältere Erfahrungen und die Nachricht, daß diese Schwe-
felquellen bei Berka schon seit 200 Jahren bekannt sind, einigen
stärkenden Trost liefern und ihm Muth machen.

Siehe zu, wie Du dieses einkleidest und es faßlich machst.
Lebe wohl

C. A.

290.

Den besten Dank für das Ueberschickte, die Sachen sind
sehr wunderbar. Dein Aufsatz über die Berkaischen Badequel-
len[1] hat mich sehr gefreut. Die Alten, diese Sachen betreffend,
hat mein Sohn sehr incomplet abgeliefert; es sind noch die
Risse und einige interessante Beobachtungen zurücke geblieben,
die ich erst diesen Abend bekommen habe und die ich Dir in
etlichen Tagen zuschicken werde.

Loblowitz ist unglaublich kindisch.

Mich freut's Dich wieder wohl zu wissen. Gute Nacht.

C. A.

28. 11. 12.

291.

Hier sind noch einige Sachen, die bei meinem Sohne liegen
geblieben waren, welche die Ansicht der Berkaischen Quellen[2]
heller oder dunkler machen. So balde als möglich will ich das
Gypslager zwischen dem Steinbruche im Berkaischen Revier und
der Ilm nivelliren lassen.

C. A.

29 11. 12.

---

[1] Vgl. Nr. 289.   [2] Vgl. Nr. 289 und 290.

292.

(16. December 1812.)

Es scheint wirklich, als wenn der Himmel sich auf den Abend machen wird; am Ende friert der Aldebaran an den Mond fest.

Weißt Du denn schon, daß St. Aignan[1]) beauftragt ist, Dir vom Kaiser der Nacht schöne Grüße zu bringen? So wirst Du von Himmel und Hölle beliebängelt. Der O'Donell habe ich gewiß seit vier Wochen viermal geschrieben und die Treulose antwortet nicht! Titine O'Donell hat einen Sohn geboren.

Wenn es heute Abend recht helle ist, so kann man die Sternbedeckung mit bloßen Augen vielleicht sehn, ich habe auf allen Fall meinen treuen Begleiter aus dem Kriege, das alte Ramsdensche Telescop bei mir, durch das man sehr gut sehn wird. Diesen Abend sehe ich einen Begleiter Krusensterns, den jungen, gefangenen Kotzebue, der auf seinem Transport nach Frankreich etliche Tage Urlaub hierher hat.

Hellen Abend und viel Glück!

C. A.

Wir werden nach allen Anzeichen einen unglaublich schweren Winter zu erdulden haben.

---

[1]) Baron von St.-Aignan, französischer Gesandter am weimarischen Hofe.

293.

Der beiliegende Doebereinersche Brief meldet eine glückliche Entdeckung, die uns den Ursprung der Berkaischen Schwefel=quellen anschaulicher macht.

Sie ist mir um so angenehmer, als sie die Vorstellung begünstigt, die ich mir früher von der Sache gemacht hatte. Hiernach wären also sämmtliche Wasser unter den Berkaischen Wiesen- und Sumpfflächen sehr stark gypshaltig und verwandelten sich in Schwefelwasser, insofern das Licht darauf einwirkt, und so ständen jene Eisenquellen mit den schwefelhaltigen Quellen des Teiches recht gut in Verbindung und es erklärte sich, warum die tiefer erbohrten Wasser keinen Schwefelgeruch zeigen, indem das Schweflige in ihnen noch nicht entbunden ist. Man wird bei weiter fortgesetzten Untersuchungen und Betrachtungen der Sache gewiß näher kommen.

Weimar den 18. December 1812.

Goethe.

294.

Die Wünsche, die Doebereiner äussert, habe ich auch schon im Stillen gehegt. Kann er sich zu Hause einrichten, daß er Alles, was eigentlich wissenschaftlich ist, mehr Raum, längere Zeit und ruhiges Abwarten erfordert, in seiner Nähe zu hegen und zu pflegen im Stande ist, so entspringt daraus der große Vortheil, daß er das jetzige Laboratorium bloß zu seinen Lehrzwecken benutzt; alsdann ist er dort nicht gestört und hier nicht gehindert.

Ein Amanuensis wird im Laufe dieses Jahres ohne große Kosten wohl anzustellen seyn. Ein solcher ist freilich höchst nöthig, das chemische Wissen geht alle Tage vorwärts und wie will einer dem Unbekannten, oder erst bekannt Gewordenen folgen, wenn er zugleich das längst Bekannte und Unbezweifelte Andern deutlich machen und überliefern soll? Daß Doebereiners individuelle Thätigkeit mit der allgemeinen gleichen Schritt halten möchte, das bringt freilich solche Wünsche bald zur Sprache; die bei einer andern Person und unter andern Umständen erst später hervortreten würden.

Weimar
den 18. Decbr. 1812.

G.

295.

Ew. Durchlaucht

bin seit so manchen Jahren für mich und die Meinigen so viel schuldig geworden, daß mir zuletzt die Worte des Dankes ausgehen müssen. Möchten Sie überzeugt sein, daß die meinem Sohn abermals erwiesene Gnade[1]) von mir tief empfunden wird und mir zur Beschämung gereichen würde, wenn nicht der Gedanke, mich für Ihro Dienst verdoppelt zu sehen

---

¹) Derselbe war zum Hofjunker ernannt worden.

so vergnüglich und aufheiternd wäre. Möge Ew. Durchlaucht
Alles gelingen, wie Sie den Wünschen der Ihrigen immer
zuvorzukommen geneigt sind!

    W. d. 6. Febr. 1813.

                           Goethe.

296.

                          (29. 11.) 12. 13.

Den D. Kieser nehme ich mit mir heute um 10 Uhr nach
Berka.[1]) Meine Absicht ist, heute eine Endberedung zu halten,
um feste zu setzen, wie das Werk angegriffen werden solle.
Hierüber soll ein Protokoll gefaßt werden, das ich Dir mit-
theilen will, damit Du Deine Meinung dazu setzen könnest.
Recht sehr bedauere ich, daß Deine Gesundheit dir verbietet
auszugehn. Hoffentlich wirst du balde wieder hergestellt seyn.
Mir ist's lieb, daß es heute etwas kalt ist, damit man den
Unterschied von Temperatur zwischen Quellen und freier Luft
beobachten könne. Deinen Brief an Trebra habe ich zu den
betreffenden Badeakten, nebst ein paar von mir beigefügten
Noten und Kieser's Brief abschreiben lassen. Sobalde das
Kärtchen fertig seyn wird, so schicke ich es Dir mit der Bitte,
die geognostischen Grenzlinien hineinzuzeichnen und die nöthigen
Bemerkungen beizuschreiben.

    Leb wohl.

                          C. A.

---

[1]) Vgl. Nr. 289, 290, 291 und 293.

297.

(29. 11.) 12. 13.

Hier schicke ich Dir die Karte[1]), welche ich im Detail
der Bergzeichnung nicht habe weiter ausführen lassen, als es
nöthig ist. Nur drei merkwürdige Punkte, roth gefärbt,
habe ich heute in Loco eintragen lassen, nämlich:

Den Punkt a. Ein Kalksteinbruch im Sande; der Ab-
raum ist ohngefähr 16 Schuh Sand, drunter findet sich dasselbe Strahlgypslager, welches bei dem

Punkt b, unterm Witzleben'schen Schlosse, bei a — b horizontal liegend, als ausgehend erscheint.

Punkt c ist der Sandsteinbruch, den wir Alle kennen. —
Im Thale, was von Saalborn nach Berka und von Tonndorf
nach Berka läuft, ist die Scheide zwischen Sand und Kalk.
Berka selbst steht auf dem Sande. Zwischen Berka, dem
Adelsberg, Herenberg, dann dem Tonndorfer Grund und
Wachholderberge ist Alles aufgeschwemmtes Zeug, Grand, Thon,
Letten u. s. w.

Der Erdfall, wo der Berkaische Teich liegt, scheint die
hauptchemische Küche zu seyn. Weil dorten Alles durcheinander
liegt, sind die geschwängerten Quellen oberflächlich und aus
der Tiefe entspringend, Alles regellos. Das Protokoll wird
Dir Präsident Müffling schicken. Gute Nacht.

G. A.

---

[1]) Vgl. Nr. 289, 290, 291, 293 und 296.

298.

(December 1813.)

Schicke mir die Karte von der Gegend von Berka¹) nebst Deinen Bemerkungen wieder.

Ich wollte sie mit der morgenden Post an Trebra schicken, dem ich noch immer Antwort schuldig bin.

C. A.

299.

Aachen C. G. (S.) 14.

So eben empfange ich Deinen Brief vom 2. aus Wies= baden. Es freut mich, Dich in der Nähe zu wissen. Bald sind wir wieder vereint, denn lange wird meines Bleibens hier nicht seyn. Der Aufenthalt ist gar zu unangenehm und dazu verlassen mich dieser Tage alle meine Bekannten. Acht Bäder habe ich genommen und mit dem 15. Bade hoffe ich mich hinlänglich gereiniget zu haben. Einige Säuberung war sehr nöthig nach denen vielen verschluckten Englischen Toasts und Hurras. — Inzwischen hat mir der geheime Rath Voigt eine Sammlung Tropfen aus der vaterländischen Hippokrene gesendet, die mich sehr gefreut haben; ich danke Dir bestens für den Antheil, den Du daran genommen hast.

Zu Gunsten des weltbekannten Inselreichs kann ich Dir viel sagen. Was man dorten sieht übersteigt alle Erwartung,

¹) Vgl. 287, 290, 296 und 297.

aber genußreich ist das Leben dorten nicht, wenn man nicht schon lange daran gewöhnt ist und sehr fertig Englisch spricht. Das dortige Klima ist wohl eins der fruchtbarsten in der Welt und zugleich eins der unangenehmsten. Die Ceder vom Libanon, der Portugiesische Lorbeer und die reißende Gicht gedeihen mit einander auf eine unbegreifliche Weise. Letztere fing dorten an mir sehr ernstlich zuzusetzen. — Eine der wunderbarsten Erscheinungen, welche mir vorkam, war im Brittischen Museo ein fossiles weibliches Skelet in einem Kalkfelsen von einer derben Gattung, die uns unbekannt ist. Sie ist weiß wie Kreide und feinkörnig wie Sandstein. Das Opus kommt aus der Guadeloupe. Ich habe mir eine Zeichnung davon bestellt. Die Menge und Vortrefflichkeit der Kunstschätze in London und in den einzelnen Landhäusern übersteigt allen Glauben; aber man muß sie sehr aussuchen. Was Mechanik betrifft, da ist England das wahre Paradies dieser Wissenschaft. Einige Meilen nördlich von Birmingham brachte mich Herr Watt zu Steinkohlen- und Eisenstein-Gruben, bei welchen auch gleich die Usinen, Hammer, und Gießereien befindlich waren. Dorten brannten zugleich die Heerde von 250, sage zweihundertfünfzig Feuermaschinen, auf der Fläche von einer □ Stunde, welche alle einer Gewerkschaft gehörten. Und solcher Gewerkschaften waren dorten mehrere, die an einander gränzten, dergestalt, daß ich nicht zu viel sage, wenn ich vermuthe, mehr wie tausend solcher Feuerschlünde zu gleicher Zeit rauchen gesehn zu haben. Die Sonne wird davon meilenweit verdun-

telt und die ganze Gegend ist mit einem schwarzen Staube,
dem Niederschlage dieser Rauche bedecket. Dazu brennen an
manchen Stellen Steinkohlenflöße und vermehren diese Gewölke.
In dieser Gegend liegt das alte Schloß Dudley, dessen ehe-
maliger Besitzer aus der Maria Stuart bekannt ist. Ich gehe
von hier über Coblenz gerade nach Maynz, um mich dorten
umzusehn. Ich werde Dich dahin einladen und Dich voraus
benachrichtigen. Leb wohl.

C. A.

300.

Aachen. 16. 8. 14.

Gestern bekam ich Deinen zweiten Brief. Ich eile, Dich
zu benachrichtigen, daß ich künftigen Sonnabend 20. von hier
weg und gerade nach Coblenz reise, um den 22. bei guter Essenszeit
in Maynz zu seyn. Wo ich logiren werde, weiß ich nicht, weil
mein altes Quartier bei Pahl nicht mehr gangbar ist. Wir
werden uns schon finden! Den 23. Nachmittags wollte ich
nach Biebrich und Abends nach Wiesbaden gehn, um von dorten aus Visiten beim Minister von Stein in Nassau, in
Schlangenbad u. s. w. zu machen. Sehr freue ich mich Dich
wieder zu sehn. Leb wohl.

C. A.

301.

(12. September 1814.)

Ich habe es hin und her überlegt, wie Sartorius' Wunsch
am Besten zu erfüllen seyn möchte, und bin darauf zurückge-

4 *

kommen, mit dem hier anwesenden von Bühler zu sprechen.
Dieser wird mir sagen können, wie die Sache zu machen sey.
Hat Sartorius ausser der Geschichte der Hansestädte noch sonsten
etwas geschrieben?

C. A.

302.

(Januar 1815.)

Für das Persicum danke ich bestens, es ist sehr geistreich
und galant. Mich freut es, daß Du das neue Jahr so munter angetreten hast; mögest Du es so auch durchleben und be-
schließen. Hier ist das Bild.

Noch eine Erinnerung. Die Herzoginn von York hat bei
mir die complete Sammlung Deiner Werke bestellt; man wird
wohl mehrere Ausgaben dazu zu Hülfe nehmen müssen? Die
Verschiedenheit der Formate wäre wohl gleichgültig.

C. A.

303.

Ew. Durchlaucht

gnädigstes Schreiben vom 16. dieses habe, zu meiner dankbaren Freude, bald zu erhalten das Glück gehabt.
Vergrath Lenz hat sogleich die verlangten Egel eingepackt und
sie sind, nebst einem Schreiben an Dr. Bremser[1], an gehei-

---

[1] Johann Gottfried Bremser, Arzt in Wien, sehr verdient um die
Lehre von den Eingeweidewürmern des Menschen.

men Rath Voigt übergeben worden. So gut ist es, daß auch die unscheinbarsten Dinge geachtet und aufbewahrt werden, weil man Einen einmal dadurch erfreuen und nützen kann.

Der biographische Versuch über Prinz Ligne ist sehr glücklich gerathen und setzt eine schöne Uebersicht des Weltwesens voraus. Ich habe mich dadurch auf's Wunderbarste angeregt gefunden und sogleich angefangen, unserem abgeschiedenen Freunde ein Requiem zu dichten, wovon einstweilen der Eingang beiliegt.[1] Ich bin schon weit hinein und wäre wohl schon fertig, wenn nicht die Bewegung der festlichen Tage[2] meine geringe Thätigkeit für das Nächste in Anspruch nähme. Ich hoffe aber bis zur Hälfte Februar's das Ganze zu Stande zu bringen und werde es dann sogleich an Graf O'Donell senden. Haben Ew. Durchlaucht die Gnade, mich diesem trefflichen Manne vielmals zu empfehlen. Unter den neuen Bekanntschaften, die jene große Völkerfluth mir zugeführt, behauptet er allerdings den ersten Rang. Möchten doch die äussern Umstände ihm so günstig seyn, als er es verdient!

Im Orient, wo ich mich jetzt gewöhnlich aufhalte, wird es schon für das höchste Glück geachtet, wenn von irgend einem demüthigen Knecht vor dem Angesichte der Herrin gesprochen wird und sie es auch nur geschehen läßt. Zu wie vielen Kniebeugungen würde Derjenige hingerissen werden, dessen sie

---

[1] Vgl. Goethe's nachgelassene Werke, XVI, 45. [2] Den 30. Januar, 2., 3. und 16. Februar waren die Geburtstage der Herzoginn, des Erbprinzen, der Prinzessinn Marie und der Erbprinzessinn-Großfürstinn.

selbst erwähnte! Möchte ich doch allerhöchsten Ortes nur manchmal namensweise erscheinen dürfen!

Da Ew. Durchlaucht gewiß in Gesellschaft öfter auf
Orientalisten treffen, so dient es vielleicht zur Unterhaltung,
wenn erzählt wird: daß wir vor Kurzem zur hiesigen Bibliothek
ein wohl erhaltenes unvergleichliches Prachtstück Persischer hand-
schriftlicher Art und Kunst angeschafft haben. Es ist das Mes-
newi des Mohammed Dschelal-eddin Rumi, ein Gedicht, welches von den Sofis für das fürtrefflichste Buch nach dem Koran
gehalten wird. Dieses Exemplar ist in Schiras geschrieben
und zwar zu einer Zeit, wo diese Stadt die Residenz der Per-
sischen Kaiser war, welches sie ohngefähr um 1500 aufgehört
hat zu seyn.

Mögen Ew. Durchlaucht, indessen wir die Fundgruben des
entferntesten Orients mentaliter durchwühlen, in dem nächsten Osten
persönlich die Erfüllung Ihrer Wünsche und der unsrigen erfahren!

Unterthänigst

Goethe.

Weimar den 29. Januar
1815.

304.

28. 7. 15.

Empfange meinen besten Glückwunsch zum heiligen Leopold.[1) Es freut mich, daß er angelangt ist, schon seit einem

---

[1) Goethe hatte die zweite Klasse des k. k. Leopoldordens erhalten.

Jahre war er mir versprochen worden. Drei Wochen lang habe ich an einem aufgebrochenen Fuße gelegen, der nun endlich so weit wieder heil ist, daß ich übermorgen zu meiner Frau nach Wilhelmsthal und wenige Tage darauf nach Baden-Baden reisen kann, um in dem dortigen heißen Wasser eine Gichtschärfe durch die Haut zu jagen, die, vermuthlich durch den schlechten kalten Sommer zurücke gehalten, mich sehr zu plagen anfängt. Ich habe dieses Bad gewählt, weil die ganze Familie meiner Schwägerinn[1]) dorten beisammen ist und die Gegend wärmer und schöner zu seyn den Ruf hat, als wie Wiesbaden und Teplitz. Letzterer Ort liegt gar zu weit vom großen Welttheater entfernt. So wie ich mit der Kur fertig bin, so komme ich nach Maynz und warte dem Erzherzoge[2]) auf. Das wird wohl Anfangs September geschehen. Gieb ihm diesen Brief, wenn er in Maynz ist.

Den Bibrichischen Herrschaften empfiehl mich bestens, auch der Großfürstinn Catharina. Wenn Du etwas recht Pedantisch-geschmackloses, doch nicht ohne technisches Versmachertalent, lesen willst, so laß Dir Johannes den Täufer von Krummacher geben. Bei meiner Niederlage habe ich unglaublich viel gelesen und da ist mir das Ding in die Hände gekommen. Unser Decorations-maler ist sehr geschickt. Leb wohl.

C. A.

---

[1]) der verwittweten Markgräfinn Amalie von Baden, Schwester der Herzoginn von Weimar. [2]) Erzherzog Carl.

305.

Baden 5. 7. (8). 15.

Heute bekam ich Deinen Brief vom 3. Den besten Dank sage ich Dir, mein Lieber, für Dein Andenken. Ich wollte Du hätteſt wahr gemacht, was die Zeitungen sagten; sie erzählten nämlich, Du wäreſt nach Baden gereiſet. Die hieſige Gegend iſt eben doch ganz vortrefflich ſchön. Ich ſehe ſie ſehr im Einzelnen, weil ich viel jage; übrigens bleibe ich blos in meiner Frauen Familie. Von Badegäſten iſt niemand mehr hier. Einige Tage war ich in Baſel, um Hüningen einnehmen zu ſehn. Bei dieſer Gelegenheit iſt bei mir der Wunſch wieder ſehr rege geworden, die Schweiz innerlich zu beſehn. Vielleicht geſchiehts ein anderes Jahr. Meine Abſicht iſt, hier bis zum 20. dieſes zu bleiben, dann auf ein paar Tage nach Karlsruh zu gehn und dann über Heidelberg den Weg nach Maynz einzuſchlagen und ſo lange mich herum zu ziehn, bis die Blätter fallen. Das wäre dann gegen den 10. Oktober, wo ich nach Hauſe kehren will. Von Paris höre ich nicht viel Tröſtliches, nur in ſo ferne Gutes als es meine Privatangelegenheiten betrifft, nämlich die Territorialacquiſitionen. Straßburg entläßt nun endlich auch ſeine Beſatzung. Es war in den letzten Tagen viel Spectakel drinnen. Vielleicht kömmſt Du noch her. Leb wohl.

C. A.

306.

Baden 14. (8. 15.)

Dein Journal und Beilagen habe ich vor ein paar Tagen richtig bekommen. Neugierig hat es mich gemacht, die Detailausführung der Annotationen zu genießen, besonders wie Du Dich mit Steiner gepaart hast, dessen vortreffliche und widerwärtige Eigenschaften mir sehr lange bekannt sind. Es ist Schade, daß bei ihm die Ungeduld alle übrigen Gaben überwiegt.

Die Befestigung von Cöln ist eine der wenigen glücklichen Ereignisse dieser Zeit, sie wird gewiß manchen glücklichen Fund befördern. Daß Ende dorten ist, da er Sinn für mancherlei wissenschaftliche Gegenstände hat, wird gewiß vortheilhaft wirken. Seit etlichen Stunden fängt das Wetter an, heiter zu werden und das Wetterglas steigt beträchtlich. Bis diesen Mittag regnete es seit dem Augenblick meiner Ankunft beständig. Das Bad — heute brauchte ich es zum sechsten Male — scheint vortheilhaft auf meinen Körper zu wirken; es greift mich gar nicht an. Mache doch bei der Quelle in Wiesbaden Versuche, ob deren Nähe die Magnetnadel abweichen macht; man behauptet, daß man diese Erscheinung bei der hiesigen Quelle bemerkt habe. Wie lange ich das Bad brauchen werde, hängt von dessen Wirkung ab. Sobald ich fertig bin, gedenke ich den Erzherzog Johann in Basel zu besuchen, dann nach Mainz zum Erzherzog Carl zu gehn und so Anfangs Oktober nach Hause. Laß balde etwas von Dir hören und lebe wohl.

C. A.

307.

Gratulire! schöne ist das Diplom geschrieben, ich lege einen Brief der Kaiserinn[1]) bei, den ich schon etliche Wochen habe, der aber 5 Wochen unterwegs blieb.

Ifflands Willen werden wir endlich wohl einmal erfahren. Kirms mag ihm schreiben, daß wir ihn sehr gern sehn würden, er möchte sich nur bestimmt erklären.

Morgen gehe ich bis zum Sonnabend nach Jena um zu jagen und Abends Weisheit zu pflegen.

G. X.

308.

Ew. Königliche Hoheit!

gestrige gnädige Sendung habe sogleich in ein Acten-Fascicul gefaßt, welches, hier beiliegend, mich zu nachstehenden unmaaßgeblichen Vorschlägen aufruft:

1) Der Wallroß-Schädel ist seit langen Jahren unser Wunsch, ich will deßhalb an Staatsrath Treitlinger[2]) nach Paris schreiben.

2) Das von Schreibers Angebotene ist gleichfalls erwünscht:

   a) Die Fische in Weingeist aufbewahrt hieher zu senden, halte mit ihm für räthlicher.

---

[1]) Maria Ludovica von Oesterreich.   [2]) weimarischer Gesandter.

b) Die Skelete von Gemse xc. sind auch dankbar anzunehmen.

c) Eine Tischplatte soll, sorgfältig eingepackt, und nebst
 Zeichnungen von dem Vorkommen dieses Gesteins
 auf dem Harze, an Schreibers gesendet werden.
 Wie ich denn überhaupt mit ihm im Verhältniß zu
 bleiben gedenke.

3) Der Versuch, nach Sömmerings Vorschlag, geistige
 Getränke zu concentriren, soll zum Nächsten in Jena
 angestellt werden.

Weimar den 29. December 1815.

Unterthänigst

Goethe.

309. *
Randantwort.

Nach Antrag ersuche und autorisire ich Herrn von Goethe
an Herrn von Schreibers, in Wien, zu antworten und die Aufträge zu ertheilen.

Carl August.

310.

Das sind kostbare Alterthümer, die Du doch nach Jena
stiften solltest. Nr. 5, aus dem Tempel des Phöbus in Arka-
bien, halte ich für die älteste, durch die südliche Lage des Landes, wo der Stein gebrochen wird, reifeste Production des so-

genannten Pappenheimer oder Zwezner Steins, der zur Litho-
graphie gebraucht wird, nämlich eines Urmergels; er klebt an
der Zunge und schmeckt thonigt. Die Byronsche Schrift klingt
auf Deutsch wunderbar; möglich ist's, daß in der Englischen
Aussprache und Scansion Feinheiten liegen, welche die Reime
und das Versmaaß regelmäßiger in ein Englisches Ohr klingen
lassen, als wie für Deutsche Organe. Auf die im Heldengedichte
befindlichen Erotica bin ich neugierig, laß doch irgend etwas
davon aus Deiner komischen Feder fließen. Hier ein Brief von
Hüttner an mich eingeschlossen. Schon lange habe ich vergessen,
Dir zu sagen, daß auf der Bibliothek ein Buch in der eroti-
schen Sammlung befindlich ist, das für die Geschichte und den
Zustand der Moralität in Frankreich, im Laufe der Revolution
äußerst merkwürdig ist; eine Fortsetzung der bekannten Justine,
aber Superlativ des Allerabscheulichsten. Ich habe es diesen
Sommer vom Rheine mitgebracht. Ein Theil fehlt.

(Ende 1815.)

C. A.

311.

Frage und Erinnerungen.

Das Bild Wielands, von Lortzing¹) sehr vortrefflich gezeichnet, möchte ich gerne behalten und es auf die Bibliothek stiften;
wie? wie viel?

¹) Hofschauspieler in Weimar, früher Maler.

Der Maler Schütz in Frankfurt am Mayn besitzt ein Bild, den heiligen Sebastian vorstellend, ehe er gepfeilt wird, den ersten Schuß in Gottes Namen erwartend, für welches er 60 Carolin verlangt. Er sagt, es passiere für einen Correge, ich glaube, daß es aus Guido's Fabrik ist. Ew. Liebden wollten sich erkundigen, was an dem Bilde wäre?

Demselben Maler Schütz zu Frankfurt a./M. habe ich aufgetragen sich zu erkundigen, ob denn dem Canonicus Pick[1]) zu Bonn seine Gemälde und Glasfenster feil wären, oder ob man sie nach seinem Tode, da er blos lachende Erben hinterläßt, erhandeln könnte? Ueber Alles Dieses wünsche ich einige Notizen zu bekommen.

Ende 1815.

C. A.

312.

(Januar 1816.)

In langer Zeit hat mich nichts so gefreut, als die Beilage, welche sagt, daß Canova dasselbe Gefühl über Elgins Schätze[2]) gehabt hat, wie ich, was ich Dir und Professor Meyer sagte, als wir uns wieder sahen. Die Venus, von der die Rede ist, kenne ich nicht und in der Haut der Statuen liegt es auch nicht, aber in etwas Unbegreiflichem.

C. A.

---

[1]) Vgl. Goethe's Werke, XLIII, 328 ff. [2]) Die Bildwerke des Parthenon.

313. *

Hier ist das Bayerische perpetuum mobile. Wir wollen es si placet nach Jena schicken, an wen? das wird von Deiner Weisheit abhängen.

Carl August.

314.

Ew. Königliche Hoheit

geruhen auf Nachstehendes gnädigst zu reflectiren.

1) Die Harzer Tuffplatte wird durch Cronrath sorgfältig gepackt. Eine Zeichnung des Vorkommens dieses merkwürdigen Gesteins ist in der Arbeit, auch ein Aufsatz deshalb.

2) Ein Sömmeringsches Heft liegt bei. Wahrscheinlich ist das Jenaische im Jahr 1789 zu Riegelsdorf gefundene problematische Stück auch ein ähnlicher Crocodilsrest. Ich will Sömmering davon Notiz geben, auch Herrn von Schreibers auf diese Abhandlung aufmerksam machen.

3) Des Canova Freude an jenen köstlichen Werken macht ihm Ehre; um so mehr als seine Kunst von jener durch eine große Kluft der Zeit und der Gesinnungen getrennt ist. Der Brief ist an Bertuch zurück.

4) Haben Höchstdieselben wegen dem Nilpferdschädel etwas an Treitlinger gelangen lassen? Oder soll ich es thun.

5) Das perpetuum mobile[1]) sende an Färber, welcher

---

[1]) Vgl. Nr. 313.

es im Zimmer der naturforschenden Gesellschaft aufhebt. Den Hofrath Voigt ersuche unter Assistenz des Otteny um Aufstellung.

6) Die Wolkenerscheinungen werden stark studirt und Musterbilder der verschiedenen Fälle aufgesucht. Nächstens hoffe den Cirrhus in der größten Vollkommenheit vorzustellen.

7) Verzeihen Ew. Hoheit, daß ich noch immer, wie der fabelhafte Vogel Simerup im Felsenneste verharre. Vielleicht befehlen Sie nächste Woche, daß ich einen Abend aufwarte und von den frisch ausgebrüteten Asiatischen Paradiesvögeln einige vorzeige.

8) Die Aufführung des Epimenides zum 30. Januar wird, hoffe ich, gelingen und nicht unangenehm seyn. Kapellmeister Weber kommt einige Tage früher.

9) Mit ihm Director Schadow wegen der Blücherschen Statue für Rostock. Möchten doch günstige Nachrichten aus dortigen Gegenden unsre Besorgnisse wegen der theuren Erbgroßherzogin von Mecklenburg einigermaaßen lindern.

Mich zu Gnaden und Hulden empfehlend

Weimar den 17. Januar 1816.

unterthänigst

Goethe.

315. *

ad 1) Von Ihnen an das Kaiserliche Cabinet in Wien, an den Kaiserlichen Hofrath und Director von Schreibers gesendet und mit denen nöthigen Bemerkungen begleitet, wird es besonders Werth dorten bekommen.

ad 2) Dieses opus habe ich schon in Wien gesehen und, was noch mehr ist, ein Crocodil im Abbruck, auch aus der Riegelsdorfer Gegend, was im K. Kabinete ist.

ad 3) Ich hoffe es sollte mir Ehre machen, dasselbe gesagt zu haben, was Canova ausdrückt.

ad 4) Nein, schreibe Du an Treitlinger deswegen.

ad 5) Das ist sehr gut, sehr neugierig bin ich auf den Effect. Die Maschine heißt die Zambonische Säule; sie verlangt aber ein im höchsten Grade horizontales Postament.

ad 6) Auch auf die Wolkenkenntniß freue ich mich sehr.

ad 7) Fliege aus die künftige Woche.

ad 8) Glück zu!

ad 9) Schadow soll willkommen seyn, nicht aber die Trauerpost, die ich stündlich und leider hoffnungslos erwarte.

C. A.

316.

[1816.]

Wenn Du mich mit Deiner Gegenwart beglücken willst, so erkenne ich es mit Danke; mich hält heute ein schnupfiges Kopfweh zu Hause.

Komme diesen Abend.

C. A.

317.

(Januar 1816.)

Beikommender Backenzahn kann sich doch wohl als ein Cabinetsstück zeigen.

?

aus dem Pelzischen Steinbruche.

C. A.

318. *

(Januar 1816.)

Hier erscheinen schöne Sachen aus Nachbar Pelzens seinem Steinbruch.¹) Das sind ja wohl Bärenzähne? Schicke doch Jemanden hinaus, der in loco zusehe, wie sich diese Kalk-Krystalle in den neueren Kalkstein melirt haben.

Carl August.

319.

(Januar 1816.)

Die übersendeten schönen Fossilien bestehen in:

1) Zwei Rhinoceros-Zähnen in der Kinnlade;

2) einem Fragment eines Pferde-Zahns;

3) Backenzähnen aus der untern Kinnlade eines Hirsches;

4) einem Knochen-Fragment in Kalk-Tuff.

---

¹) bei Weimar.

Von den andern beiden Mineralkörpern ist der eine schörl-artiger Beryll aus dem Zwitterstock bei Altenberge, das andere Kalkspath-Krystalle auf schwarzem Marmor.

Pelzen[1]) wird deshalb die geognostische Tortur zuerkannt.

Nicht unmöglich wäre es jedoch, daß ein Schalk ihm diese Dinge in seine Räume geschoben; wenigstens haben wir in unsrer Jugend uns dergleichen Possen erlaubt, um nachfahrende Geognosten irre zu machen.

Alles zusammen wird, sorgfältig eingepackt, nach Jena transportirt werden. Wie denn überhaupt ein kurzer Aufsatz über das merkwürdige Vorkommen dieser Fossilien nächstens ausgefertigt werden kann.

Goethe.

320. *

(Januar 1816.)

Wegen Nachbar Pelz[2]) irren sich Ew. Liebden gewaltig. Ich bin heute in loco gewesen und habe das corpus delicti untersucht. Diese Sachen, deren ich hier mehrere schicke, die ich noch bei Pelzen fand, sind nichts wie Kalk-Krystalle. So auch die, welche ich Dir diesen Morgen schickte. Sie staken als Rest in einer Lede, die gesprengt; das Nest blieb hängen, aus diesem sind alle die Stücke. Wenn ich doch nur 1000 Schritte von der Sache selbst wohnte, so ließe ich mich doch

---

[1]) Vgl. Nr. 317 und 318. [2]) Vgl. Nr. 318 und 319.

hinbringen, um die Sache mit eignen Augen zu sehen, ehe es zur Relation ausartet.

Carl August.

321.

Ew. Königlichen Hoheit!

überreiche ungern das Schreiben unsres guten Hof= raths Voigt, welches die verunglückte Ankunft und also auch die mißlungenen Versuche mit dem perpetuum mobile ankün= digt.[1] Nach der Relation haben sich die Auspackenden bei dem Geschäfte gut und sorgfältig benommen. Der Voigtiche Bericht ist in manchem Sinne belehrend, auch führt sehr oft ein mißglückter Versuch auf neue Entdeckungen. Mit Höchst= deroselben gnädigster Genehmigung will ich vorläufig Alles billigen, was derselbe mit Zuziehung Olleny's zur Wiederher= stellung und Erhaltung der Maschine vornehmen wird.

Gestern, als den 27., verfügte mich in den Pelzischen Steinbruch[2] und belehrte mich genau über die mir ganz wieder aus dem Sinne gekommene Folge der Lage und Schichten.

Befragt über den Ort, wo die problematischen Steine vorgekommen, bezeichnete der Mann an der Stirn eines frei stehenden Felsen eine Stelle, wo ein ziemlich tiefes, nicht gar weites Loch meist horizontal hineingegangen, welches man mit dem Schaufelstiel habe untersuchen können. Diese Vertiefung sey bei einem in der Nähe angelegten Schusse mit herunter

---

[1] Vgl. Nr. 313, 314 und 315.   [2] Vgl. Nr. 318, 319 und 320

gekommen und er habe diese Stufen darin entdeckt und sie selbst noch vom Felsen losgemacht.

Daß die Stufen wirklich in dieser Höhlung gefunden worden, will ich nicht in Zweifel ziehen, er mag sie auch etwas von Sand und Unreinigkeit gesäubert haben, mit dem Gesteine aber waren sie nicht verbunden, denn es sind völlig fremde Mineralien, die ein Arbeiter vielleicht irgendwo aufgegriffen und in diese Höhlung versteckt hat.

Von den beiden ersten Stücken denke ich noch wie vorher: Nr. 1 ist ganz entschieden aus dem Zwitterstock bei Altenberge. Dieses Mineral ist deswegen merkwürdig, weil es in der uns bekannten übrigen Welt nicht wieder vorkommt. Ich lege ein frisches von mir bei meinem letzten Besuche dort erhaltenes Stück bei, welches bei Vergleichung als identisch wird gefunden werden. Die später eingereichten Stücke sind gezackte Kalkspathe in sehr feinen Tafeln. Der auf denselben aufsitzende Bleiglanz deutet nach dem Harz, ob ich es gleich nicht behaupten will. Ich habe die Stücke numerirt und sogleich an Lenz gesendet, ohne ihm den geringsten Fingerzeig zu geben, worauf es eigentlich ankommt. Sein Responsum lege sogleich vor. Ew. Königliche Hoheit verzeihen, daß ich unsere geognostische Ehre gegen diesen wunderbaren Zufall so hartnäckig vertheidige. Die eigentlichen wahren Merkwürdigkeiten jener Lager sollen nächstens so genau als möglich auseinandergesetzt werden.

Weimar den 29. Januar 1816.

Goethe.

322. *

(29. Januar 1816.)

Du wirst wohl einige Thaler daran wenden müssen, um
die Maschine wieder in Stand zu setzen.[1])

Mir ist es sehr lieb, daß Du die Pelzgeschichte[2]) selbst
untersucht hast. Da das Nest höchstens 6 Schuh tief unter der
Erde saß, so ist es möglich, daß der gefundene Schatz geraubt
war und von dem Räuber in eine lange Kluft, deren es so
viele dorten herum giebt, versteckt worden ist. Der Zufall,
ja selbst der, daß der Schuß nichts zerstört hat, ist sehr seltsam. Der Steinbruch selbst ist sehr merkwürdig. Das wunderbare Sandlager unter den Felsenlagen!

Carl August.

323.

Ew. Königlichen Hoheit

lege abermals eine Angelegenheit vor, welche gleich
so manchen andern lange Zeit geruht und nunmehr bei wieder
eintretender Glückswitterung wieder aufthaut.

Der Hofmedicus Stark nämlich hat den Catalog der Präparate seines Vaters wieder eingereicht, mit einer kurzen Uebersicht des Inhaltes desselben.

[1]) Vgl. Nr. 313, 314 und 321. [2]) Vgl. Nr. 318, 319, 320 und 321.

70

Gleich nach dem Tode des geheimen Hofraths Stark kam die Sache zur Sprache und Ew. Königliche Hoheit erlaubten 600 Thlr. darauf zu bieten, weil freilich auf einmal dadurch unser anatomisches Cabinet sich bedeutend bereichert hätte. Man war auch beinah einig, als die dazwischentretenden Kriegsvorfälle in allen Negotiationen dieser Art eine große Pause machten. Auch jetzo, glaube ich, würde man diese Sammlung für 600 Thlr. erhalten. Die Acquisition wäre immer wünschenswerth, denn ob wir gleich manches Aehnliche besitzen, so kann man doch von solchen Dingen kaum sagen, daß es Doubletten seyen.

Freilich stehen zu völliger Einrichtung der Jenaischen Anstalten noch wichtige Ausgaben bevor:

1) die Placirung und Begünstigung Doebereiners, weshalb ich wegen des bezeichneten Gartens sogleich nachgefragt,

2) die Versetzung Körners,

3) oben gedachten Cabinettes Anschaffung, wobei ich mich nicht enthalten kann auf einen Beitrag von Seiten der Landschaft zu rechnen und wäre es auch nur, um die Interessen der aufzunehmenden Kapitale zu decken und einen Amortisations-Fonds zu gründen.

Man kann indessen obgedachtes Geschäft sachte angehen lassen, da ohnehin vor Ostern an keine Translocation zu denken ist.

Weimar den 31. Januar 1816.

Goethe.

324. *

Vor der Hand, dächte ich, ließen wir diese Todten ihrem jetzigen Besitzer und verwendeten unsere Fonds auf die angenehmeren Acquisitionen.

C. A.

325.

Ueber die Idee, das Fuchsische Haus für Doebereiner zu kaufen, ist mir noch eine andere beigegangen, die ich noch für besser halte und die, wenn die Ausführung derselben auch etwas mehr kostete, als wie die erstere, doch gewiß weit mehr Vortheil einbrächte. Sie ist: den Griesbach'schen Garten zu kaufen. Mit der Acquisition eines schmalen Weges durch den Eichstädt'schen Garten wäre ersterer mit dem botanischen Garten leichte zu verbinden. Salvo meliori.

31. Januar 1816.

C. A.

326. *

Komm diesen Abend gegen 7 Uhr und bringe was mit, auch beiliegende Zeichnungen; Graf Edling wird auch da seyn.

Februar 1816.

Carl August.

327.

(Februar 1816.)

In der Cottaischen allgemeinen Zeitung Nr. 51, 20. Februar, steht ein miserabler Aufsatz datirt Weimar, der voll Lügen ist. Schreib doch gelegentlich an Cotta, man wunderte sich, daß er hier einen so miserablen Correspondenten habe und solches elendes Zeug auf unsere Rechnung drucken ließ.

C. A.

328. *

Erzeige mir den Gefallen, Doebereiner aufzugeben, daß er mir schreibe, wie Steinkohlentheer gemacht werde?

4. März 1816.
C. A.

329.

Lasse Dr. Doebereiner folgende Versuche machen:

Mit den Dämpfen eines beliebigen Volumens kochenden Wassers kaltes Wasser, nämlich von gewöhnlicher Temperatur, kochen zu machen und dann folgende daraus entstehende Fragen zu beantworten,

a) Kann man durch Dämpfe kochenden Wassers kaltes Wasser von gewöhnlicher Stubentemperatur (5—10°) kochen machen?

b) Kann Dieses geschehen, gleichviel ob die Dämpfe auf die Oberfläche oder Unterfläche des kalten Wassers geleitet werden?

c) Wie viel Zeit braucht ein Volumen Wasser von 5° + um durch Dämpfe kochend gemacht zu werden?

d) Wie könnte sich die Quantität kochenden Wassers zu

einer Quantität kalten Wassers von 8° + verhalten,
um letztere in der kürzesten Zeit durch Dämpfe kochend
zu machen?

(10. März 1816.)

C. A.

330.

Das Oesterreichische Vieh ist außerordentlich schön; sehr
glücklich und gesund ist es angelangt. Hoffentlich enthalten beikommende Kisten auch schöne Sachen. Einen Brief lege ich bei,
schicke ihn mir balde wieder, und lege ein Diplom für den Zahl-
bruder[1]) von der mineralogischen Gesellschaft bei. Mein Sohn
will gerne Nelken-Saamen mit ehster Gelegenheit nach Rußland haben. Kaufe mir ein Sortiment bei Rath Webel und
schicke es mir her. Diesen Morgen hat es bei uns gefroren.
Lebe wohl.

C. A.

17. März 16.

331.

Ew. Königlichen Hoheit

lege ein Pro Memoria des Bergraths Voigt
vor, welches von seiner Aufmerksamkeit auf den ihm anvertrauten
Garten zeugt. Die notirten Pflanzen betragen eine Summe

---

[1]) Vgl. Nr. 333.

von 37 Thalern. Er wünscht daß sie unentgeltlich abgegeben werden möchten, welches ihm wohl zu verzeihen ist, da er nicht weiß, wie wohl uns Ew. Hoheit gesetzt haben. Es hängt daher ganz von Höchster Entscheidung ab.

Unterthänigst

J. W. Goethe.

Weimar den 30. März
1816.

332. *

Bestelle nur in Belvedere die Ablieferung der Pflanzen.

C. A.

333.

Ew. Königlichen Hoheit

lege so eben aus Wien erhaltene Papiere vor. Des Directors von Schreibers vorläufiger Bericht enthält mehrere Punkte:

1) Den Ankauf und Transport der Schaafe und Schweine betreffend, wozu der Brief des Oeconomen Zahlbrucker gehört.[1]

2) Verzeichniß der zur Absendung bestimmten naturhistorischen Gegenstände.

3) Ankündigung einer Sammlung von Chromerzen.

----

[1] Vgl. Nr. 330.

4) Fortsetzung von Trattinik's Flora des Oesterreichischen Kaiserthums.

5) Anfrage wegen der Fortsetzung von Jahns Herbarium.

6) Ankündigung und Verzeichniß der Seefische welche abgehen sollen.

Da mir von Darmstadt auch ein monstroser Schädel gesendet worden und ich mir einen reinen weißen ausgebeten habe; so könnte dieser zweite gar wohl gut eingepackt über Nürnberg nach Wien spedirt werden, um diesem gefälligen Mann auch mit etwas Seltenem zu dienen.

Unterthänigst

Weimar   J. W. Goethe.
den 31. März 1816.

334.

Den Allobrogischen Kurialstyl abgerechnet, der mich recht herzlich lachen macht, wenn ich diesen eleganten Schreibers persönlich sehe und höre, und ihn dann lese, ist er doch ein sehr vortrefflicher Mensch. Der „Erlauchte Wunschsteller" ist doch ein unbezahlbarer Ausdruck. Ich will Dir abschreiben lassen, was zu Deinem Heile dient und wegen der Geldbestellungen das Nöthige besorgen. Lasse Schreibers den wunderbaren Schädel[1] zukommen und was wir sonsten finden, das merkwürdig ist, wollten wir ihm schicken. Wegen der Belvederschen Pflanzen nach Jena — die Beilage.

C. A.

[1] Vgl. Nr. 333.

335.

[April 1816.]

Dieses Viscum album kenne ich sehr gut und habe es mit dem Tabu belegt, weil es in hiesiger Gegend äußerst selten ist, zumal auf einem Ahorn, da man dergleichen sonsten nur auf Obstbäumen findet. In Oesterreich wächst es sehr häufig und zwar auf allen Arten Bäumen. Bei schöner Witterung werde ich Dir eine Stellage davor setzen lassen, um es bei lebendigem Leibe zu bewundern.

Es ist von der höchsten Nothwendigkeit, daß Du morgen um eilf Uhr im Erdenhause zu Belvedere Dich einfindest und sollte es Keulen schneien.

C. A.

336.

(April 1816.)

Das Stammbuch ist gar zu merkwürdig; ich muß es noch etwas behalten. — Die Registrande zeigt sich der Oberaufsicht würdig. — Hier ist Dr. Doebereiners Aufsatz. Die Sätze darinnen müssen noch mit einigen empirischen Versuchen vermehrt werden, hauptsächlich in Folgendem: ob die Proportionen wie 1 : 5 so 2 : 10 fortgehend steigen, oder ob bei Vermehrung der ersten Zahlen die 2 über Proportion steigen, was bisweilen der Fall seyn könnte, indem die Erhitzung schneller von Statten ginge; dann ob man durch die Zuführung 1 Maaßes kochenden Wassers durch mehrere Röhren 5 Maaß temperirten Was-

fers schneller zum Kochen brächte, als wie durch eine Röhre?[1]
— Daß Dir mein kaltes Treibhaus gefallen hat, freut mich
sehr; ich habe es aus Erfahrungen zusammen gesetzt, die ich in
England, Brabant und Wien sammelte. Die Grundtheorie
dieses Gebäudes ist das möglichste Licht und die egalste Temperatur. Ein paar Fenster in dem noch leeren Flügel stehn Dir
ganz zu Versuchen zu Diensten.

C. A.

Brizzi ist mit seiner Tochter hier. Graf Ebling wird das
Nöthige deshalben mit Dir besprechen.[2]

337. *

(April 1816.)

Hundeshagens Antrag puncto der Fulda-Hessischen Charte
kommt mir sehr wünschenswerth. Erkundige Dich, wenn ich
bitten darf, nach dem Preis und danke ihm für den schönen
Riß von Straßburg.

Schreibers werde ich künftighin einen Credit in baarem
Gelde machen.

Berka soll neu geboren werden; ein Jahr ist freilich dabei
verloren.[3]

Carl August.

—

[1] Vgl. Nr. 329. [2] Vgl. Nr. 280 und 285. [3] Vgl. Nr. 289,
296, 297 und 298.

338 *

Voigten habe ich auf Dich für ein Nachtquartier affignirt; der arme Teufel ist sehr matt und morgen soll er sich selbst die Pflanzen in Belvedere aussuchen.

Steiner schicke ich mit Voigten zu Dir, um Abrede zu nehmen wegen eines kleinen Kellerhauses mit eisernen Fenstern für den botanischen Garten, dessen er höchlich bedarf. Es betrifft 6 Fenster nach Belvedereschem Maaß, welche pp. 250 Thlr. kosten werden, vielleicht weniger. Laß sie machen, weil sie ohnumgänglich nöthig sind. Steiner kann die Sache sehr gut dirigiren und anlegen.

Für D. Schreibers will ich einen Credit von 2000 Fl. W. W. bei Frießen in Wien machen¹), welche von April zu April dauern, auf Berechnung. Damit kann Schreibers die Auslagen für Botanik und dergleichen Aufträge bestreiten. Einen solchen Creditbrief werde ich Dir ehstens für Schreibers schicken.

C. A.

(3. April 1816.)

339.

Ew. Königliche Hoheit

ersehen gnädigst aus der Beilage die glückliche Wiederherstellung des galvanischen Pendels.²) Die durch den Bruch der Säule gewonnene Einsicht in das Innere

¹) Vgl. Nr. 337. ²) Vgl. Nr. 313, 314, 321 und 322.

derselben, ersetzt reichlich die wenigen Kosten der Wiederherstellung; sie sollen aus der Museumskasse bezahlt werden. Wegen
einer größern solchen Säule, die Voigt wünscht, läßt ja sich
wohl einmal mit den Professoren und Otteny Abrede nehmen.

Unterthänigst

Weimar den 11. April
1816.

Goethe.

340. *

Randantwort.

Die Entdeckung[1] ist der etlichen Thaler werth; ein grö-
ßerer Apparat, recht einfach und wohlfeil construirt, würde vielleicht noch zu mehreren Kenntnissen führen.

C. A.

341.

(1816.)

Beiliegendes schicke an Doebereiner wieder, mit meinem
schönen Dank. Die Wahrheit zu gestehn, verstehe ich es nicht
recht. Den galvanischen Pendel habe ich gesehn[2], er ist sehr
hübsch. Ich habe ihn bei dem Hofrath Voigt gelassen bis zu
Deiner Ankunft.

C. A.

[1] Vgl. Nr. 313, 314, 321, 322 und 339.   [2] Vgl. Nr. 313, 314,
321, 322 und 339.

342.

Das Zettelchen habe ich verloren, wo dasjenige Chrom darauf notirt war, welches der Salineninspector Goedecke[1]) aus Tyrol mitbringen sollte. Doebereiner nannte es, überschreibe mir es. Die Forderung und das Einschmeichelungsdiplom für König geht heute an Frege nach Leipzig.

Leb wohl.

C. A.

343.

Unsere liebe Kaiserinn[2]) ist am Tage unserer Huldigungs-feier, den 7. in Padua zu dem Oberlehensherrn abberufen worden. Man glaubte sie gerettet. Vermuthlich haben die Kräfte sie verlassen, ihre Krankheitsgeschichte hat viel Aehnliches mit der meiner verstorbenen Tochter.[3])

(18. April 1816.)

C. A.

344.

„La pauvre Impératrice a eu tant de peine à mourir. Voyant les regrets de l'Empereur, Elle avait juré de faire tout ce que les médecins lui ordonneraient, mais

---

[1]) Ludwig Goedecke, Bergrath und Director der großherzoglichen Saline Wilhelms-Glücksbrunn bei Kreuzburg im Eisenachischen. [2]) Vgl. Nr. 269, 270 und 283. [3]) Caroline, Erbgroßherzoginn von Mecklenburg-Schwerin, gest. den 20. Jan. 1816.

c'était trop tard. Ils avaient prononcé, qu'Elle ne pourrait se trainer que quelques semaines. Pendant qu'on Lui faisait la lecture Elle s'écriait: faut-il donc mourir! et fondait en larmes. Elle a écrit pendant la journée deux heures de suite, Elle eut sur le soir une sueur froide, alors Elle a dit: cette fois-ci c'est sérieux, la mort s'approche de l'âme! Elle s'appliqua Elle-même des serviettes chaudes. A 7 heures Elle prit un évanouissement, du quel Elle n'est pas revenue."

Sie starb in Verona, nicht in Padua.[1])

(C. A.)

Abends. 20. April 1816.

345.

(1816.)

Erzeige mir die Ehre, um 10 Uhr zu mir zu kommen und bringe die Sachen mit, die zu den Chladnischen sichtbar gewordenen Tönen gehören.

Es kommt um diese Zeit ein Mann mit einem seltsamen Instrument zu mir.

C. A.

346.

Ew. Königlichen Hoheit

gnädigster Aeusserung zu Folge begebe mich heute nach Jena, um dort in loco die bekannten Gegenstände auf-

[1]) Vgl. Nr. 343.

merksam zu betrachten und zu Höchstihro Empfang einiges vor-
zubereiten.

Beiliegende Dubia Voigts und Otteny's sind wohl am
sichersten am Orte zu beseitigen.

Die Cataloge habe auf die Bibliothek gegeben; ein Werk
ist angestrichen worden.

In Hoffnung mich Ihro Gegenwart bald zu erfreuen

unterthänigst

Goethe.

Weimar
den 11. Mai 1816.

347. *

Da muß man eben Geduld haben, und das Silberpapier
einstweilen bestellen.

Hier sind die Cataloge. Um mit Voth in Connexion zu
kommen, habe ich Einiges bei ihm bestellt und ihm auch die
Commissionen für Ackermann aufgegeben; die Correspondenz
geht durch Frege.

C. A.

Morgen Abend komme ich nach Jena, wo ich Ew. Excellenz
zu finden hoffe.

C. A.

(12. 5. 16)

348.

Ew. Königlichen Hoheit

vermelde schuldigst Nachstehendes, was von einiger Bedeutung in meinem Kreise vorgefallen.

1) Die Zeichenschule im Jägerhause ist eröffnet worden und sogleich hat sich der Vortheil der Einrichtung hervorgethan, daß man die Schüler in Klassen ordnete und in zwei Zimmer vertheilte. Dadurch ist die Ruhe auf einmal entschieden und die Aufmerksamkeit hergestellt. Der Eifer unter den Kindern ist groß; wir wollen suchen, diesen Sommer über soviel Feuer in die Sache zu bringen, daß der Winterfrost allenfalls überwunden werden kann.

Der Anbau auf der Esplanade[1]) ist auch in vollem Gang. Das ausgegrabene Erdreich, da ein Keller angelegt wird, konnte gleich zum Aufschütten hinter dem Vorwerke gebraucht werden. Haben wir diese noch beabsichtigten Räume, so sind Lehrer und Schüler wohl untergebracht und man darf unter diesen Umständen gute Früchte erwarten.

2) Wegen des Bildhauers Kaufmann habe ich die Sache mit Jagemann beredet, und ist diesem ein kleiner Aufsatz gegeben, wonach er ihm den Antrag machen kann.

Die Zeichnung zu dem großen Altarblatt ist von oben herein schon ausgeführt. Der Gedanke ist recht gut. Wir

---

[1]) Jetzt Schillerstraße in Weimar.

haben über die räumliche Einrichtung des Ganzen freundliche Rücksprache genommen.

3) Das Heimische[1]) Cabinet ist in 7 Kisten in Jena angelangt, die Einrichtung des Zimmers, wo es aufgestellt werden soll, durch Umstände verzögert. Der Catalog zeigt von unglaublicher Aufmerksamkeit des Mannes auf diese Gegenstände.

4) Doebereiner richtet sich ein. Seine große zielgemäße Thätigkeit macht Freude. Er spricht nicht ein Wort das nicht belehrend wäre. Ew. Hoheit haben ihn gut gebettet und er wird uns bleiben.

5) Das Stück Garten der Sternwarte gegenüber lassen wir nicht aus den Augen. Die Forderung von 800 Thlr. für 79 □ Ruthen Fläche ist freilich unverschämt.

6) Die Medaillen von Paris sind auch zu uns gelangt. Ew. Hoheit haben sie gesehen, man kann damit gar wohl zufrieden seyn. Das Gewand nimmt sich recht gut aus, doch konnten wir uns mit dem vorgeschlagenen Lorbeerkranze nicht befreunden und haben darauf gestimmt, daß es bei der ersten Bestellung sein Bewenden haben möge.

Futterale sind auch bestellt, für die goldenen sämmtlich, für die silbernen zwölf.

Unterthänigst

J. W. Goethe.

Weimar
den 19. Juli 1816.

---

[1]) Heim, meiningenscher Geheimer Rath, zugleich bedeutender Mineralog.

349. *

1) Doebereiner hatte mir diesen Morgen das gedruckte Blatt[1]) geschickt, ich ließ gleich Körnern kommen, dieser ging auf die Rattenjagd und hat mir so eben schon eine Blase gebracht, der Hygrometer soll nun versucht werden.

2) Der Reichenbach'sche Theodolit ist angekommen; ich habe ihn gleich an Körnern übergeben, weil er ein sehr delicates Instrument ist. Du wirst schon bestimmen, wannehr er an die Sternwarte abgegeben werden soll.

3) Laß doch Ottemy einen Eisen = Schmelzversuch in dem Schmelzofen machen, der in der Küche des Jenaischen Schlosses schon vor zwei Jahren gebaut und noch nie angezündet wurde.

4) Ich höre daß Pflug[2]) in Jena sich mit der Gasbeleuchtung wieder beschäftigt. Ich habe Lust, einen Versuch im Großen, einer Straßenbeleuchtung, zu machen und wollte dazu den Jenaischen Schloßhof hergeben, weil dorten Alles mehr beisammen ist, wie hier. Da aber bei dergleichen Versuchen Alles auf die Direction ankömmt, so sollte ich glauben, es wäre am besten, diese Herrn v. Münchow zu übertragen. Wenn Du dieser Meinung wärest, so könntest Du ihn hierauf instruiren und ich wollte es auch selbsten thun, wenn er von

---

[1]) ein Hygrometer aus Rattenblasen betreffend. [2]) sehr geschickter Kupferschmied

Gotha wiederkehrend, hier durch kommt, welches, wie Körner sagt, diese Woche erfolgen wird.

Carl August.

3. Octbr. (Septbr.) 1816.

Was die Chymisten für wunderbares Zeug finden! Ich lasse jetzt eine Windfahne mit einem Electrometer bei Schöndorf aufrichten, die soll ein ächter Zeichendeuter werden.

Zwei Centner Steinkohlen können hier beim Castellan und Bauconducteur Kirchner verabfolgt und geholt werden. Zugleich bemerke ich, daß ich sowohl mit Steinkohlen als auch mit Holz die Gas-Beleuchtungs-Versuche gemacht zu haben wünschte.

350.

(1816.)

Erzeige mir den Gefallen und schreibe durch einen Boten nach Jena, um zu erfahren, wie weit die Künstler mit der Gasbeleuchtung vorgeschritten sind[1]); ich wollte die Projekte dieser Woche darnach einrichten.

C. A.

351.

(September 1816.)

Morgen Abend treffe ich in Jena ein und übernachte dorten; dann wollen wir auch die Versuche[2]) aufstellen.

C. A.

[1]) Vgl. Nr. 349.   [2]) Vgl. Nr. 349 und 350.

352.

Ew. Königlichen Hoheit

Gedanken, unsrer freien Zeichenschule eine Vor-
schule auf dem Gymnasium, so wie auf andern Schulanstalten
zu geben, habe sogleich mit Meyer und Peucer besprochen.
Ersterer wird darüber etwas aufsetzen, Letzterer wird zur Ausführung sowohl, als seine Kollegen gern die Hand bieten, um
so mehr, als das Oberconsistorium schon aus eigener Bewegung den Versuch gemacht hat in Buttstedt eine Zeichnenschule zu gründen, der recht gut gelungen ist. Vorschläge zur
Einrichtung des Ganzen werden, sobald sie einigermaaßen reif
sind, unterthänigst vorgelegt werden.

Den ersten Band Wielandischer Briefe lese schon mit
großem Interesse. Sehr angenehm ist es, die Natur, die man
im Alter gekannt, in der Jugenderscheinung zu sehen. Sehr
merkwürdig ist die klare Selbstkenntniß in so jungen Jahren.
Die heitere Nachgiebigkeit und zähe Hartnäckigkeit, zwischen
denen sein Wesen sich bis in die spätesten Jahre bewegte, ist
auch hier schon ausgesprochen.

Auf den nach Wien gesendeten Aufsatz, die Achtermanns-
höhe[1]) betreffend, werfen Ew. Königliche Hoheit wohl einen
Blick.

(September 1816.)   Goethe.

---

[1]) im Harz.

353.

Dem ersten Mißbrauch der Preßfreiheit[1]) wollte ich, der Folgen halben, recht gründlich zu Leibe gehn und veranlaßte deshalben die oberste Polizei-Behörde, welche für die öffentliche Sicherheit in allen Stücken wachen muß, anzeigend aufzutreten. Da ich die Sache bis zu Voigt's Rückkunft liegen lasse, so benutze ich die Zeit, um Dich zu bitten, mir Dein Urtheil über die Ansichten der obern Polizei-Behörde zu überschreiben.

E. A.

354.

Ew. Königlichen Hoheit

gnädigste Befehle so schnell und genau, als in meinen Kräften steht, auszuführen, habe ich jederzeit für meine erste Pflicht gehalten, nur dießmal gesteh' ich, überfiel mich ein Zaudern, als Höchstdieselben meine Gedanken über die Zeitschrift Isis vorzulegen befahlen.

Ich überwinde jedoch alle Bedenklichkeit und Nachstehendes wird Höchstdieselben überzeugen, daß ich Ursache hatte, mit Besorgniß an's Werk zu gehen.

Manchem dürfte, bei Betrachtung der Akten, wünschenswerth däuchten, daß man sogleich beim Erscheinen der Ankündigung von Polizeiwegen das Blatt verboten hätte, wie denn

---

[1]) in der Zeitschrift „Isis" von Oken.

dieser Behörde ganz ohne Frage in einem solchen Falle aus eigner Autorität zu verfahren zusteht; wie ein erfahrnes und geprüftes Mitglied derselben unbewunden ausspricht. Da es aber nicht geschehen, sondern von gedachtem Blatte schon 11 Nummern ausgegeben worden, so hat man dabei den traurigen Vortheil, zu sehen, wie ungehinderte Verwogenheit täglich wächst und ihre gränzenlose Natur offenbart.

Beiliegende Akten enthalten die 11 Blätter, welche künftigen Geschäftsmännern nothwendig als ein Gräuel erscheinen müssen. Der würdige Vorsitzende der Landes-Direction hat in seinem Vortrag mit Klarheit und Mäßigung den Unfug vorgestellt und dadurch drei vorzügliche Geschäftsmänner in den Stand gesetzt, die Lage zu beurtheilen und ihr Gutachten, wie dem Uebel gesteuert werden könne vorzulegen. Dieses ist geschehen und sie sind in der Sache vollkommen einig. Ihre Vorschläge gehen dahin, man solle

1) dem Herausgeber seine Ungebühr mündlich oder schriftlich verweisen und ihn

2) bedrohen, daß bei erneuerten Ausfällen auf einzelne Personen, oder ganze Stände, sein Blatt sogleich verboten werden solle.

Hierzu fügen sie

3) den Vorschlag, daß man den Fiscal gegen ihn anregen und auf dem Wege Rechtens den bisher Beleidigten Genugthuung verschaffen möge.

Hierüber aber meine Meinung zu eröffnen, finde ich mich

in großer Verlegenheit, denn so bedeutend und kräftig auch diese
Maaßregeln scheinen möchten, so bin ich doch genöthigt, auszusprechen, daß sie mir eher geeignet scheinen, das Uebel zu vermehren, als demselben Einhalt zu thun. Ich will die mir vor-
schwebenden möglichen Folgen gedachter Schritte nicht verhehlen.
Ad 1. Citirt man Olen zu einem Vorhalt und er bleibt aus,
wie will man alsdann verfahren? Will man ihn durch Mili-
tair holen lassen, oder was sonst für eine Maaßregel ergreifen?

Wenn er nun aber erschiene und vor dem Collegio eben
so kühn und unverschämt spräche wie er drucken läßt (und ihm,
als einem mehrjährigen Docenten, fehlt es nicht an Redegabe)
will man ihn dann auf die Hauptwache setzen, oder ihn trium-
phirend ziehen lassen?

Gesetzt aber, er beträg sich bescheiden, registrirte aber sogleich den ganzen Vorfall und ließ ihn im nächsten Stück abdrucken, mit direkter und indirekter Verspottung der Behörde,
wozu ihm Druckerstöcke und andere Narrenspossen hundertweis
zu Gebote stehen: will man alsdann mit dem angedroheten Verbot vorschreiten, da das Collegium als Partei erscheint und eine
ihm angethane Beleidigung ahnden muß, nachdem so viele andere
Verhältnisse ungestraft preis gegeben worden?

Dasselbe kann und wird er thun, wenn man ihm schriftlich Verweis und Drohungen zugehen läßt.

Und es ist keine Seitenbetrachtung, wenn ich sage, daß ein
solcher Vorhalt niemals meine Billigung hatte. In meinem
Geschäftsgange fiel nur einer vor, einem andern habe ich aus

der Ferne zugesehen. Vorhalt, Vorwurf, Verweis ist ein Recht des Präsidenten, des Vorgesetzten einer subalternen Masse.

Wenn er menschlich ist und sein Handwerk versteht, so wird er an einzelner Anmahnung, väterlicher und pädagogischer Bildung es nicht fehlen lassen. Will das nicht fruchten, so fordere er den Ungeschickten vor's Collegium, bedeute ihn seiner Pflicht und bedrohe ihn mit Entlassung; das ist recht, gut und nothwendig. Daß man aber dasselbige auch auf andere Staatsdiener erstreckte, war nur ein Nothbehelf, denn es ist auch nur mit zwei Jenaischen Professoren vorgefallen.

Man hüte sich, in dieser Form fortzufahren, weil sie in der neuern Zeit nothwendig einmal brechen muß. Man betrachte das gegenwärtige Beispiel. Oken ist ein Mann von Geist, von Kenntnissen, von Verdienst; ihn als einen Schulnaben herunter zu machen, ziemt sich nicht; hat er aber bei allen seinen Vorzügen nebenher noch einen partiellen Wahnsinn, der dem Staate schädlich, ja verderblich ist, so bändige man diesen und die Sache ist mit Ehren gethan.

Ad 2. Sodann will man ihn bedrohen. Auch davon kann ich keine Frucht erwarten. Würde man wohl einem Mohren bei Strafe aufgeben, sich weiß zu waschen?

Das Blatt soll mäßiger, bescheidener werden, es soll sich selbst beschränken. Isis soll nicht mehr Isis, Oken nicht mehr Oken seyn! Man betrachte den Inhalt oder die Form dieser Flugschrift: wo soll die Begränzung herkommen? Es umfaßt encyclopädisch alles Denkbare und sogar Das, was es scheinbar ausschließt, nimmt es beleidigend wieder auf. Die Form ist wild, frech, ohne Rücksicht auf irgend ein Verhältniß, ohne Geschmack in der Darstellung; wie soll diese Form vernünftig sich gestalten?

Und giebt es denn eine Gränze des Wahnsinns, der Unbescheidenheit, der Verwogenheit? Sie und ihre Geschwister und ihre Verwandte sind, ihrer Natur nach, unbedingt nicht zu belehren und nicht zu bändigen.

Und wo wäre denn der Maaßstab für Gesetzlosigkeit? Man will die Isis fortdauern lassen und wer soll dann beurtheilen, ob der Verfasser in sich gegangen, ob wirklich sein Blatt sich der Sitte, sich dem Erträglichen nähert? Fürwahr der hundertste Theil der Isis ist eben so schlimm, als das Ganze, und nach erfolgter Bedrohung können wieder mancherlei Fälle eintreten. Entweder der Herausgeber fährt auf die bisherige Weise fort: wird man resolut genug seyn, die Drohung zu erfüllen? Oder er wirft sich in die Ironie, welche von ihrem zartesten Gipfel bis zu ihrer plattesten Base hundert Formen darbietet, die Leute zu quälen, ohne daß man sich beklagen darf: wird man ihm wehren, die Druckerstöcke zu vervielfältigen, jedes Blatt mit Rebus zu schmücken, wozu er schon auf dem Wege ist? Wer wird ihn hindern, in Räthseln, Logogryphen, Charaden, seine Leidenschaft zu verhüllen, und ist es einer obern Behörde anständig, den Oedipus zu einem solchen Sphynx-Harlekin zu machen? Will man, damit ich nichts verhehle, abwarten, bis er seine neuen Collegen, mit denen er in offenbarer Fehde liegt, antaste und zu einer Zeit, da man Eichstädten verboten, die Werke Jenaischer Professoren zu recensiren, neu angekommene Männer, wahrlich nicht unverwundbar, preisgeben?

Und noch das Letzte und Schlimmste: er hat den Fürsten innerhalb der Staatsverhältnisse angegriffen, wird er lange säumen, die Familienverhältnisse anzugreifen? Und wird man alsdann abermals zaudern, Einhalt zu thun, weil die Griechischen Kaiser es für unwürdig gehalten haben, gegen sie gerichtete Beleidigungen zu bestrafen?

Was soll denn nun aber geschehen?

Die Anfangs versäumte Maaßregel muß ergriffen und das Blatt sogleich verboten werden.

Man fürchte sich ja nicht vor den Folgen eines männlichen Schrittes, denn es entstehe daraus was wolle, so behält man das schöne Gefühl, recht gehandelt zu haben, da die Folgen des Zauderns und Schwankens auf alle Fälle peinlich sind. Mit dem Verbot der Isis wird das Blut auf einmal gestopft; es ist männlicher sich ein Bein abnehmen zu lassen, als am kalten Brand zu sterben.

Wenn ich nun aber durch diesen chirurgischen Schnitt die Krankheit auszurotten dringend anrathe, so kann ich dagegen keineswegs räthlich finden, fiscalische Klage gegen ihn zu erheben; hierdurch würde eine Sache, die abgethan und der Vergessenheit übergeben werden sollte, verewigt und erst recht in die Breite getreten.

Ad 3. Wie gegen ihn geklagt werden solle, ist in den

Akten selbst und beiliegenden Blättern umständlich auseinander gesetzt. Wenn er nun aber die gegen ihn gerichtete Klage, mit Noten versehen, abdrucken läßt und vor Gericht erwiedert: es könne niemand der Wahrheit wegen bestraft werden, er getraue sich Alles haarklein darzuthun, was er habe drucken lassen? Wer hindert ihn, die Blößen der Rostocker Facultät, an denen es nicht fehlen mag, an's Licht zu schleppen? Wer hindert ihn, die 23 Punkte, die er in Nr. 11 gegen die Weimarische Verfassungsurkunde aufstellt, zu commentiren und wiederholt anzusprechen, daß dieses Staatsdokument nichts tauge, und was sonst noch in seinen Blättern offen oder versteckt liegen mag, zu wiederholen und zu bekräftigen. Und was kann der Fiskal dagegen thun und welches ist das Gericht dem man eine solche Sache unterwerfen möchte? Sehen wir doch, damit auch dieses ausgesprochen sei, in Fakultäten und Dikasterien Personen von gleichem revolutionären Geiste belebt und es wäre gar wohl möglich, daß Oken vor einem solchen Sanhedrin am Ende Recht behielt und gelobt würde.

Aber auch gesetzt, es wäre in dieser gespaltenen Zeit ein Gericht denkbar, das nach alten unwandelbaren Gesetzen spräche: ist es denn schicklich, daß ihm ein souverainer Fürst die inner=sten Fragen zur Entscheidung vorlege, die er allein, berathen von seinem Ministerium, umgeben von seinen Landständen, ent=scheiden kann? keineswegs ist es eine Rechtssache und darf es nicht werden.

Noch werfe ich die Frage auf: sollte ein auswärtiger Ge=

richtshof wohl getadelt werden, wenn er ablehnte, in dieser Sache zu sprechen? Es ist eine Polizeisache, die nur an Ort und Stelle beurtheilt und abgeurtheilt werden kann.

Man lasse das Alles ruhen. Das Geschehene ist geschehen und selbst das Resultat einer rechtlichen Behandlung würde darthun, daß man zu lange nachgesehen hat. Ich kehre daher zu meiner oben ausgesprochenen, einzigen Maaßregel zurück und zwar dergestalt: man ignorire Olen ganz und gar, aber man halte sich an den Buchdrucker und verbiete diesem bei persönlicher Selbstgeltung den Druck des Blattes.

Die Polizei sey wachsam, daß nichts Aehnliches, oder Schlimmeres an den Tag springe. Die erste Folge dieses gethanen Schrittes wird seyn der allgemeine Beifall aller Rechtlichen im In- und Auslande.

Noch einige Bemerkungen füge ich hinzu. Warum ist denn in den votis über diese Sache das Wort Hochverrath vorgekommen, warum konnte man nur fragen, ob es Hochverrath sey oder nicht? — Die Antwort ist sehr einfach, wie soll das Verrath sein, was öffentlich geschieht?

Olens Unternehmen ist Catilinarisch und wer hätte Lust, den Cicero zu spielen, der schlechten Dank verdiente, daß er die Stadt rettete?

Noch ein Punkt von großer Bedeutung ist zu berühren.

In den Akten und Blättern, die zu mir gekommen sind, nimmt man als etwas Bekanntes an, daß dieser Zustand auf Selbstrache hinführe. Mit Verwunderung habe ich gesehen, daß man das Schreckliche eines solchen Bekenntnisses nicht zu fühlen scheint. Die Regierung, die sich das sagt, oder sagen läßt, ist aufgelöst und ich will jetzt für Olen sprechen, gegen den ich gesprochen habe. —

Wie ich oben eine schülerhafte Demüthigung von ihm abzulehnen gedachte, so will ich jetzt die Gefahr schmählichster Behandlung von ihm ablenken. Wer steht dafür, daß die Scenen sich erneuern, die durch Schlözers Anzeigen die Welt erschreckten, aber leider über größeren Gräuel vergessen sind? Wasern[1]) wurde das Haupt abgeschlagen, Graf Münster mit Hetzpeitschen lederweich traktirt und das sollte sich nicht wiederholen? Wer will denn diesem Olen, der noch immer verdient in der Wissenschaft eine glänzende Rolle fort zu spielen, wer will ihm zu Hülfe kommen, wenn ihn junge Mecklenburger überraschend aufs Gräßlichste mißhandeln? und wie kann ein Staat solche Handlungen bestrafen, der sie hervorruft, indem er sich selbst in den Naturzustand erklärt und den Krieg Aller gegen Alle verfassungsmäßig macht?

Soeben wird mir ein ausführlicher, wohlgedachter Aufsatz mitgetheilt über künftige Censur-Einrichtung, welcher mich in der umständlich geänßerten Ueberzeugung noch mehr bestätigt. Denn es geht daraus hervor, daß der Preß-Anarchie sich ein Preß-Despotismus entgegensetze, ja ich möchte sagen, daß eine

---

[1]) Johann Heinrich Waser, aus Zürich, Pfarrer, wurde dort nach langwierigem Proceß 1780 als Vaterlandsverräther hingerichtet.

weise und kräftige Dictatur sich einem solchen Unwesen entgegen-
stellen müsse, um dasselbe so lange zurückzudrängen, bis eine
gesetzliche Censur wieder hergestellt ist. Wie dieses zu thun sei,
bedarf einer weitern Berathung.

Gegenwärtig aber bleibt mir nur übrig, Ew. Königliche
Hoheit dringend um Verzeihung zu bitten wegen meiner vielleicht
gar zu lebhaften Aeußerungen. Gewiß würde ich, wenn es die
Zeit erlaubte, das Ganze nochmals durcharbeiten, und so könnte
es vielleicht schicklicher und mäßiger verfaßt werden, aber es
kommt hier nicht auf Stil und Schonung an. Mein einziger
Wunsch ist Ew. Königliche Hoheit und alle Wohldenkende zu
überzeugen, nicht sowohl von einem Uebel, das uns bedrohet,
sondern von einem, das uns befallen hat.

Ew. Königlichen Hoheit

unterthänigst treu gehorsamster

Weimar
den 5. October 1816.

J. W. v. Goethe.

355.

(20. October 1816.)

Ich habe morgen Doebereiner zu allerhand galvanischen
Versuchen herbestellt und ihm geschrieben, daß wenn er nicht
mit Geheimenrath Stark herkommen könnte, er eine eigne Fuhre
nehmen solle, welche zu bezahlen bitte.

Wo sind bunte Glasglocken zu haben? ich möchte einen
Versuch mit Blumen machen.

C. A.

356.

Es war heute bei Hofe über die Bibelgesellschaften die
Rede; darauf gab mir meine Frau beiliegende Blätter, die ich
ihr zurückzuschicken bitte. Aus diesen Blättern ersehe ich, daß
man mit geringer Mühe und Kosten sämmtliche Schriften bekommen kann, welche über dieses merkwürdige Geschichtsereigniß
existiren. Das Englische besitzen wir zum Theil. Durch Eichstädt, wenn Du ihm deswegen schreiben wolltest, kann man
gewiß alle diese Sachen, selbst Bibel-Uebersetzungen in wunderbaren Sprachen bekommen und in der fortgesetzten Connexion
der Sache bleiben. Neben der Sammlung der Schriften, die
Französische Revolution betreffend, wird dieses Ganze seltsam
paradiren.

G. A.

30. 10. 16.

357. *

Bestens danke ich für das Andenken an meine unglückliche
Tochter[1]), die gerne länger gelebt hätte und deren Erhaltung
zu wünschen war. Morgen und Sonntag bin ich nicht zu Hause.

Wenn man nur den Codex der heiligen Hildegard[2]) gelie-
hen bekommen könnte, um ihn selbst zu bearbeiten. Ueber die

---

[1]) Vgl. Goethe's Werke. III, 73; XXXII, 67.   [2]) Vgl. Goethe's
Werke. XLIII, 340.

Jagd nach den **Nibelungen** hat man die **Hildegard** vergessen. Es existirt der Original-Codex und eine Copie desselben in Wiesbaden. Schreibe doch an Minister von Marschall, er möchte uns die Copie leihen; er hatte mir Dieses schon im vorigen Herbst versprochen.

Carl August.

November 1816.

358.

Hier eine seltsame Lectüre. Für das Uebersendete danke bestens. Morgen zwischen 10—11 erwarte Dich mit froher Ungeduld.

C. A.

(December 1816.)

Bringe mir Schreibers Brief mit.

359.*

Ich habe mir seit gestern Abend den Kopf zerbrochen, um mich zu besinnen, wann und warum ich Coburger Holzsteine verlangt hätte: endlich ist es mir eingefallen. Im Kaiserlichen Cabinette zu Wien haben sie nur wenig bedeutende Stücke von grünem Coburger Holzstein und ich versprach Schreibers, ihm ein gutes Stück zu schaffen. Das habe ich Lenzen bei meiner Rückkunft gesagt. Wir wollen doch warten, ehe etwas nach

7 *

Wien gesendet wird, ob Riemann ein recht grünes Stück, wie er verspricht, im Frühjahre schaffet; die Exemplare, welche bei mir liegen, scheinen nicht recht diese Farbe zu besitzen. Wenn ich nur Jemanden hier wüßte, der sie anschleifen könnte.

Danke doch Riemann recht sehr und bitte ihn, Wort zu halten.

Die P. Schrift wünsche ich bei mir behalten zu dürfen, wenigstens einige Zeit. Wer ist der Autor des Romans? Hoffentlich sehe ich Dich balde; was Dich im Arme plagt, zwickt mich in der linken Hüfte — lauter fructus belli.

C. A.

(December 1816.)

360.

Ew. Königliche Hoheit

verlangten das Stück grünes Holz, welches von Coburg gekommen war, um es mit dem hiesigen zu vergleichen. Lenz hat mich deshalb nicht verstanden, oder verstehen wollen, weil er wahrscheinlich befürchtet, es möchte nach Wien geschickt werden.

Dem Hyoscyamus und Consorten hingegeben, der Bett= wärme empfohlen, werden doch manche kleine Geschäfte ab= gethan.

Unterthänigst
Goethe.

Weimar
den 5. December 1816.

361. *

Hier schicke ich ein paar interessante Scripta von Doeber=
einer, die ich gestern bekam. Erzeige mir den Gefallen, ihm
bestens für mich dafür zu danken. Auf die Heizung mit Däm=
pfen lege ich keinen Werth; denn wenn man auch eine momen=
tane Wärme hervorbringen kann, so hört doch die Wärme auf,
sowie die Verdampfungs=Operation stille steht. Ich besitze auch
schöne Zeichnungen von einer Dampf=Vorrichtung, die bei Ber=
lin in einem Treibhause angelegt wurde.

Aber was zu verfolgen der Mühe werth seyn könnte, ist
Doebereiners Vorschlag, Licht durch Verbindung der Kohle
mit Wasser hervorzubringen. Ueber diesen Gegenstand laß Dich
in Correspondenz mit ihm ein, um zu hören, wie viel er glaubt,
daß auf diese Versuche müsse verwendet werden, um bedeutende
Resultate hervorzubringen. Dazu wollte ich wohl etwas be=
willigen.

Carl August.

(5. December 1816.)

362. *

Die Stücken Coburger Holzsteine sind nicht bedeutend
genug, um nach Wien geschickt zu werden; dergleichen Exem=
plarien besitzen sie schon im Kaiserlichen Cabinette. Ich möchte
nur gerne das schöne Stück aus dem Jenaischen Museum mit
denen vergleichen, die ich neulich bekam. Lenz kann gewiß seyn,
daß er sein Exemplar nicht verlieren soll.

Die Stücke Coelestin lasse mir hübsch einpacken, ich will dann einen dieser Tage Dir einen Brief an den Erzherzog Johann schicken, mit welchem begleitet sie nach Wien abreisen können. Hier ist noch ein Stückchen krystallisirter Coelestin. Vielleicht gäbe es noch ein besseres Stück für den Erzherzog.

C. A.

(December 1816.)

363.

Meinen Brief an Erzherzog Johann lasse ich heute mit der Post abgehn, damit er auf Neujahr ankomme. Ich habe ihn avertirt, daß er Coelestin bekommen wird. Lasse nun das Kästchen abgehn und lege eine etwas raisonnirte Beschreibung dazu. Am Besten ist's, das Kästchen unter Adresse des Erzherzogs selbst reisen zu lassen.

C. A.

(December 1816.)

364.

In der Hoffnung, Dich gestern oder heute zu sehn, verschob ich meinen Dank für das schöne, liebe Geschenk. Alles Ersprießliche wünsche ich Dir zum neuen Jahre.

Da Du nicht recht mobil zu seyn scheinst und beikommende Kräuter darüber verblühen möchten, so lasse ich sie zu Dir reisen.

Diese 6 Primelstauden sind zugleich eingesetzt worden. Nummer 1—2 sind beständig ohne Glocken geblieben. Die 4 andern wurden zu gleicher Zeit mit denen Glocken gedeckt, die auf selbigen befindlich sind. Im Ganzen scheinen die Glocken sehr die Vegetation zu befördern; sie sind seit 6 Tagen aufgesetzt. Das Schwarze besonders unterdrückt die Vegetation, dann folgt das Blaue, dann das Rothe; das Grüne scheint am Ersprießlichsten zu wirken. Veränderung der Farben an den Pflanzen kann ich nicht bemerken.

C. A.

2. (1.) 1817.

365.

Da Bibelgesellschaften, Missionsberichte und Heidenbelehrung uns, wenn auch zuweilen mit etwas Langeweile vermischt, das Tosen der Französischen Revolution[1]) an den Ohren verklingen macht, so empfehle ich beikommendes Buch, welches — freilich hie und da langweilig und trocken — so anziehend ist, daß ich es von einem Ende zum andern gelesen habe. Es ist mit einer apostolischen Einfalt und Unwissenheit verfaßt, die es recht merkwürdig macht. Bei jetziger Jahreszeit gewährt es viel Unterhaltung.

C. A.

Jan. 1817.

366.

Lindenau schickt mir die Beilagen. Lege, wenn Du diese Briefe gelesen hast, sie zu den erstern von Zach und schicke sie mir alle wieder.

C. A.

[Februar 1817.]

---

[1]) Vgl. Nr. 356.

367.

Ew. Königlichen Hoheit

neuliche gnädigsten Aeußerungen überraschten mich so angenehm dergestalt, daß ich einen Augenblick
wähnte, auch im benannten Fall Höchst Ihro unschätzbares Zutrauen einigermaßen verdienen zu können.[1]

Ich habe gebührend diese Zeit über die Sache und meine
Kräfte hin und wieder gewogen und finde mich zuletzt, jenen
Posten zu bekleiden, außer Stand.

Die bisherige Oberaufsicht[2] werde mit Vergnügen pflichtmäßig fortsetzen. In ein näheres Verhältniß zur Akademie
darf ich mich nicht wagen und bin Euer Königlichen Hoheit
meine mit vielen Gründen zu unterstützende Bedenklichkeit auf's
baldigste vorzulegen schuldig, um ferneren Entschluß nicht aufzuhalten. Meine Dankbarkeit für ein so ehrenvolles Vertrauen
wünsche in dem bisher mir eröffneten Felde beweisen zu können.

Ewig anhänglich.

Unterthänigst

Goethe.

Weimar
den 18. Februar
1817.

---

[1] Es handelte sich um die Stelle eines Curators und außerordentlichen Regierungsbevollmächtigten für die Universität Jena. [2] über die
sogenannten unmittelbaren Anstalten für Wissenschaft und Kunst.

368.

Mit der durch die Post erhaltenen Beilage aus Herve bei Lüttich weiß ich nichts weiter anzufangen, als sie Dir zu senden, damit Du sie etwa Professor von Münchow zur Perlustration schickst. Das erste Instrument scheint der bekannte bélier d'eau zu seyn, so viel ich es beurtheilen kann.

Die Zach'sche Correspondenz erbitte ich mir zurück.

C. A.

Februar Quatember 17.

369. *

Lieber Freund!

Verschiedene Aeußerungen Deinerseits, welche mir zu Augen und Ohren gekommen sind, haben mich unterrichtet, daß Du es gerne sehen würdest, von denen Verdrießlichkeiten der Theaterintendanz entbunden zu werden[1]), daß Du aber selbiger gerne mit Rath und That an die Hand gehen würdest, wenn, wie dieses wohl ofte der Fall seyn wird, Du von der Intendanz darum ersucht würdest. Ich komme gern hierin Deinen Wünschen entgegen, dankend für das viele Gute, was Du bei diesen sehr verworrenen und ermüdenden Geschäften geleistet hast, bittend, Interesse an der Kunstseite desselben zu behalten, und hoffend, daß der verminderte Verdruß Deine Gesundheit und Lebensjahre vermehren soll.

---

[1]) Vgl. Nr. 100.

Einen officiellen Brief, diese Veränderung betreffend, lege
ich bei und wünsche wohl zu leben.

Weimar 13. April 1817.

C. A.

370.

Ew. Königl. Hoheit

kommen, wie schon so oft gnädigst ge-
schehen, meinen Wünschen entgegen, ja zuvor.[1] Ich glaubte
sie nunmehr hegen zu dürfen da, nach jenem von Höchstdenenselben mit Beifall aufgenommenen Entwurf, die Instruktionen
an die Untergeordneten abgegangen und was daran zu modifi-
ciren seyn möchte durch Erfahrung nach und nach sich ergeben
wird.

Nehmen Sie daher meinen verpflichteten Dank für alle
Gnade und Nachsicht, die ich im Laufe des Geschäfts genossen,
und auch in der Folge auf denjenigen Theil desselben einigen
Einfluß zu haben, von welchem ich mir Kenntniß und Uebung
zutrauen darf, sey mir gnädig vergönnt.

Zugleich erlauben Höchstdieselben die unterthänigste Bitte,
meinen Sohn ebenfalls von diesem Geschäfte zu entbinden[2], da

---

[1] Vgl. Nr. 369. [2] Derselbe war seit 1815 Mitglied der Theaterintendanz.

eigentlich seine Wirksamkeit dabei nur insofern bedeutsam seyn
konnte, als er die täglich, ja stündlich zudringenden Einzeln-
heiten aufnehmen und mit vermitteln konnte; mein gegenwärtiges
Verhältniß aber sich nur auf solche Fälle beziehen kann, in welchen Reise und ruhige Berathung gefordert wird.

Die besondere Gnade, welche Höchstdieselben meinem Sohn
abermals, mir zur größten Dankverpflichtung, erzeigt, bringt
mir jenen Wunsch doppelt ab. Soll er sich während eines
Jahres in den Baugeschäften dergestalt umsehen, daß er sich
werth mache, den Auftrag künftig weiter zu führen, oder wenigstens einem Nachfolger gründlich vorzuarbeiten; so ist vollkommenste Aufmerksamkeit auf dieses Geschäft zu richten und alle
Zeit hierauf zu verwenden.

Von hiesigen Oberaufsichts-Angelegenheiten, welche Ew.
Königliche Hoheit mir zur erneueten angenehmen Pflicht machen,
kann ich nur das Erfreulichste melden. Nirgends finde ich Stockung
oder Hinderniß; Einiges was den Winter über geruht, setzt sich
im Frühjahr von selbst in Bewegung. Ausführlicher Bericht
und Etatsvorschläge sind in Arbeit.

Daß meine Gegenwart der neuen Einrichtung Renner's und
Körner's zu Statten kommt, darf ich mir wohl schmeicheln, und
mir deßhalb verlängerten Urlaub erbitten. Möge diese bedeutende Stiftung[1]) Ew. Königlichen Hoheit zu Freude wie zu

---

[1]) einer Thierarzneischule

Ruhm gereichen und mir dabei einiges Verdienst erworben
seyn.

Mit wiederholten vielfältigen Danksagungen

Ew. Königlichen Hoheit

unterthänigster

J. W. von Goethe.

Jena
den 15. April.
1817.

Versäumen darf ich nicht nachschriftlich die trefflichen Eng-
lischen Werke zu rühmen, die mir zukamen. Mit gnädigster
Erlaubniß sende noch einiges Wünschenswerthe aufgezeichnet an
Kanzleirath Vogel.

Unterthänigst

Goethe.

371.

[1817.]

Zieh hin in Frieden und wenn Du wieder kommst, so besuche mich

C. A.

372.

Beikommendes Cadaver ist heute bei der Reitbahn gefunden
worden, es sieht aus wie eine Maulwurfs-Maus. Die Gelehrten mögen darüber richten.

C. A.

19. May 17.

373.

Nebst dem geschwänzten Maulwurfe such ich noch Deine Aufmerksamkeit zu reitzen, damit Du vor Deiner Abreise das Stadthaus besuchest, welches beikommendes Thier beherbergt. — Zugleich übersende ich eine Karte der Gebirgszüge in Europa[1]), die vieles Verdienst hat, auf die ich in Wien pränumerirte und die ich dem Museo in Jena hiermit einverleibe.

Graf Althann ist in seinem 57. Jahre entschlafen.

Leb wohl

C. A.

374.

14. 9. 17.

Das Schiff aus Ophir[2]) ist angelangt und diesen Vormittag habe ich angewendet, um die Mayländischen Acquisitionen auszupacken. Die Hauptsachen werden übermorgen, Sonntag, im Atelier von Jagemann ausgestellt erscheinen. Zu diesem Feste erwarte und einlade ich Dich, mein lieber Freund! Um Dir einigen Vorschmack der bereitstehenden Genüsse zu geben schicke ich die Beilagen. Ein Brief aus Genf sagt mir, daß der Asphalt-bruch, von welchem ich einige Exemplare bekommen habe, die in Deinen Händen für's Jenaische Museum sind, au parc an der Rhone heißt. Das Stück Gneis vom Montblanc . . .[3])

---

[1]) von Sorriot de l'Host, k. k. Generalmajor. Vgl. Goethe's Werke, XXXII, 121. [2]) Ophir, ein Land, wohin König Salomo seine Schiffe schickte, um Gold, Silber, Elfenbein, Affen und Pfauen zu holen. Vgl. 1 Kön. 9, 28; 10, 22. [3]) unleserliche Worte.

unter dem Namen Roche fulminée, das Du ebenfalls für's Jenaische Museum von mir bekommen haft, ist ein Geschenk von Pictet. Er hat mir jetzt eine sehr wichtige Abhandlung über die Gelatine der Knochen praktisch angewendet, zugesendet.

Leb wohl und komme.

C. A.

375.

Ew. Königliche Hoheit

genehmigen hierbei:

1) Ein Verzeichniß des Mitgebrachten zu gnädiger Berichtigung und Nachträgen.

2) Die Abschrift des Aufsatzes über Einwirkung der Electricität auf die Pflanzen. Es wäre wohl interessant nachzuversuchen.

3) Einige Notiz über die Indianischen Vogelnester.

4) Die Bibliothèque Britannique und universelle betreffend.

Sonst noch Manches ist geordnet und vorbereitet, weßhalb gnädigst Aufforderung und Stundbestimmung erbitte.

Der silberne Hirsch setzt Jedermann in Erstaunen; auf welche Weise er gefertigt worden? sind so viel Meinungen als Beschauer.

Unterthänigst

Goethe.

Weimar den 23. September
1817.

376. *

Randantwort.

Beilagen dankmehmigst remittirend, wünsche ich den Sonntag Vormittag ambulando Ew. Liebden zu sehen.

Carl August.

377.

27. 9. 17.

Kürze halber habe ich einige Bemerkungen oder Marginalien geschrieben. Sehr freue ich mich auf die Geburt des Kindes, welches in Vater's Leibe sich regt.[1]

Monsieur Clens neueste Niederkunst[2] giebt eine herrliche Gelegenheit, den Vater und das Kind ordentlich zu taufen, welches auch nicht unterlassen werden soll.

Lebe wohl mein Lieber.

Carl August.

378.

Im Cottaischen Almanach für 1815, in welchem eine Erzählung von Dir, der Mann von 50 Jahren, den Anfang macht, befindet sich ein Kupfer, Venus die Amor'n den Bogen nimmt, nebst einem Sylvan. Ich bin sehr neugierig zu wissen, nach welchem Originale dieses Blatt ist gemacht worden? denn ich sah bei Genf auf dem Lande dasselbe Gemälde, wo es für einen

---

[1] Vgl. Goethe's Werke, XXXII, 126.   [2] Vgl. Nr. 353 und 354.

Correggio ausgegeben wurde. Unter dem Kupferstich steht ebenfalls dieser Name. Das Bild ist vortrefflich; ich halte es aber
für einen Tizian oder Guido, am liebsten für erstern. Erzeige
mir den Gefallen, Dich bei Cotta hiernach zu erkundigen. Vielleicht existirt dieses merkwürdige Bild mehrmalen. Der Genfer,
der das Bild besitzt, hat es von einem Verwandten geerbt, der
im Elsaß wohnte; er weiß nicht, ob es vorher zu einer Gallerie
gehörte. Das Bild ist zu verkaufen.

8br. 17.   C. A.

NB. Das Kupfer stellt gegen das Gemälde den Gegenstand umgekehrt dar. Der Besitzer des Bildes heißt Monsieur
Ferrari.

379.

Sollte wohl mein Sohn und seine Gemahlinn zu bereden
seyn, Einiges in der Beilage Verzeichnetes für die hiesigen
Kunstschulen anzuschaffen? Bis Magdeburg können die Kisten
zu Wasser kommen. Hinterdrein, oder besser vorher, fragt es
sich, wo die Kunstwerke aufstellen? Salvo meliori.

6br. 17.   C. A.

380.

12. 10. (12.) 17.

Du wirst, lieber Freund, von Voigten eine Communication
des Doebereinerschen Gesuchs um Lebensmittel bekommen haben;

jetzt könnte man ihn wohl mit dem Erlaß des Vorschusses von 400 Thlr., die er zur Reise bekommen hat, sättigen und hinhalten; er verdient, daß man ihn unterstütze. Seit ohngefähr 14 Tagen hat er mir zwei äußerst merkwürdige Briefe geschrieben, den einen über das Badensche Mineralwasser, den andern über die Untersuchung des Kochberger Quellwassers, welches den bekannten Schloßgraben dort speist und in welchem weiße Forellen roth werden. Danke ihm bestens für beide Scripta. Sobald ich den Fürsten Hardenberg los seyn werde, den ich morgen oder übermorgen hier zu bewirthen die Hoffnung habe, nebst dem Oesterreichischen Gesandten[1]), so werde ich Doebereiner herkommen lassen, weil in den jetzigen Augenblicken ich Bedenken trage, nach Jena selbst zu kommen. Beiliegend der Württemberger Mergelstein. Gestern habe ich mit Coudray und Kaufmann die Stellen untersucht, wo sich Alabaster-Gyps am westlichen Fuße des Ettersberges zu Tage zeigt. Eine Stelle in einem Graben, der durch Regenströme gerissen ist, enthält bedeutende Blöcke; in den andern Gegenden zeigt sich das Gestein bloß flötzartig in Lagern von der Mächtigkeit weniger Zolle. Die Gestaltung dieser Gypsmassen ist äußerst merkwürdig und verdient eigends aufgenommen und gezeichnet zu werden.

Hier schicke ich ein paar Englische Werke, welche Du der

---

[1]) Fürst Hardenberg und der österreichische Gesandte am berliner Hofe, Graf Zichy, hatten wegen der Wartburgsfeier des 18. Oct. 1817 Conferenzen in Weimar mit dem Großherzog.

Büttnerschen Bibliothek einverleiben mögest. Artaria hat mir
vortreffliche Sachen geliefert, mir aber zum größten Schrecken
entdeckt, daß an Daniell's Werk, den Hindostan betreffend, von
Gore geerbt, noch an die 80 Blatt fehlen; um so viel ist es,
seit meine Frau es erbte, ohne unser Wissen fortgesetzt worden.
Einige defecte Blätter gehören dazu.

Noch ein Brief liegt bei von Herrn von Werthern, den
ich Münchow zu geben bitte; ein Recept von Münchow habe
diesen Brief veranlaßt.

Die nächsten Tage sind bestimmt um den übeln Humor
des Fürsten Metternich zu genießen, den Professor Friesens
Absurditäten auf der Wartburg verursacht haben. Graf Zichy
kommt morgen her, um Dieses schriftlich von sich zu geben.

Eine Protée, nova Species, ein sechsfüßiges Exemplar
steht bei mir und will aufblühn; sie macht wunderbare Erscheinungen ansichtlich, die näher zu beleuchten der Mühe werth sind.
Lebe recht wohl.

Carl August.

381.

Ew. Königliche Hoheit

nehmen gewiß gnädig auf und glau-
ben ohne Betheuerung, daß ich in diesen Zeiten[1] viel für Sie
und mit Ihnen gelitten. Die Zustände bewegen mich der-

---

[1] Vgl. Nr. 380.

gestalt, daß ich alle Gesellschaft meide, weil ich fürchten muß
irgend Jemanden gelegentlich eben so hart anzulassen als vor-
mals Einsiedeln. Mein bester Trost jedoch, gnädigster Herr,
nährt sich aus Ihro gutem Humor, der, auf Gleichmuth und
Charakterkraft gegründet, Sie mit einem heitern Element umgiebt, und in den schlimmsten Tagen sich am glorreichsten erweist.
Dann sage ich mir auch manchmal, ob mit oder ohne Grund;
irgend eine Explosion war vorauszusehen, hatten wir es für ein
Glück, daß sie so schnell und ungeschickt hervorgebrochen!

Einige Arbeiten, die ich als Talisman gegen die bösen
Geister ausbildete, werden nächstens vor Höchstdenenselben erscheinen. Instruktion für den Meteorologen des Ettersberges
mit bildlicher Darstellung wird so eben in's Reine gebracht und
gegen Weihnachten aufwarten.

Ueber Leonardo da Vincis Abendmahl ist auch schon das
Meiste ausführlich zu Papiere. Möchten Sie befehlen, daß die
Lucidi[1]) wohl gepackt herübergesendet würden; so könnte vor
Neujahr das Ganze beisammen seyn. An Cattaneo habe einen
freundlichen Brief geschrieben um einige Notizen, meinen Aufsatz ankündigend, gebeten. Da ich Bossi's Werk zum Grunde
lege, und sonst auch der Italienischen Denk- und Redeweise mich
zu nähern suche; so hoffe ich man wird das kleine Heft bald in
jene Sprache übersetzen.

Ueber Doebereiner's Wünsche werde nächstens meine Ge-

---

¹) Durchzeichnungen. Vgl. Goethe's Werke, XXXIX, 89 fg.

danken eröffnen. Zeugnisse seiner Thätigkeit liegen mehrere bei, mit besonderen Erläuterungen.

Das Arrangement mit Artaria wird die Geschäfte sehr vereinfachen und die Defekte bald herstellen.

Von meinen Jenaischen Angelegenheiten kann ich immer nur Gutes sagen. Der beste Wille findet sich überall, weil das Interesse von Niemandem verletzt, ja vielmehr einiger Vortheil befördert wird.

Hier sei mir erlaubt zu schließen, und meinen Wolkenboten[1]) nochmals auf Weihnachten anzukündigen.

Unterthänigst

Jena
den 14. Dezember
1817.

Goethe.

382.

22. 10. (12.) 17.

Die vergangene Woche hat sich, eben mit anderem schon Erlebten, am selben Faden hingesponnen und kein dauerndes, gründendes Resultat ist daraus hervorgegangen.[2]) Das Gefühl des Efels über die Geschmacklosigkeiten, welche durch die häufigen Wiederholungen und durch das viele Hin- und Herverdauen endlich zu einem positiv schlechten Geschmacke reifen, ist Das-

---

[1]) Vgl. Goethe's Werke, XXXII, 128. Megha-Duhta. [2]) Vgl. Nr. 380 und 381.

jenige, was man sich eben nicht so geschwinde vertreiben kann. Deswegen hat auch gestern und heute mein sämmtliches Staats= ministerium zu Brechen und Purgiren eingenommen exclusive Voigt, der morgen sein 73stes Geburtsfest feiert und Vieles von den Ungethümen nicht vernommen hat.

Aber ein neues Ungethüm ist Schreibers Anmuthung, und Fürst Metternich hätte uns nicht gröber beleidigen können, als wenn er uns 1300 fl. Silber für getrocknete Pflanzen zu bezah= len auferlegt hätte.[1] Das ist das theuerste Heu, was mir je vorgekommen ist. So unsinnig der Preis von 100 fl. für den Band, so acceptirte man ihn dazumal während des Congresses, hinsichtlich verschiedener Rücksichten, und man hoffte, die Theile würden einzeln herauskommen; alsdann fiel Einem die Bezah= lung nicht so hart zur Last. Nun bleibt noch die Frage übrig, was an dem Heuzeuge seyn mag? In diesem Geschmacke kann man eine Wiese wie eine Goldgrube benutzen. Ich dächte, Du schriebest Schreibers, daß ich den Spaß doch zu stark fände und eben sehr geneigt wäre, gegen diesen Fourragehandel zu protestiren, wenn nicht ein vernünftiger Preis, der wenigstens sich auf die Hälfte der Forderung reduciren müßte, feste gesetzt würde. Seltene Pflanzen sind gewiß nicht in der Sammlung, sonsten wären sie in 2 Jahren nicht zu 13 Bänden angewachsen.

Der Schwabe Kerner ist ganz verrückt.

Das Coenaculum[2] wird in Deiner Hand sehr merkwür=

---

[1] Vgl. Nr. 333. [2] von Leonardo da Vinci. Vgl. Nr. 381.

dig werden; ich hoffe; daß Jagemann im Steindruck die Platten dazu zu liefern im Stande seyn wird.

Hier retour die Doebereinerschen Scripta, welche sehr merkwürdig sind.

Leb bestens wohl.

C. A.

383.

24. Xbr. 17.

Die zurückkommende Beilage ist völlig nach meinen Wünschen gefaßt und ich bitte sie abgehn zu lassen. Der Himmel gebe, daß dieser theure Kränterthee nicht von uns müsse aufgegessen werden.[1]

A propos! ist denn Anstalt getroffen worden, die Bibliothèque Britannique auf der Bibliothek zu completiren und die Fortsetzung derselben unter dem Namen Bibliothèque Universelle anzuschaffen? In den neueren Heften kommt das Reisejournal des Erzherzogs Johann vor, seine Reise nach England enthaltend, deswegen interessirt es mich in diesem Augenblicke. Der Zeichenmeister Roux, in Jena, hatte einmal Lust, sich mit Lithographiren zu beschäftigen; vielleicht könnte er helfen die Lucidi[2] zu lithographiren? Beliebe Dich zu erkundigen; ich lege einige neuere Proben dieser Kunst bei.

Wenn doch Doebereiner mir etwas Ausführliches über die

---

[1] Vgl. Nr. 333 und 382. [2] Vgl. Nr. 381.

Eigenschaften der Badenschen Heilquellen und über das wunderbare Verhältniß aller Mineralquellen unter einander, welches
er entdeckt haben will, von welchem er mir neuerlich schrieb,
und was ich nicht verstanden habe, von wegen der barbarischen
Wörter, zukommen ließe. Ich hoffte immer noch nach Jena zu
kommen, aber es treten immer Hindernisse ein.

Lebe wohl.

C. A.

384.

Della architettura militare di Marchi, Bolognese.
Brescia 1599.

Man sagt, daß Vauban aus diesem Werke alle sein Wissen und sein System gezogen habe.

Dann hat er alle Exemplare aufgekauft und sie vernichtet;
deswegen ist das Werk so selten. Die Franzosen haben es vor
etlichen Jahren sehr splendid wieder drucken lassen in 7 — 8
Foliobänden.

[1817.]   (C. A.)

385.

27. 3. 18.

Mein Schwiegersohn ist hier und wünscht sehr meine Mayländer Acquisitionen zu sehn. Dieserhalben schicke ich diesen
Reffträger, damit er die Lucidi von Leonardo da Vinci[1] bei

---

[1] Vgl. Nr. 381 und 383.

Dir hole. Du kannst sie wieder bekommen, wenn Du sie brauchen solltest; obwohl Jagemann auch sehr darnach seufzet zur Spickung seines großen Bildes.

Doebereiner patscht in 15 Quellen herum.

Ach Gott, welch ein Wetter! Leb wohl.

C. A.

386.

Ems den 25. May 18.

Den besten Dank für die Nachricht, daß Alles so gut in Jena geht und daß das Cabinet so reichlich ist beschenkt worden. Ich freue mich recht darauf, alles Dieses mit eigenen Augen zu sehen. Mir geht es hier recht gut, die Witterung ist wieder schön und die Mineralquellen thun ihre Schuldigkeit. Vom Anfang habe ich an einem derben Katarrh gelitten, so auch Bernhard. Minister von Stein hat mir einen Wolfsschädel für Dich gegeben, den er lange nicht finden konnte. Er kommt heute zu Tische hierher mit denen zwei Schlegels. Seine Gesundheit hat sehr abgenommen. Auf dem rechten Auge ist er blind und die linke Hand zittert sehr; indessen scheint er doch sehr heiter zu seyn. General Ende ist mit uns ein Haus- und Tischgenosse.

Den 1. Juny gehe ich nach Coblenz zurück und werde mich in dortiger Gegend etwas herumtreiben, dann über Trier, Mannheim, Darmstadt den Heimweg suchen. Vor dem 20. denke ich in Eisenach einzutreffen.

Grüße herzlich von mir meine Enkelchen. Lebe recht wohl.

Carl August.

387.

Ueber das Empfangene ein Mehreres. — Jetzt aber sage mir, ob Du wohl morgen nach Jena gehen könntest und die Mylia dahin mitnähmest? In diesem Fall wollte ich den us[1]) über Dornburg dahin führen, woselbst wir alsdann essen könnten, vielleicht bei meines Sohnes Kindern. Ich möchte gerne mit Mylius die von Mayland empfangenen Bücher und Sachen durchgehn. Du hast wohl den Katalog davon in Jena oder hier? wir müssen ihn dabei haben.

C. A.

Auf allen Fall lasse ich Dich mit der Mylia mit meiner Equipage fahren.

(15. 7. 18.)

388.

Den [2]) . . . . . . habe ich an mich behalten; es ist gar hübsch, daß diese seltene Erscheinung in ihrem wahren Lichte hergestellt worden ist. Der Druck ist gut gerathen und dessen Ausführung muß viel Mühe gemacht haben; viel Intelligenz gehört dazu um dieses Opus so darzustellen.

Morgen um 9 Uhr früh werde ich Dir den Wagen schicken,

---

[1]) Heinrich Mylius, Banquier in Mailand, geboren in Frankfurt a. M.; die Frau eine Tochter des Geheimen Raths Schnauß. [2] Hier folgen einige unleserliche Worte.

hole alsdann die Mylia ab, wie auch den Sohn, für's Uebrige will ich sorgen.[1]

14. (15.) 7. 18.   C. A.

389.

Ew. Königliche Hoheit

geruhen auf beikommende Actenstücke einen gnädigen Blick zu werfen.

1) Die Anordnung und Catalogirung des Kunst-cabinets betreffend; woraus ersichtlich, was in diesen Tagen geschehn. Zugleich auch, daß das Hauptgeschäft mit Ende des Monats vollbracht seyn kann. Eine Bearbeitung in's Einzelne durch Bemerkung und Hinweisung auf Schriften und sonst findet nach und nach statt; vorerst wird das Cabinet in solchen Stand gesetzt, daß es jeden Augenblick in allen seinen Theilen vorgezeigt werden kann, weshalb auch eine bestimmte Anordnung ergehen wird.

2) Den Transport der Schloßbibliothek betreffend; woraus ersichtlich, welche Masse von Büchern schon in die akademische Bibliothek gebracht worden. Diese nun methodisch aufzustellen, braucht das Jenaische Personal vielleicht Zeit bis Michael. Alle die Bücher der genannten Fächer werden herauf

---

[1] Vgl. 387.

in den neuen Saal gebracht und mit den hier verzeichneten verbunden. Sodann wird sich ergeben, was den Winter über vorzunehmen und zu leisten sey. [1]

3) Tagebuch des Dr. Weller. Daraus ist der tägliche Gang des Geschäfts seit dem April zu ersehen und dient zum Zeugniß der Anstelligkeit genannten jungen Mannes. Bibliothekar Güldenapfel und Bibliotheksschreiber Baum führen auch dergleichen, und nur durch diese Anstalt wird es möglich, ein so complicirtes Geschäft, worüber eigentlich keine Akten zu führen sind, auch in der Entfernung zu übersehn. [2]

4) Die Abtragung des Löberthors betreffend; fol. 6 derselben findet sich ein Versuch, die alte Inschrift an dem äußern Thurm abzuschreiben und zu entziffern. Man wird bei Abtragung diesen Stein zu erhalten suchen.

Gnädige Erlaubniß morgen früh bei Zeiten aufwarten zu dürfen erbittend

untertänigst

Goethe.

Weimar den 18. July
1818.

390. *

Randantwort.

Lauter Zeugnisse der Ordnungsliebe, lebhafter Thätigkeit

---

[1] Vgl. Goethe's Werke, XXXII, 117 fg.   [2] Ebendas. S. 143.

und guten Willens, etwas Langgewünschtes und gegen viele Schwierigkeiten Ankämpfendes vortrefflich herzustellen.

Morgen früh zwischen 8—9 werde ich zu Hause seyn.

C. A.

cod.

391.

Ew. Excellenz

verweise ich an Ueberbringer dieses, daß er Dir sage, wie vorzüglich sich Deine Landsleute gegen die Belvedere-sche Pflanzensammlung aufgeführt haben. Erzeige mir den Gefallen, an Herrn von Schreibers in Wien den Auftrag ergehn zu lassen, daß er Herrn von Boos, Kaiserlichem Rath und Garten-Direktor zu Schönbrunn, von meinetwegen zu Leibe steige; dieser hat mir schriftlich versprochen, dieses Jahr Pflanzen von der Justitia cristata zu schicken, es aber unterlassen.

Zur guten Gesundheit möge Dich Carlsbad führen. Lebe recht wohl.

21. 7. 18.

C. A.

392.

Ich wünsche von Wien Copie der Abbildung und der Beschreibung zu haben von:

Dombaya excelsa, sive Norfolks-Islands-Pine,

Pinus Dammara, sive Pitch-Pine,

Pinus columbaria,

aus dem Lambertschen Pinus-Werke. Die Zeichnungen sind

von Ferdinand Bauer. Das Werk ist in der Kaiserlich Königlichen Handbibliothek und in der des Herzogs Albert von Sach-
sen-Teschen befindlich.

C. A.

Laß durch Vulpius die von Voigt notirten Werke verschreiben.

[1818.]

393.

1. 9. 18.

Mit dem größten Vergnügen habe ich Deinen muntern
Brief bekommen, der mir für Dein Wohlseyn zeugt. Rehbein
giebt auch gute Nachrichten von Dir. Komm recht gesund zurück. Hier ist Alles wohl, das wilde Vieh in großer Menge
und nicht gar zu scheu. Nach drei Wochen Regen, der aber
gar nicht eingedrungen ist, haben wir wieder heißes Sommer-
wetter. Kein Meteor hat sich bei uns sehen lassen; das ist von
Bleidämpfen im Erzgebirge geformt worden. Leb recht wohl.

C. A.

394.

(10.) 10. 1818.

Gestern bin ich zum Mittagsmahl wieder hier eingetroffen.
— Zwei Schweine, 30 Rehe, etliche Füchse, 200 Hasen waren
unsere Erndte. Vogel träumte, Du kämst heute her und deswegen blieb beikommende Kiste stehn, welche ich jetzt eilig ab-

fende. Einen tüchtigen Catarrh habe ich mir mitgebracht. Das
Observatorium in Schöndorf ist nun ganz eingerichtet und Dank
Deines Auszugs auch mit der Vorschrift für die Wolkenbilder
versehn und bereichert. — Die Commission für die Vossische[1])
Auktion erwarte ich und werde sie alsdann an Cattaneo zur
Besorgung schicken; man kann ihm und Mylius überlassen die
Preise zu bestimmen. Lebe recht wohl.

C. A.

Wenn Roux etwa den Montag künftiger Woche herkäme, so
könnte er hier, da ich mit Steinpresse und Tinte versehn bin,
einige lithographische Versuche machen.

395.

Hochgeehrteste Excellenz!

Holz raspeln, oder die Beilage Wort für Wort lesen zu
müssen, gilt meiner angebornen Ungeduld ein Gleiches. Die
Italische Prosa ist, glaube ich, von Männern erfunden worden,
um die Weiber zu unterhalten, zwischen dem vierten und fünf=
ten Akt, um Kräfte wieder zu schöpfen und zu verhindern, daß
die Damen nicht zu sehr pressiren, wie die Hirsche schreien,
zwischen der — anders kann ich mir das Italienische Prosage=
wäsche nicht versinnlichen.

---

[1]) Vgl. Goethe's Werke, XXXII, 126.

Die Fossilien sind aus Deiner Nachbarschaft. Komme doch Morgen um 9 Uhr zu mir.

E. A.

12. 10. 18.

396.

Die Bücher werde ich in London bestellen. Das Fascikel die Steindruckerei betreffend behalte ich noch etwas bei mir, da ich eben mit diesem Gegenstand beschäftigt bin. Hier schicke ich noch etwas, das Dich interessiren wird.

E. A.

[1818.]

397.

Zur schuldigen Dankbarkeit übersende unsere neusten Akten, propter punctum puncti zur Perlustration.

Den zweiten Holzabschnitt unterschlage ich zu meinem Nutzen.

Das zurückfolgende Stück ist sehr schön und möchte der Opal-Sammlung beizufügen seyn, mit der es Verwandtschaft zu haben scheint.

Ich bitte das aus Mayland gekommene Werk von Scipio Breislack über Basalte von der Bibliothek allhier zu nehmen und es entweder der kleinen Bibliothek, die bei Lenzen im Museo ist, oder der großen Jenaischen Bibliothek einzuverleiben.

E. A.

6. 1. 19.

398.

Auch die dazu gehörigen Platten möchte ich haben. Sie sind in Dresden geschnitten worden. Der verunglückte Bloch hat sie mir überlassen. Das Wunderwerk ist, glaube ich, in Sachsen gefunden worden.

C. A.

(11. 1. 19.)

2000 Hasen sind weniger in der Welt.

399.

Aus beiliegendem Lenzischen Briefe ersehen Ew. Königliche Hoheit,

1) daß dieser Erzkenner den Ringstein für ein Artefact erklärt. Wunderbar ist es, daß ein durchreisender Kunstkenner, welchem ich ihn vorlegte, gleicher Meinung war. Ich kann mich aber derselben nicht conformiren; denn wäre es ein chemisches Product, so müßte man es als Glas ansprechen, das diese Härte nicht hat, indem ich der Rückseite mit dem besten Englischen Stahl nichts anhaben konnte. Meo voto ist es daher ein streifiges Quarz-Gestein, deren es manche, obgleich von anderen Farben unter den Mecklenburgischen giebt. Eine kleine Abweichung könnte gar wohl vorkommen.

2) Das gleichfalls beigelegte Schreiben des Hofraths Schwabe veranlaßt mich ferner Ew. Königlichen Hoheit Befehle zu erbitten. Die Vogelbälge werden in diesen Tagen wieder hier seyn. Soll ich

a) Stengern kommen lassen?

b) die Sache mit ihm besprechen?

c) von ihm vernehmen in wiefern er die Vögel, ihre Art und ihre Weise kennt?

d) ihm auf der Bibliothek Abbildungen derselben vorlegen lassen?

e) mit ihm einen Accord machen?

f) wäre auch zu bestimmen wie man sie aufstellte? Einzelne Glaskästen sind kostspielig und nehmen gar zu viel Raum weg.

Ich erinnere mich dunkel sie irgendwo in Glasschränken, auf beweglichen Stäben gesehen zu haben, doch ist mir der Mechanismus nicht mehr deutlich; vielleicht ist Höchstdenenselben aus Paris eine solche Veranstaltung gegenwärtig. Hofrath Voigt müßte auf alle Fälle Auskunft geben können.

(Weimar den 1. März 1819.)

G.

400.*

ad 1) Dieses Räthsel kann noch nicht ganz gelöset werden, um indessen es etwas näher dem hellen Tageslicht zu bringen, so setze ich folgende Anfangsbuchstaben her, nämlich das Juwel ist ausgesucht D. E. S. q. d. C. O. z. B.

2) Im Glauben, daß die Bälge noch hier wären, hatte ich es geradezu bei dem Conditor bestellt, sie zu stopfen; da sie aber von Jena erst wieder kommen, so ändert sich die Sache etwas und es wird daher recht gut seyn, sich mit Stengern

auf einen sichern Fuß puncto der Bezahlung zu setzen. Die nöthigen Bücher, wie Buffon, Vaillant etc. müssen von der Bibliothek dazu gegeben werden.

Die Thiere selbst werden auf Draht stehend, auf ein Bretchen oder hölzernes Postament'chen gestellt und dann in großen Glasschränken verwahrt, in welche viele dieser Exemplare gehn. Eigentlich müssen alle Klunsen im Schranke verklebt werden. In dieser Manier werden in Paris und Wien die Vögel und dergleichen aufgehoben.

2. März 19.

C. A.

401.

Ist es Dir recht wenn dieses Geschäft auf diese Art gemacht werde?

C. A.

(2. März 1819.)

402.

Der Teufel mag diese Hand lesen! ich erbitte mir den Brief wieder zurück aus, wenn Du ihn dechiffrirt hast.

Für das Ueberschickte danke ich bestens.

Was sagst Du denn zu Kapp's Urtheil über Hammers Auslege-Talent?[1]

C. A.

[März] (1819.)

[1] Vgl. Goethe's Werke, XXXII, 127.

403.

Ew. Königliche Hoheit

erhalten hierbei eine Copie des bis auf
Ein Wort dechiffrirten Briefes.[1] Kann ich nunmehr sogleich
an den Mann[2] schreiben und ihm den förmlichen Ruf zugehen
lassen? oder ist eine förmliche Beistimmung von Gotha noch
zurück? Ich könnte alsdann zugleich das freie Quartier zu-
sichern. Die freie Benutzung des Gartens, wofür Münchow
jährlich 10 Thlr. gezahlt hat, gäbe man ihm auf als Artigkeit
bei seiner Ankunft. Die Nähe des Hofmechanikus, so wie die
Beihülfe des Dieners und sonst, würde ich ihm gleichfalls
melden, damit er von seinem Zustand völlig unterrichtet würde.
Bewegungsgründe braucht es nicht, da er gern und willig
kommt.

Auf alle Fälle lege Ew. Königlichen Hoheit mein Concept
vor zu gnädigster Approbation.

Unterthänigst

Goethe.

Weimar
den 19. März
1819.

404.

W. 3. 19.

Bekanntermaßen ist eine Veränderung des Personals im
botanischen Garten zu Jena nöthig; deswegen kann der dortige

---

[1] Vgl. Nr 402. [2] Professor Posselt.

9 *

Gärtner Wagner aus selbem gewiesen und ihm die Erlaubniß ertheilt werden, den olim Griesbach'schen, jetzt Großfürstlichen Garten zu bearbeiten. Einstweilen soll ein zuverlässiger Gehülfe von Belvedere in den botanischen Garten gesetzt werden, bis derjenige Gärtner von Paris zurückkommen wird, dem der Platz als botanischer Gärtner zu Jena eigentlich zugedacht ist. Da Wagner von seinem Gehalte und von denjenigen Emo- lumenten nichts verlieren soll, die er aus Herrschaftlichen Kassen bezieht, so ist wegen des vicariirenden Gehülfen im botanischen Garten ein besonderes Abkommen zu treffen. Die Veränderung möge den 1. April dieses Jahres ihren Anfang nehmen.

Carl August.

405.

Sogleich nach meiner Ankunft in Jena verfügte ich mich heute auf das osteologische Cabinet, um die von Herrn von Schreibers angekündigte Sendung auspacken zu lassen. Es fand sich ein Büffelschädel, ein Biberskelet, eines vom Kän- guruh u. s. w. vor.

Den Prosektor Schröter habe ich sogleich veranlaßt, die Gegenstände durchzugehn, das allenfalls Nöthige wieder her- zustellen und für Stative der nicht aufgestellten zu sorgen.

Uebrigens war Alles wohl eingepackt und die Beschädigung gering gewesen.

Donnerstag den 12. August 1819.

J. W. Goethe.

406.

Gestern, mein lieber alter Freund! bekam ich Deinen zweiten Brief von Carlsbad und am 12. dieses den ersten vom
3. September. Es freut mich recht herzlich, Dich so munter
zu wissen und daß Du doch nicht ganz allein in der Berg-
schlucht hausen mußt. Wir haben hier fast dasselbe Wetter,
wie die Carlsbader zu Folge Deiner Beschreibung. Seit drei
Tagen wird es etwas kühler, aber noch am 16. war das
Réaumursche Barometer in der Sonne 30 ⁴⁄₅. Lindenau sagte
mir, daß Jemand die Theorie aufgestellt hätte, die Cometen,
die hätten wieder kommen sollen, aber nicht erschienen sind,
wären aufgelöset worden und ihre Masse hätte sich in unserer
Atmosphäre vertheilt. Wahr ist's, daß die Sonne eigentlich
viel heißer seit zwei Jahren brennt, als wie sonsten, selbst in
den Wintertagen die verflossen sind. Manche Weinstöcke, auch
Obstbäume blühen zum zweitenmale; in Jena habe ich gefüllte
Schneeballen in voller Blüthe heute vor acht Tagen gesehn.
Gestern erschien mir ein seltsames Phänomen Nachmittags: die
Wolken thürmten sich und machten Cumuli, die aber ziemlich
in die Länge gezogen waren; sie erschienen blaßgelb erleuchtet,
auf ihnen saßen aber wirkliche Cumuli, die wie bedeutende
Heuhaufen aussahen und ganz feuerfarb leuchteten.

Unsere Jagden gehn ganz vortrefflich von Statten; die
Hühner werden Schock- und Hundertweise täglich geschossen.
Den 5. und 6. September a. c. hat sich ein seltsames Ereig-

niß spüren lassen. Der Réaumursche Thermometer stand vor
Aufgang der Sonne auf 5♀ und da lag beim Gärtner Fischer
noch Reif, fast Eis, auf Fenstern, die aufeinander gelegt waren
und hie und da findet sich Laub, aber nicht strich- sondern
stellenweise, auch in unbeträchtlicher Anzahl, an mehreren Pflanzen, das vom Froste gebrannt worden ist. Eine Pflanze hat
gelitten; ein paar Schritte davon eine andere, von derselben
Art, nicht.

Meine Frau empfiehlt sich Dir bestens; die Großfürstinn
und ihr Mann sind noch in Dornburg. Dr. Follenius und
. . . . [1]) sind freiwillig nach Mannheim gereiset, um sich
dorten mit Sand confrontiren zu lassen. Unsere Commissarien
sind auch dahin abgereiset.

Das beste Gedeihen der Brunnenkur wünsche ich Dir recht
lebhaft. Hier erwartet Deiner ein schöner Lorbeerkranz von
Frankfurt.

In der Pickischen Auction zu Bonn habe ich nichts bekommen. Der Holbein, das Porträt von Agrippa von Nettesheim,
ist bis auf 90 Carolin getrieben worden und die Erben haben
ihn für 100 Carolin selbst behalten. Er soll für diesen Preis
nach Berlin abgelassen werden. Die große Schaale, welches
das Taufbecken des Kaisers Otto seyn soll, hat die Großfürstinn durch Münchow erstehen lassen, ich weiß nicht für wie
viel. [2])

[1]) unleserlicher Name.   [2]) Vgl. Goethe's Werke, XXXII, 165.

Unsere studirenden Fürstensöhne im Schlosse haben Jena diese Woche verlassen, Paul[1]) geht nach Rostock, der Herzog v. Meiningen nach Heidelberg.

Lebe recht wohl mein Lieber.

Carl August.

Die Beilage ist von Lindenau.

407.

Das schöne Andenken freut mich sehr, ich wünsche Dir Glück dazu.[2]) Vielleicht bringt der Fürst Paul das Geschenk selbst; denn ich hoffe noch immer, daß er in diesem Monate her kommen wird.

C. A.

(1819)

408.

23. 11. 19.

Die Beilagen danknehmigst remittirend bemerke ich, daß die Heilsberger Aufschrift[3]) noch lange unentziffert bleiben wird, wenn mir aufgetragen würde, sie laufend leserlich darzustellen;

---

[1]) Erbgroßherzog von Mecklenburg-Schwerin. [2]) Vgl. Goethe's Werke. XXXII. 154. (?) [3]) Mittelalterliche Inschrift auf einer in der Bibliothek zu Weimar aufbewahrten Steinplatte, aus dem weimarischen Dorfe Heilsberg stammend, wo sich eine der ältesten Wallfahrtskirchen befindet. An der Deutung dieser Inschrift haben sich berühmte Sachkundige bisher vergebens versucht. Vgl. Nr. 402.

indeſſen iſt dieſer Gegenſtand ein angenehmer Zeitvertreib. Möchte es noch belieben, die Buchſtaben dieſer In- oder Ein-ſchrift zu ſchwärzen, damit es denen Sinnen bequemer ent-gegen komme.

Der orientaliſche Lilomalef[1]) ſollte eigentlich auch in Stein, oder auf Stein geſetzt werden, um die nachforſchende Nach-kommenſchaft in Verzweiflung zu bringen. El-Scharki und Elgarbi klingen polariſch.

Wohl zu leben wünſcht

$\qquad$ C. A.

Die Fakſimilia ſind vortrefflich gelungen. Die [2]) . . . . . . Alten ſind wirklich vom höchſten Intereſſe.

-----

[1]) Herrn Hofrath Profeſſor Dr. Stickel in Jena verdankt der Heraus-geber folgende gefällige Erklärung. Die drei arabiſchen Wörter Liloma-lef, El-Scharki und Elgarbi gehören unzweifelhaft zuſammen; ſie geben einen zuſammenhängenden Text. Wenn im Originale Lilomalef ſteht, ſo iſt ein leichtes Verſehen beim Schreiben mit untergelaufen; denn es ſoll unzweifelhaft Lilmalef heißen. Der arabiſche Text iſt:

$$\text{لِلْمُؤَالِفِ ٱلشَّرْقِيِّ ٱلْغَرْبِيِّ}$$

d. h. dem öſtlich-weſtlichen Freunde. Es iſt dies eine ſinnreiche Adreſſe oder Zueignung an einen in den morgenländiſchen und abendländi-ſchen Literaturen Wohlbewanderten und Befreundeten, etwa wie von Hammer nach ſeinem Verhältniſſe zu Goethe bezeichnet werden konnte. Vgl. Weſtöſtlicher Divan, S. 324 der Ausgabe von 1853. Die Worte würden ſich auch zu einer Siegelinſchrift an einen ſolchen Freund gar wohl geeignet haben. [2]) Hier folgen einige unlesbare Worte.

409.

Die Beilage begleite ich mit dem Vorschlage noch mehrere Abdrücke des Socratischen Blattes machen und sie an mehrere Kunsthandlungen verschieden zu lassen, begleitet mit einer lithographischen Notiz, die ausdrückte, daß die Sammlung Carstenscher Zeichnungen der Lucibi unter dem Namen des Leonardo da Vinci[1]) und sonst einiger dem großen Publico noch unbekannter Zeichnungen auf Praenumeration sollte gegeben werden. Hofrath Jagemann könnte wohl das Artistische der Unternehmung in Ansehung des Papiers und der Aufsicht über die Ausführung leiten, irgend Jemand die Rechnung derselben besorgen und Müller den Profit davon haben, während ich den Vorschuß bestritte.

Dieser Vorschlag soll dienen, um das lithographische Institut ins Leben und Wirksamkeit zu rufen, Alles aber unter Leitung der Immediat-Kommission, die Sorge tragen wird, einen schönen Aufsatz zu liefern, um die Waare dem Publico zu empfehlen.[2]) Salvo meliori.

1. 12. 19.   Carl August.

410.

Ja! Das ist wirklich Berlin! Schreibe dem Manne, es würde mir viel Vergnügen machen, ihn kennen zu lernen, da man sich seiner rühmlichst hier erinnere.

[1820.]   C. A.

---

1) Vgl. Nr. 381, 383 und 385.   2) Vgl. Goethe's Werke, XXXII, 173.

411.

Für das gestern Ueberschickte danke ich bestens.

Hier sind einige Englische Bücher, die nach Eintragung in den Bibliothekskatalog wohl zu den Ethnographen wandeln können. Zugleich schicke ich die Zeichnungen der Gemälde in Belvedere. Die Zeit rückt heran, wo die Unternehmung doch nun angegriffen werden muß; ich lasse seit heute den Salon stark heizen, um die Mauern trocknen zu lassen, damit auch der Moder abfalle. Sonntag bei Dir mündlich ein Mehreres.

C. A.

Die Comödie in Straßburger Mundart ist von einem gewissen Professor, der, wenn ich nicht irre, Arnold heißt und in Straßburg angestellt ist.[1]) Ich kenne ihn aus dem Türkheimischen Hause daselbst.

412.

Die Englischen Zeichnungen von Elgins Marbles sind, aber etwas beschädigt angekommen. Ich habe sie an Jagemann in sein Atelier geschickt, wohin meine Frau diesen Morgen kommt. Die Schriften waren mit in der Kiste und der Brief.

C. A.

[1820.]

———

[1]) Vgl. Goethe's Werke, XXXII, 130; XLV, 187 fg.

413.

Das schöne Leichengedicht, für welches ich danke, lasse ich heute auf weißem Bande drucken. — Die vie de Dumont[1]) ist in der Hamburger Zeitung ni fallor sogar mit der Uebersetzung bei Haude und Spener angemeldet. Da heute Abend Clubball ist, so wollen wir die Böttigerschen Chinesia auf einen andern Freitag verschieben.

G. X.

[1820.]

414.

10. 3. 20.

Gewöhnlich sind vielerlei Gegenstände vorräthig, ehr der Mensch sich findet, der sie auffaßt und anzuwenden lernt oder versteht. So gehts mit denen schönen osteologischen Sachen, die nach und nach von Wien nach Jena gekommen sind.

Ich werde Jacquin über die Abhandlung, die Gattung Bignonia betreffend, selbst antworten. Das größte Exemplar, was auf dem Europäischen Welttheile von dieser Pflanze vorhanden ist, findet sich in dem Königlichen Garten zu Kew in England und dorten hat man erst entdeckt, daß es, wie die Bignonia radicans, ein Gewächs ist, das an Mauern wachsen will. In Kew bedeckt es eine Mauer von 15' hoch auf einer Breite von mehr wie 30', legt sich aber über die Mauer weg und tapezirt die andre Seite derselben eben so wie die vordere. In Belvedere

---

1) Vgl. Goethe's Werke. XXXII. 177.

ist ein kleines schlechtes Exemplar, das schon mehrere Jahre dorten im Lande steht.

Die Pflanze scheint einen fruchtbaren, leichten Boden zu verlangen, gegen das Klima ist sie sehr unempfindlich. Selten ist sie gar nicht und vermuthlich auch in Jena befindlich. Dorten kann man ebenfalls einen Versuch und besser wie in Belvedere machen, sie ins freie Land an irgend eine Mittags- oder Abend-wand zu setzen.

Sehr angenehm ist's mir zu vernehmen, daß die Geschichte der Jeanne d'Arc[1]) Deine Eingeweide erschüttert. Dieses sehr gründlich, gut und geschmackvoll gestellte und geschriebene Buch hat hie und da Details über die physische Constitution des Mädchens gegeben, die psychologischen Einfluß auf ihre Existenz gehabt haben müssen. Dahin gehört, daß sie nie menstruirt war und gewöhnlich ihre sogenannten Stimmen hörte, wenn die Glocken läuteten. In kriegerischer Hinsicht ist dieses Buch eben-falls äusserst schätzbar.

Wohl bekomme es!

C. A.

415.

10. 3. 20.

Zum Carlsbader Beginnen wünsche ich den guten Erfolg, den es Dir, mein Lieber! schon mehrmalen eingebracht hat. Vor-

---

[1]) Vgl. Goethe's Werke, XXXII, 176.

her wird das schöne Frühlingswetter, das hoffentlich sich erhalten wird, uns mehrmalen zusammen bringen.

Die Mayländer Freunde will ich einstweilen zur Geduld verweisen.

Für die M.[1]) danke ich bestens; ich habe seit gestern Abend dem Reiz nicht widerstehn können, gleich darinnen zu blättern und deswegen ein Buch aus der Hand gelegt, welches durchzulesen, es koste was es wolle, ich mir vorgesetzt habe. Dieses Buch hat mir Lindenau empfohlen und ich kann nicht läugnen, daß ich sehr wunderbare Sachen, bisjetzt blos bis Pagina 73, darinnen gefunden habe. Da ich dieses Buch, welches sich sehr mühsam liest, nicht aus der Hand geben kann, ohne Gefahr zu laufen, nie daran wieder auf's Neue anzusetzen, so muß ich bitten, es Dir von Hoffmann selbst anzuschaffen. Es heißt: „Untersuchungen über den mittlern Gang der Wärmeänderungen von Brandes, Professor in Breslau, Leipzig bei Barth, 1820" mit ein paar Kupfern und Tabellen.

Ich lasse eine Anzahl Kataloge von Belvedere binden und werde Dir sie schicken.

C. A.

416.

Das ist recht schön. Ich habe morgen Vortrag und bin deswegen Vormittags nicht gut zu haben. — Ich will aber sehn,

---

[1]) Wahrscheinlich Morphologica; vgl. Goethe's Werke, XXXII, 161.

daß auf den Abend etwas arrangirt werde, wohin ich ihn einladen werde.

Das Geld wird Vogel Dir heute schicken. Knebel lobt
dieses Buch sehr in Ansehung der Witterungslehre; ich will es
mir kommen lassen.

C. A.

[1820.]

417.

26. 3. 20.

Desto besser, wenn wir das Opus schon haben.

Den 2. Theil der C. M. . . . habe ich durchgelesen; ich
entlieh ihn von der Großfürstinn und habe ihn gestern benutzt,
um ein Condolenzschreiben, das ich machen mußte, daraus zu
excerpiren.

Schöne Sachen wirst Du von der Bibliothek bekommen,
zumal die Beschreibung der Hebriden.

Hoffentlich kömmt nun das Frühjahr und Du wirst mit
den Schnepfen ausfliegen.

C. A.

Wie siehts mit der Malerei in Belvedere aus? Die blühen
sollenden Pflanzen leiden sehr von dem schlechten Wetter, gestern
stand das Barometer, so wie am 2. und 3. dieses. Am 20.
ist in Wien das Frühjahr mit sehr warmem Wetter eingetreten,
und diese schnelle Veränderung ist vermuthlich Schuld an denen
Stürmen die wir gehabt haben. Diesesmal kamen die Stürme
eher, als wie das Barometer fiel; am 2. und 3. zeigte es aber
die folgenden an.

418.

Hier ist vor der Hand ein zu Geschenken bestimmtes Exemplar[1] für den Hortus botanicus Bonnensis. Schreibe mir auf, für wen Du sonsten noch Exemplare haben möchtest. Nach Frankfurt hat sie schon Schell besorgt und ich in die Niederlande.

C. A.

(26. 3. 20.)

419.

Ew. Königlichen Hoheit

gnädigste Anordnung, fol. 8 der beikommenden Akten gemäß, hat Unterzeichneter während der Krankheit und nach erfolgtem Tode des guten Hofraths Jagemann fortbetrieben und bedacht, auch mit Müller, Vater und Sohn öfters durchgesprochen.

Als Resultat ergab sich, daß beikommende Ankündigung gedruckt und von Müller, dem Vater, nebst den Probedrücken der zwei ersten Platten, auf die Leipziger Messe mitgenommen werden könnte.

Erlauben Höchstdieselben, so warte Sonntag früh bei Zeiten auf, um über die nächste Führung des Geschäftes weitere Vorschläge zu thun.[2]

Unterthänigst

Goethe.

Weimar
den 14. April
1820.

[1] Vgl. den Schlußsatz von Nr. 415. [2] Vgl. Nr. 449.

420.

Beistehendes und das beiliegende projectirte Publicandum im Namen Müllers entspricht völlig meinen Hoffnungen in An-sehung des lithographischen Instituts.

Carl August.

421.

31. 5. 20.

Willkommen, mein Lieber! in unserer Nähe. Deine zwei sehr angenehmen Briefe habe ich richtig erhalten. Hier em-pfange ich Dich gleich mit einem höchst merkwürdigen Buche, das ich vor ein paar Tagen von England bekommen habe. Es wurde mir von daher sehr empfohlen, als das alle nöthige Kenntnisse über die Nordpol-Schifferei, Länderkunde jener Ge-gend re. umfassendste Werk, welches je erschienen sey). Ich glaube, es wird für die Ethnographie sehr erwünscht kommen, weil man es sehr stückweise wird dem Deutschen Publikum mit-theilen können. Balde komme ich zu Dir und erbitte mir einige meteorologische, geognostische, physiologische, botanische Collegia.

Lebe recht wohl.

Carl August.

422.

19. G. 20.

Irrthümer mehrere Nächte und Tage haben verhindert, daß ich früher wie heute, beikommende Notiz über das verlangte Blatt des M. C. habhaft werden konnte.

Hier das Dekret für den ungarischen Namensvetter. Die Erscheinung der Linde zu Königsbrück ist allerliebst, sogar romantisch; schade, daß man keine Zeichnung des Zufalls hat.

Ich bitte, Nees von Esenbeck den Rath zu ertheilen, nach Verlauf eines Jahres wieder nachzufragen und, selbst, alsdann nicht vor den Preisen zu erschrecken, welche der Hortus Bonnensis für 2—3 Zoll lange Pflänzchen verlangen wird: 15—20 Pfund Sterling. Der Königliche Garten in Bonn wird alsdann die Ehrfurcht bemerken, die man ihm für seinen Beutel bezeigen wird. Für den Hortus Berolinensis danke ich auf's Beste. Hier Etwas von Bernhard wegen der Anfrage um die Malereien in den Missalen und Evangelien-Büchern.

Das berühmte Opus anonymum, welches ich Deiner Sammlung von Seltenheiten widme, ist von dem connutritor des Saal-Athens verfaßt.[1]

Für die Uebersetzung des Schriftchens für die Gärten danke ich bestens; gieb Lenz 2 Friedrichsd'or und lege sie aus.

Daß Du Dich des Amsterdamer Rathhaus-Modells annimmst, freut mich sehr; lange ist dieses vortreffliche Werk bei uns herumgestoßen und verkannt worden. In der Mylius'schen Familie galt es sonsten für einen Schatz und ein langer Prozeß ist geführt worden, um zu entscheiden, wem der Familie es gehören soll.[2]

---

[1] Herzog August von Sachsen-Gotha. [2] Vgl. Goethe's Werke, XXXII, 164.

Wenn nur der Regen und hauptsächlich die Kälte aufhören wollte! Vielleicht komme ich diese oder die künftige Woche zu Dir. Lebe recht wohl.

C. A.

423.

Die Geschichte mit der Johannes-Kapelle[1]) weißt Du, ich möchte sehn, ob nichts drinnen ist, was aufzuheben werth wäre. Der Jurisconsultus Hortleder mit Familie, und Personen aus der Zeit des Kurfürsten Johann Friedrich liegen darinnen. Die Gewölbe werden wohl mit abgerissen und da kommt man auf die alten Leichen und findet vielleicht Sachen, die auf die Jenaische Manier verhunzt werden. Ich will morgen Mittag um 12 drüben seyn; schaff mir aus den gewöhnlichen Quellen zu essen. Nach Tisch wollen wir die Reliquien und was aufzuheben nütze wäre, ansehn. Gehst Du früh hinüber, so könntest Du wohl bestellen, daß die Gewölbe vor meiner Ankunft geöffnet würden. Abends kehre ich wieder nach Hause.

[17. September 1820.]

C. A.

424.

In Dumont's Couvert finde ich auch noch
Dracontium pinnatum;

---

[1]) in Jena.

in Belvedere ist bloß Dracontium pertusum und cordatum. Vermuthlich ist das Dracontium pinnatum schon gefiedert; ich werde suchen diese Pflanze zu bekommen.

[1820.]

425.

Bei mir florirt eine sehr merkwürdige Erscheinung. Die bischofsfarbige Kohlpflanze, die Du bei mir gesehn hast, schießt in die Spitze und setzt Saamen an; seitdem werden alle Blätter dunkelgrün, ja selbst die Hauptblattadern, welche noch bis jetzt roth blieben, werden immer blässer, und die rothe Farbe wird wahrscheinlich ganz verschwinden.

C. A.

[1820.]

426.

Wenn ich recht verstanden habe, so sagtest Du mir, daß der junge Bové aus Wien hier sei, der Sohn des Garten-Direktors in Schönbrunn? Vermuthlich ist's der zweite Sohn, der damals anno 14—15 noch in einem Institute war und den ich nicht kenne und Louis Sell auch nur sehr wenig. In Belvedere war er noch nicht.

C. A.

[1820.]

427.

Wenn es Dir recht ist, so komme ich diesen Abend zwischen 6—7 Uhr nebst ein Paar Gesellen zu Dir, um zu galvani= magneti= electrisiren.

C. A.

[September 1820.]

428.

Ew. Königlichen Hoheit

für den letzten glücklichen Abend herzlichsten Dank abstattend, erwähne von kleinen Geschäften und Vorkommenheiten Folgendes:

1) Wegen Anschaffung einer Masse von Birnkernen ergab sich Folgendes:

a) Hoffactor Thierbach in Pobeda erklärte, daß er keinen Birnmost weiter presse, und schob die Ursache auf eine erhöhte Auflage, wollte sich also zu einem Beitrag nicht erklären.

b) Heiligenstädt in Camsdorf hatte in dem hiesigen Wochen= blatt eine Aufforderung ergehen lassen, sie lothweise zu honoriren.

c) Einige andere Personen, welche sich nächstens beschäfti=

gen, Birnen zu wetten, haben versprochen, die ausge-
schnittenen Putzen einzuliefern.

d) Nicht weniger ist denn auch auf Holzbirnen Beschlag
genommen worden. Was aus allem diesen vielfachen
Bestellen und Versprechen sich ergeben werde, muß sich
in kurzer Zeit ausweisen; möge es nicht ganz umsonst
gewesen seyn!

2) Die befohlenen Englischen Bücher sind bei Hüttner
bestellt. Wegen des Vergangenen bitte mir andeuten zu lassen,
wie viel Bände der Linnéischen Societät nunmehr in Ihro
Händen sind. Die letzte Sendung ist nicht in die meinigen
gelangt. Sodann würde abschließlich vermelden, was bei mir
angekommen und wohin es abgegeben worden.

3) Sollte Hofrath Meyer Ew. Hoheit noch nicht aufge-
wartet haben, um sich Urlaub zu erbitten, so melde denselben
hiedurch schuldigst an.

Schon vor zwei Jahren waren wir beide dringend eingela-
den; da ich es ablehnen mußte, ruhte die Sache bis jetzt. Nun
hat Staatsrath Schultze bei seinem letzten Hierseyn einen noch-
maligen ernstlichen Antrag im Namen des Ministers von Altenstein an Meyer gethan und denselben brieflich wiederholt. Nun
läugne ich nicht, daß in vielfachem Sinne eine Reise dahin für
uns alle vortheilhaft scheint und ich wüßte nichts zu erinnern,
wenn ihm dahin ein drei- bis vierwöchentlicher Urlaub gestattet
würde. Von Kunstschätzen und Kunstthätigkeit daselbst wird er
die sichersten Nachrichten mitbringen. Sollten jedoch Ew. Ho-

heit ihm einen Wink geben, worauf er sonst noch zu achten hätte, so würde er auch gewiß gute Erkundigung einziehen. Uebrigens beträgt man sich gegen uns von Berlin aus sehr freundlich und behülflich und es möchte wohl räthlich seyn, ein solches Verhältniß zu hegen und zu pflegen.[1]

4) Möchten Ihro Hoheit den Hofrath Meyer vor seiner Abreise etwa 8 Stück kupferne Medaillen gnädigst anvertrauen, so würden wir die Schüler der ersten Klasse dadurch höchlich erfreuen. Sie haben sich von oben herein gut gehalten, sowie von unten hinauf, daß sie in den Prämien gleich zu halten sind. Die untern Klassen wollen wir auf eine andere Weise, mitunter auch durch einiges Zeichnungsmaterial aufzumuntern suchen.

5) Wegen des Jagemannschen Quartier's und dessen neuer Benutzung wäre wohl als Vorbereitung wünschenswerth, daß Ew. Hoheit die Vorderseite, nach der Straße zu, untersuchen ließen, die sich schon seit einiger Zeit bauchig erweist, damit man nicht, wenn man eingerichtet ist, von einem solchen Mangel überrascht werde.

Mit den treusten Wünschen

untertänigst

J. W. Goethe.

Jena
den 22. September
1820.

[1] Vgl. Goethe's Werke, XXXII, 168.

429.

Randantwort.

Mit der Schadhaftigkeit dieses Hauses hat es, nach ein-
gezogener Erkundigung, nichts zu sagen, die Reparatur ist schon
vor zwei Jahren durch p. Steiner gründlich besorgt worden.

C. A.

430.

(22. 9. 20.)

Besonders sind die Kerne von Holzbirnen für mich wünschenswerth, da ich sie zu der Anzäunung einer Hede mir erbitte;
die Saat muß im Herbste geschehn.[1]

Die Annalen der Linnéischen Societät sind auf der Bibliothek.[2]

Meyern habe ich den Urlaub angesagt und 8 Kupferme-
daillen mit Namen und Inschrift gegeben.[3]

C. A.

431.

2]. 9. 20.

Die reichen Hasen- und Hühnerjagden nehmen jetzt alle
Zeit täglich so lange die Sonne am Himmel steht, dergestalt,
daß ich zu sonsten Etwas nicht kommen kann, außer am Tage
des Herrn, wo mir der Kirchendienst, von Andern erfüllt,

---

[1] [2] und [3] Vgl. Nr. 428.

Raum läßt, mich mit producirenden Künsten zu beschäftigen. Künftigen Sonntag Vormittag um eilf Uhr warte ich auf.

Meine Freude bezeige ich Dir zur glücklichen Zurückkunft der Nordpols-Expedition, der Deine guten Wünsche und Segen gebracht werden haben.

Carl August.

432.

Den Brief von Schreibers bringst Du mir wohl gelegentlich selber wieder und sagst mir dann auch das Verhältniß der Badenschen Sendung.

Es ist mir sehr lieb, daß ich mich nicht in der Hoffnung betrogen habe, daß das Englische Buch etwas Bedeutendes seyn würde. Solche Uebersetzungen durch Hüttner kommen zu lassen, wird ein Leichtes seyn, weil er selbst Translator bei dem auswärtigen Departement ist.

Baldigen Ausgang wünschet

C. A.

[1820.]

433.

Den 1. Theil dieses kostbaren Werks habe ich schon vor einiger Zeit der Bibliothek der mineralogischen Gesellschaft in Jena verehrt; hier ist dasselbe complet.

C. A.

[1820.]

434.

27. 9. 20.

Zur besseren Verständigung einiger Gegenstände lege ich Dein Scriptum vom 22. dieses, mein lieber Freund, paraphirt wieder bei. Auch die Fortsetzung von Hüttner's litterarischen Berichten. Sollte der Roman von Walter Scott und die Transactions von Bombay nicht werth seyn, sie kommen zu lassen? Dir überlasse ich die Entscheidung der Frage und die Besorgung. Noch folgt hierbei eine Lectüre zur Ausfüllung der langen Abende; auf allen Fall wird es für die Sammlung auf der Sternwarte sehr brauchbar seyn.

Gestern zwischen 3—4 Uhr, als wir bei Tische saßen, bekamen wir einen tüchtigen Hagelschauer. Heute ging das Hühnerschießen desto besser, da der feuchte Erdboden sie besser zum Festesitzen einlud, als wie der kalte trockne. Ein sehr merkwürdig Hirschgeweih ist eingeliefert worden.

Lebe recht wohl.

C. A.

435.

1. 10. 20.

Das Zusammentreffen unsers Modells und des Kupferwerks des Amsterdamer Stadthauses ist ein recht glückliches Ereigniß.[1]) Das Buch selbst deponire ich auf hiesiger Bibliothek, wo es zu Deiner Disposition liegen wird.

---

[1]) Vgl. Nr. 422.

Vulpius danke ich bestens für die mir neulich zugesendeten Notizen und für die Antiquität zur Militair-Bibliothek.

In den Revieren die Holzbirnen[1]) lesen zu lassen würde schwer zu machen seyn, da ich der Kerne viele bedarf und sie Niemand in der Menge bekommen kann, als der, welcher in ganzen Gegenden große Bestellungen macht und zwar in der Hoffnung, durch gebrauten Essig die Kosten wieder zu decken, welche das Sammeln des Obstes erheischt. Die Kerne oder Trester werden nach gemachtem Gebrauch weggeworfen und wenn diese mir, statt der Mistgrube, zu Gute kommen, so bekomme ich sie bloß für ein Trinkgeld und werde in den Stand gesetzt, eine nicht unbedeutende Hecke damit einzusäen.

Kosegartens Gesuch habe ich an Dr. Harbauer gesendet, mit der Bitte für Erfüllung desselben zu sorgen und das Manuscript uns wenigstens auf ein halb Jahr borgweise zu verschaffen.

Für das Howardische A-B-C danke ich bestens. Beiliegend folgt eine Notiz. Das Geweihe selbst und der Unterkiefer dieses Hirsches, den ich seines Alters halben, um daraus den Zustand der Zähne bei einem alten Hirsch zu beobachten, schoß, werden nach Jena kommen, sobald sie, um der Fäulung zu widerstehen, zubereitet seyn werden.[2])

Gerne brächte ich wieder einen fröhlichen Abend im botanischen Garten bei Dir, mein Lieber! zu, wenn nicht die Hirsch-

---

[1] Vgl. Nr. 428 und 430   [2] Vgl. Nr. 434.

brunft und die sehr reichlich sich dieses Jahr ergebende Hühner-
jagd mich am Ettersberge fesselten.

Der kleinen Auguste[1]) habe ich gestern die silberne Medaille
mit meinem Bilde zu ihrem Geburtstage gegeben.

C. A.

Nach monstrosen Enten werde ich aufstellen lassen.

436.

Bestens Glück wünschend zu dem Inhalte des verschlossenen
Packets, theile ich meine Vermuthung mit, daß die Sachen darinnen eben so schön seyn werden, wie die, welche mir zu Theil
geworden sind.

C. A.

3. 10. 20.

437.

Schicke mir den Brief des (Gr. v. B.[2]) wieder damit ich
ihn beantworte. Sind Deine Opale so schön wie die meinigen?

C. A.

(3. 10. 20.)

438.

Gratulire.[3])

C. A.

(3. 10. 20.)

---

[1]) Prinzessin Auguste von Sachsen-Weimar. [2]) Grafen von Bedemar.
Vgl. Goethe's Werke, XXXII, 160. [3]) Wahrscheinlich zur Taufe des
zweiten Enkels von Goethe, Wolfgang, geb. den 18. Sept. 1820.

439.

Eben, mein lieber Freund! als dieses Blatt zu beschreiben begann, empfing ich Dein Packet, für welches ich bestens danke. Blumenbach von Göttingen hat mich gestern so lachen gemacht, daß trotz der vortrefflichen Hirschbrunst und des schönen Jagdwetters ich mir doch nicht versagen kann, eines fröhlichen Abends in Jena zu genießen und alsdann und den andern Tag Blumenbach in seinem ganzen Elemente operiren zu sehn und zu hören. Ich komme also morgen Abend nach Jena und steige bei Dir ab; dann begeben wir uns ins Schloß und soupiren daselbst. Den andern Tag essen wir wieder zu Mittag dorten. Dieses Diner betreffend wollen wir das Weitere noch abreden, aber zum morgenden Souper bestelle Blumenbach, die Voigts Vater und Sohn, Ziegesarn um 8 Uhr ins Schloß. Lebe recht wohl.

G. A.

440.

Ew. Königlichen Hoheit

lege ein von dem Hofrath Stark so eben erhaltenes Blatt submissest vor, in einer Angelegenheit, welche lange geruht hat, sich aber gegenwärtig der Entscheidung nähert. Die Stark'sche Witwe nämlich findet Gelegenheit, das hinterlassene anatomische Cabinet ihres verdienten Gatten auswärts zu verkaufen und hielt es für Pflicht, solches Unterzeichnetem bekannt zu machen, wie ich denn auch für die Schuldigkeit erachte, Höchstdieselben davon zu benachrichtigen.

Der bedeutende Gehalt dieser Sammlung an pathologischen Präparaten ist längst anerkannt, man hat sie diesseits früher untersucht und ist mit der Besitzerinn in Unterhandlungen getreten; man ward jedoch nicht einig und ob ich gleich gewünscht habe, auch diese Merkwürdigkeiten Großherzoglichem Cabinete einzuverleiben, so fand sich denn doch immerfort so Manches zu bestreiten, daß man hieran bisher nicht weiter denken konnte.

Ew. Königliche Hoheit haben vor Kurzem Selbst mit Blumenbach auch das Museum menschlicher Anatomie besehen und sich gewiß überzeugt, daß es gleichfalls verdiene, begünstigt zu werden.

Schon jetzt ist bemerkenswerth, wie die durch Loders Abgang völlig ausgeleerten Räume sich nach und nach wieder gefüllt haben und wie wohl Alles darinnen erhalten ist. Auch dieser Anstalt wird es zu Ruhm und Ehre gereichen, wenn das Stark'sche Cabinet damit verbunden würde. Was das Local betrifft, so ließe sich solches sogleich erweitern, wenn man die anstoßenden Räume dazu bestimmte.

Die Bibliothek und der botanische Garten verdanken Ew. Königlichen Hoheit eine neue Belebung, dem anatomischen Museum wäre das Aehnliche zu wünschen, besonders jetzt, wo der Prosector Dr. Schröter, ordnungsliebend, thätig und folgsam, von seiner Seite auf's Kräftigste mitwirken würde.

Nach dem gegenwärtigen Zustande des Stark'schen Cabinets

habe mich vorläufig erkundigt. Daß die pathologischen Knochen
wohl gehalten seyen, liegt in ihrer Natur; die in Weingeist
aufbewahrten Präparate sind bisher sorgfältig behandelt worden,
an den getrockneten, gefirnißten, möchte eher etwas zu erinnern seyn.

Der gegenwärtige Augenblick, wo die Zahl der Studirenden
sich wahrscheinlich abermals vermindert, fordert vielleicht am
Lebhaftesten auf, für die Anstalt etwas Auffallendes zu thun,
um zu zeigen, daß man den Muth nicht verliere und, im
Glauben an eine Folgezeit, immer verharre, Dasjenige zu fördern, worüber man gebieten kann.

Auch darf ich wohl zum Beweggrunde einer günstigen Entscheidung hinlegen, daß der Sammler dieses Cabinets, so wie
mehrere Familienglieder, sich um das fürstliche Haus wohl verdient gemacht, wofür allen der schöne Lohn würde, daß man
das Andenken des Stifters lebendig und zugleich die bisherige
Benutzung durch seine Nachkommen ununterbrochen fortgesetzt er-
hielte. Dieses gilt namentlich vom Hofrath Stark, der seine
pathologischen Vorlesungen beständig auf diese Sammlung gegründet und nur mit Wehmuth sich künftig solcher belehrenden
Beispiele beraubt sehen würde.[1]

Endlich würde ein Cabinet, wie dieses, sich wohl niemals
wieder hier zusammenfinden. Geheime Hofrath Stark war zu
seiner Zeit in einem weiten Umkreise einziger Accoucheur,

---

[1] Vgl. Nr. 323.

so wie er als Arzt einziges Vertrauen genoß. Auf die Vermehrung seines Cabinets war er höchst aufmerksam.[1]

Goethe.

441.

21. 10. 20.

Das ist recht schön, daß Ew. Excellenz die Sache mit
Brandes so schön eingeleitet haben. Dafür wirst Du ein
prächtiges Werk zu sehn bekommen, welches die Ansichten des
Himalajischen Gebirges in 20 Blättern enthält. Das Exemplar
gehört Artaria, ich lasse erst noch sehn, ob ich es nicht bei
Hüttner schon bestellt habe. Dieses hier kostet 320 fl.

Gesegnete Mahlzeit.

Nebst einigen Marrons de Lucques

C. A.

442.

Ew. Königlichen Hoheit

lege hierbei eine freundliche Sendung
vor, welche Blumenbach, in dankbarem Andenken gnädigster
Aufnahme[2] und manches angenehmen Gastgeschenkes, übersendet
hat, indem er zugleich meldet, wie folgt:

a. „Ich schicke hiermit den Neuholländischen Topas, den
Seine Königliche Hoheit der Großherzog von mir für das reiche

---

[1] Der Ankauf erfolgte.   [2] Vgl. Nr. 439.

Jenaische Museum erwartet. Schon hatte ich darum nach London geschrieben, als mir beifiel, daß mein lieber Neffe Heeren
ein vortreffliches Stück davon erhalten habe, das er mir auch
sogleich zu jenem Zweck cedirte."

„b. Ein Döschen, aus dem, durch achtzehnhundertjäh-
riges Alter und Einwirkung des Moors, sehr veränderten Föh-
renholz, von den neuerlich wiedergefundenen und vielbesproche-
nen pontibus longis, die Domitius anlegen ließ und sich etliche
Stunden lang, von Dronthe bis Meppen erstrecken. Ich lege
ein rohes Stück bei, das die Textur besser zeigt, wonach
es von Förstern und Tischlern, die es bei mir gesehen, meist
erst für Eichen angesprochen, dann aber doch für Föhren erkannt worden; und"

„c. ein Ungeziefer, das mir große Freude gemacht hat: die
den Musen geheiligte, von den alten Dichtern gefeierte, von
Phidias in Erz gearbeitete, bei den Hellenen in Gold als
Haarschmuck getragene Cicada graeca, die mir einer meiner
Zuhörer aus seiner Heimath Chios kommen lassen, und die von
den bekannten Gattungen dieses Geschlechts (Ornis plebeja) die
man sonst dafür genommen, specifisch verschieden ist. So wie
sie wohl eher (z. B. von Addison in seinem Anakreon S. 43)
mit Heuschrecken verwechselt worden."

Unterthänigst

J. W. Goethe.

Weimar den 19. Dezember
1820.

443.

Das sind recht erfreuliche Sachen! Ich dächte Nr. 1 käme nach Jena, in's Cabinet, Nr. 2—3 aber hier auf die Bibliothek, in die Raritäten-Kammer. Der Hellenische Muck-Vogel verdient wirklich ein ausgezeichnetes Gehäuse.

Gelegentlich denke ich Blumenbachen die goldene Medaille zu senden, bei einem so berühmten Manne wirkt so ein An-denken vor- und rückwärts.

Ehstens schicke ich Dir die neusten Dittmar'schen[1]) Im-pressen, wo doch viele schöne Ansichten zu finden sind. Neulich hast Du einen Brief von Brandes in Breslau und von noch Jemanden, an mich gerichtet, von mir zugesendet bekommen, was ist damit? ich habe ihn nicht recht aufmerksam gelesen.

C. A.

19. 12. 20.

444.

Ew. Königliche Hoheit

hatten die Gnade mir neulich eine Sendung von Brandes zu überschicken, sie enthielt eine sehr wohlgedachte Ankündigung eines meteorologischen Journals, ganz in dem früher schon mehrmals besprochenen Sinne. Sie war unterzeichnet von Brandes und von einem Heidelberger Meteo-

---

[1]) Sigismund Gottfried Dittmar, Professor und Consistorialsecretär in Berlin, Wetterprophet.

162

rologen, deſſen Namen ich vergeſſen habe. Der Brief aber
zeigte an: daß ihr guter Wille die Wiſſenſchaft zu fördern,
leider, dadurch gehindert werde, daß ein Verleger ſich zu der
Herausgabe nicht entſchließen wolle, wenn ihm nicht ein Vorſchuß gereicht würde, den man nicht eher zurückverlangte, als
bis die Anſtalt conſolidirt wäre; welches freilich ſo viel heißen
möchte: einen Vorſchuß, den man gar nicht wieder zurück erwarte. Ich habe dieſe Blätter an Poſſelt geſchickt, mit dem
Erſuchen: bei Hofrath Brandes anzufragen, welche Vorſchuß-
ſumme allenfalls erwartet würde, weil vorher weder Gutachten
noch Entſchluß folgen könne. Poſſelt hat geſchrieben und wird
die anlangende Antwort ſogleich überſenden, wo dann ein unter-
thänigſter Vortrag alsobald erfolgen ſoll.

Blumenbachen[1]) wird die Medaille zur größten Freude
gereichen und zur höchſten Belohnung ſeines unermüdeten Be-
ſtrebens und Wirkens. Auch wird dadurch das erneuerte gute
Verhältniß erſt recht lebendig, erfreulich und nützlich erhalten.

Goethe.

Weimar den 20. Debr.
1820.

445.*

Es iſt eine eigne Sache mit dem Buche über das Hima-
laja-Gebirge[2]) welches mir Artaria geſchickt hat. In der

---

[1]) Vgl. Nr. 439, 442 und 443. [2]) Vgl Nr. 441.

Hüttnerschen Correspondenz vom Juny ist dieses kostbare Werk
angezeigt und ich habe es vorgestrichen, deswegen steht zu vermuthen, daß es bestellt ist; Hage kann aber nichts darüber
finden und deswegen glauben wir, daß Du es in unserer Abwesenheit bestellt hast. Indessen wäre dieß geschehen, so müßte
es schon alleweile hier seyn. Dazu kommt, daß nach Hüttners
Angabe das Prachtwerk 21 Pfd. Sterling kostet, das Artariasche
ist um 50 Thaler theurer. Nun bin ich zweifelhaft ob ich es
nicht lieber bei Hüttner bestellen und das gegenwärtige Exemplar an Artaria zurückschicken sollte.

Die Tabellen sind sehr hübsch.

24. December 1820.

Carl August.

446.

Ew. Königlichen Hoheit

wird sich als höchst wahrscheinlich,
ja bis zur Gewißheit bestätigen, daß das fragliche Werk nicht
verschrieben worden.[1] Aus denen von mir über dieses Geschäft
geführten Acten ergiebt sich, daß Hagen mir vor seiner Abreise
zwei Bücher namentlich angezeigt, welche ich auf Höchst Ihren
Befehl von London verschreiben sollen. Diese beiden Bücher
sind auch in dem Hüttnerschen Literatur-Bericht von Ew. Königlichen Hoheit mit schwarzer Tinte vorgestrichen und von mir

---

[1] Vgl. Nr. 441 und 445.

nachher mit einem Strich rother Tinte bezeichnet worden, auch findet sich das Concept eines Schreibens an Hüttner, worin ich die beiden Bücher wirklich bestelle, welche denn auch zu gerechter Zeit angekommen sind.

Das fragliche Prachtwerk dagegen ist weit früher in den literarischen Berichten angezeigt und von Ew. Königlichen Hoheit mit Bleistift vorgestrichen.

Hätte ich es bestellt, so würde ich es auch mit rother Tinte vorgestrichen haben und in dem Schreiben an Hüttner würde davon Meldung seyn, so wie in seinen Antworten. Woraus denn folgen möchte, daß dieses Werk, zwischen die Hagesche und meine Besorgung innefallend, nicht bestellt worden ist. Hage hat die Acten und Papiere in Händen und kann sie auf Befehl vorlegen. Auf alle Fälle jedoch würde die Zurücksendung des Werks an Artaria und eine Bestellung in England bei Hüttner, besonders auch wegen des wohlfeilen Preises, vielleicht am Räthlichsten seyn.

Weimar den 25. December 1820.

Goethe.

447.

Die hohe Lage des Schöndorfer Observatoriums kann den niedern Barometerstand verursachen und wenn diese von der Lage von Jena und Halle abgerechnet wird, alsdann werden die Barometerstände wohl ziemlich gleich seyn.

Beiliegende Platten sind sehr schön. Eigen ist daß d'Alton den Namen Bradypus ursinus nicht beibehält, welches nach Buffon und Andern der rechte dieses Thieres ist; ein solches, nur bei weitem nicht so groß, wie dieses Skelet, war vor dem Jahre lebendig hier.

C. A.

27. 12. 20.

448.

(27. 12. 20.)

Vermuthlich irre ich, wenn ich Buffon genannt habe[1]); der Bradypus ursinus steht in einem andern Buche abgebildet, das mir Dr. Froriep gezeigt hat und bei dem es zu finden ist. Das Thier, was ich hier gesehn habe, war so groß wie ein starker Bär, fraß aber nichts als wie Obst und Gemüse.

(C. A.)

449.

Eine Fracht aus Mayland ist gekommen, worinnen Beilagen für Dich. Da Du doch das Neujahr morgen anblasen wirst, so verfüge Dich um eilf Uhr zu mir, um meine neuen Schätze zu perlustriren und bringe den Brief von Cattaneo mit; er ist französisch.

C. A.

(31. December 1820.)

―――――――――

[1]) Vgl. Nr. 447.

450.

Dir, meinem lieben, alten Freund und Waffenbruder in dieser stürmischen Welt, wünsche ich ein recht leicht und angenehm zu durchlebendes neues Jahr, danke Dir für die Ausbrücke Deiner unveränderlichen Freundschaft für mich und noch besonders für die schönen erfreulichen Beilagen. Vulpius hat mir einen sehr angenehmen Dienst geleistet, indem er das merkwürdige Jacquinsche Werk geordnet und dergestalt zusammengebracht hat, daß man nun von seiner Completheit überzeugt ist. Einband und Ordnung ist sehr geschmackvoll.

Der C... Werner ist doch ein erz B—u, doch tüchtig verrückt dabei.

In die Tabellen will ich mich hineinstudiren, so gut ich's kann. Hier ist die Medaille für den alten Blumenbach[1]), als ein Neujahrsgeschenk und Andenken von mir. Schreib ihm recht viel Schönes und lebe wohl.

Carl August.

In Belvedere blüht ein Ding, das noch nirgends beschrieben ist, es heißt Tapistra squamosa.

---

[1]) Vgl. Nr. 443 und 444.

451.

Lavus lavum lavat!

Ein alter Spaß vom seligen Wedel. Für den Condé empfängst Du die

Maccabäer.[1]

[1821.]

452.

Königliche Hoheit!

In meinen Tagebüchern finde notirt: daß den fraglichen Brief vom 17. Novbr. v. J. Höchstdenselben zurückgesendet; vielleicht hilft dieses auf die Spur; wie ich denn auch das Verzeichniß der Antwerpener Ausstellung aufzufinden hoffe. Ich erhielt es in Jena und die darin oft vorkommende schöne Anthla interessirte mich so sehr, daß ich ihre Liebesabenteuer mit dem gleich schönen Abrotomas fleißig studierte, um den Bezug auf die ausgestellten Bilder desto besser einzusehen.

Das gegenwärtig angekommene Gemälde ist nur kurz angezeigt, ohngefähr wie folgt: „Justus Lipsius arbeitet, als literarischer Gehülfe und Corrector, in der Blandinischen Druckerei, ihm wird von der Hausfrau der junge Rubens in eben dem Zimmer vorgestellt, welches noch bis auf den heutigen Tag in seinem alten Zustande gelassen worden, wie es denn

---

[1] von Zacharias Werner. Vgl. Goethe's Werke, XXXII. 176.

auch der Künstler zum Schauplatz seines Bildes mit allem Detail nachgebildet hat."

Hofrath Meyer weiß nicht Gutes genug von dem Bilde zu sagen und erbittet sich die Erlaubniß, solches im nächsten Hefte nach Würden anzuzeigen. Indessen wird es wohl gethan seyn, eine Beschreibung des Bildes zu Gunsten der Beschauer aufzusetzen. Wir legen sie in diesen Tagen Höchstdenenselben zur Prüfung vor und man könnte sie dem Castellan zu eigener und fremder Belehrung alsdann einhändigen.

Unterthänigst

J. W. Goethe.

Weimar
den 22. Januar
1821.

453. *

Hierbei ist Folgendes zu bemerken, welches auf Bernhards Aussage beruht.

1) Die Familie schreibt sich mit einem P. Plantin.

2) Plantin der Sohn will J. Lipsius malen lassen und läßt deswegen den jungen Rubens vor seiner Reise nach Italien an J. Lipsius in letzteres Arbeitszimmer vorstellen, und zwar

3) durch seine Tochter Mureta.

4) Ueber der Thür, die in die Druckerei führt, ist das Porträt des Stifters derselben, des Vaters Plantin, befindlich, welches, ni fallor, von Rubens gemalt ist.

Ich kann den Brief von van Bree platterdings nicht finden.

5) Vor J. Lipsius über seinem Schreibtische steht die Copie der Bildsäule der wunderthätigen Mutter Gottes in Hal, la Dame de Hal. J. Lipsius hat ihr eine Schreibfeder gewidmet, die unter der Statue hängt.

Bernhard und ich können uns nicht besinnen, wie die Druckerei jetzt heißt. Das wird sich wohl finden.

C. A.

454.

Diese getrockneten Pflanzen hat mir Sir Sinclair in London unter Datum des 4. Januars 1821 gesendet und dazu geschrieben, sie wären von der Melvilles Insel, von woher Capitain Parry sie von der Nordpol-Expedition mitgebracht habe. Sir Sinclair bekam sie von Sir Benjamin Hobhouse, Vater des bekannten Redners im Unterhause, von dem Capitain Parry ein Neffe ist.[1]

C. A.

28. Jenner 21.

455.

Künftigen Sonnabend schicke ich einen Bedienten mit Depeschen nach Wien. Dieses melde ich, im Fall Du Etwas mitzuschicken hast. Die Briefe sind bei dem Staatsrath Dr. Schweitzer

---

[1] Vgl. Goethe's Werke, XXXII. 211.

hinzugeben. Dr. Schreibers habe ich, da ich mehrere hiesige
Kataloge von Belvedere zu senden hatte, selbst geschrieben und
das für seinen Schwiegervater Dr. Jacquin aufgetragen. Ich
bin neugierig zu sehn, ob die Jenaische Portlandia grandiflora
die rechte ist oder eine Salisburia? Letztere blühte auch in
Wien; sie unterscheiden sich besonders durch die Blätter.

[1821.]

456. *

2. Febr. 21.

Beiliegenden Rapport des Observatoriums zu Schöndorf
habe ich bloß in Ansehung des Barometerstandes der letzten
Woche genau durchgesehn und ihn auf eine unglaubliche Weise
verschieden von demjenigen Barometerstande gefunden, den ich
an dem meinigen täglich mehrmalen beobachtet habe. Bei mir
war das Barometer auf 28. 3. gestiegen, in Schöndorf zeigt
aber nur das Barometer höchstens 27. 8. Auf soviel kann
die höhere Lage Schöndorfs nicht einfließen. Auf der hiesigen
Bibliothek wird angeblich täglich zu verschiedenen Tageszeiten
observirt und eingeschrieben, aber nie ist noch ein Resultat davon geliefert worden. Jetzt wär es doch Zeit, dieses Einge-
schriebene einmal zum Leben zu bringen, zu erfahren, was
auf hiesiger Bibliothek im verflossenen Monat Januar observirt
ist worden; besorge dieses.

C. A.

457. *

21. 2. 21.

Die Zulagen für die Lehrer des Zeichnen-Instituts sollen, mancherlei Ursach halber, erst nach beendigtem Landtage ausgefertigt werden. Hier die Jacquinschen Briefe.

Dann 6 Stück Nachtrag des Hortus Belvedereanus, für Schreibers nach Wien, der sie dahin austheilen mag, wo er die Cataloge gegeben hat. Er könnte mir einen Gefallen thun, wenn er mir ein Instrument schaffte, das in Wien gemacht wird. Es ist ein sogenannter Wollenmesser, nämlich eine Maschine, in der unter einem Mikroskope Fäden von Schaafwolle gespannt werden, um deren Feine und Eigenschaften nach einem gewissen Maaßstabe zu messen und zu beurtheilen. Ich hatte einen solchen von Wien mitgebracht, Professor Sturm hat ihn mir aber geschnipst.

C. A.

458.

22. (2.) 21.

Der jetzige Barometerstand ist sehr merkwürdig 28. 3. Der Thermometer immer + und dabei bewölkter Himmel sive Nebel, mehr feuchte wie trocken, der Boden tief lothig. Was sagen die Magier dazu?

Erzeige mir den Gefallen, bei dem Botaniker Voigt in Jena fragen zu lassen, wie die Pflanze hieße, welche ꝛc. Blumenbach nannte, und welche die einzige in der Natur bekannte seyn soll, die wirklich schwarze Blumen trägt? Dann wie

sich der junge Dietrich[1]) aufführt und was weiter mit ihm werden solle — möge — oder könne?

C. A.

459.

Ew. Königlichen Hoheit

wird beikommende Sendung nicht
uninteressant seyn. Nachdem nämlich einen Theil der nordischen
Pflanzen[2]) auf Blättchen wohl befestigt, sendete solche an Hofrath Voigt mit dem Ersuchen, ihre Namen auszumitteln, welchem kleinen Geschäft er sich denn auch treulich unterzogen.
Beiliegende Bemerkung macht diese Musterstücke nur noch interessanter. Die übrigen lege nächstens gleichmäßig vor.

Und so verfehle auch nicht, bei dieser Gelegenheit um
Verzeihung zu bitten, wenn ich einer Einladung zum Anblick
einer seltsamen Naturverirrung nicht Folge leistete. Abneigung
gegen alles Pathologische scheint sich mit den Jahren immer
mehr zu verstärken, deshalb ich wohl Nachsicht hoffen darf.

Weimar den 25.
Febr.   G.
1821.

460.

27. 2. 21.

Die getrockneten Pflanzen habe ich für die Jenaischen Her-
barien bestimmt.[3])

---

[1]) ein angehender Botaniker.　[2]) Vgl. Nr. 454.　[3]) Vgl. Nr. 454
und 459.

Ein Dr. Walter, aus Berlin, hat mir ein sonderbares dickes Buch über alte Malerei und seines Vaters, des Anatomen, Jubelfeier gesendet. Die Anordnung dieses Buchs scheint sonderbar zu seyn. Ist denn einiger Werth darinnen enthalten?

Ich bin erinnert worden, daß der botanische Gärtner Baumann in Jena noch kein Dekret oder sonsten eine schriftliche Ausfertigung seine Anstellung betreffend besitzt. Er wünscht sehr etwas dergleichen. Wenn Du nur ein Promemoria dieserhalb an das Staatsministerium einsenden willst, in welchem bemerkt ist, was im Dekret stehn soll, so wird ein Ministerial-Dekret für Baumann ausgefertigt werden.

C. A.

Und doch ist es nicht zu verantworten, daß Du den Hermaphroditen n i c h t gesehn hast.[1])

461.

Hier schicke ich Dir ein seltenes und neues Schätzchen, das gestern von London arrivirt ist. Ich wollte von Louis die Namen dazu schreiben lassen, er sagte aber, daß ohne weitläufiges Nachschlagen von Büchern er nicht damit fertig werden könne; das mag nun Professor Voigt thun, da ich diese kleine Rarität für Jena weihe. Ehestens werde ich mit neuen Anglicanis aufwarten. Da ich den Namen Rafflesia lese, so fällt mir auf einmal ein, daß die schwarze Blume deren Blumenbach

---

[1]) Vgl. Nr. 459.

Erwähnung that, vermuthlich Butia nach dem Lord Bute heißt. Du fragst wohl einmal bei Blumenbach darum an.[1]) Ich will erst nachsehn, was Dietrich[2]) von mir bekommt.

28. ' 21.

C. A.

462.

8. 3. 21.

Das sind niedliche kleine Ankömmlinge. Mit einem guten Vergrößerungsglase sieht man recht deutlich, wie sie ihre Schaalen, die am Hintern feste zu sitzen scheinen, über dem Kopfe öffnen, die Füßchen und zumal zwei Fühlhörner herausstrecken und schnell am Glase laufen.

Erkundige Dich doch nach dem Preise der zwei Werke des von Kerner.

Ein Exemplar der Karlsruher Zeitung habe ich für unsere meteorologischen Bemühungen angeschafft und will sie forthalten. Hier ist der Anfang des heurigen Jahrganges.

C. A.

463.

Ew. Königliche Hoheit

werden[3])

1) beikommende botanische Zeitung gewiß mit Vergnügen durchblättern, sie hat einen eigenen oberdeutschen Charakter,

---

[1]) und [2]) Vgl. Nr. 458.   [3]) Vgl. Nr. 464.

eine gewisse naive Liberalität, anstatt daß unsere lieben Nord-
deutschen sich in einem gespannten Zustande befinden. Man sehe
die neusten Verhältnisse zwischen Sprengel, Treviranus, Wil-
brand und Andern, woran man sich wenig erfreuen kann und
die Wissenschaft auch nichts gewinnt.

2) Aus den meteorologischen Blättern geht hervor, daß
unsere Jenenser die Sache immer mehr mit Sorgfalt und Liebe
behandeln. Kräuter hat sich gleichfalls eingerichtet und diesem
kleinen Geschäft schon Interesse abgewonnen, worauf doch eigentlich Alles ankommt.[1]

3) bemerke gelegentlich, daß Dr. Bran in Jena die ihm
nun seit vierzehn Monaten geliehenen Bücher, nach, wie mir
scheint, zweckmäßigem Gebrauch, mit größtem Dank nach und
nach sämmtlich wohlbehalten zurückgeliefert hat, die denn auch
an Großherzogliche Bibliothek von mir abgeliefert worden sind.
Nun bittet er in seinem letzten Schreiben um Belzoni, wenn
auch ohne die Kupfer. Da ich mich nun aber nicht ermächtige,
ohne Höchstderoselben Erlaubniß ein solches Werk einem Privat-
manne anzuvertrauen, so will deshalb hierdurch geziemend ange-
fragt haben.

Zu Gunst und Gnaden mich empfehlend

unterthänigst

Weimar den 14. März   J. W. Goethe.
    1821.

_____

[1] Vgl. Nr. 456.

464. *

1. Ich kenne diese Verhältnisse nicht, aber gerne hätte ich die Flora früher gesehn, da die beiliegenden schon die des dritten Jahrgangs sind. Es scheint daß wir in unserer Gegend uns auch etwas norddeutschlich isolirt halten und für gemeingeistige Erschaffungen, in Jena wenigstens, nicht das Punctum salicus treffen können.

2. Die zu diesem § gehörigen Beilagen sind sehr hübsch und werden zu der projektirten meteorologischen Zeitschrift von Brandes schöne Beiträge liefern.

3. Belzoni und selbst Frazer, mit und ohne Kupfer, stehen Brauen sehr zu Diensten.

eodem.

G. A.

465.

[März oder April] (1821.)

Das Geschenke der 12 Flaschen[1]) nehme ich mit unterthä-nigem Danke an. Das Buch über Augsburg ist sehr possier-lich. Gute Nacht.

G. A.

466.

28. 3 21.

Sehr freut es mich, daß das Bild[2]) Dir Freude macht; es ist gewiß schön gedacht und vortrefflich ausgeführt. Wenn der

---

[1]) Wahrscheinlich marienbader Kreuzbrunnen.   [2]) Vgl. 452 und 453.

Künstler den Rubens und M(adame) M(urat) etwas weniger
leichte gekleidet hätte, so wäre mehr Harmonie in dem Kunststücke anzutreffen. Ich wollte Dir das Bild nicht senden, in
der Hoffnung, daß es Dich aus der Höhle locken sollte, da
Lichtmeß schon lange vorbei ist, ein Tag, wo jeder Bär und
Dachs das Lager verläßt.

Für die theuren Bücher danke ich schönstens; da soll mich
Gott dafür behüten! Ich habe schon einmal von diesen Werken
gehört gehabt, ich habe auch in Stuttgart etwas davon gesehn,
zumal von den Raisins.

Die medicinisch-chirurgischen Bücher für die Jenaische Bibliothek hat mir der junge Stark aus einem Englischen Katalog
excerpirt; sie sind nicht sehr theuer. — Gulpius' Arbeiten sind
sehr lobenswerth, wie auch die Witterungstabellen. Körner
wird Dich sehr mit seinem Flintglase erfreut haben; die Fortsetzung der Versuche verdient gewiß alle Unterstützung.[1]

Es ist schön, daß Voigt die Pflanzen benamsen will.[2]

C. A.

467.

Beilage kam unter meiner Adresse an. Der Brief an
Voigt zeigt aber, daß Thouin[3] mit ihm zu thun haben will,

[1] Vgl. Goethe's Werke, XXXII, 208. [2] Vgl. Nr. 454, 459 und 460.
[3] Andrè, Mitglied der Akademie der Wissenschaften und professeur de
culture am Jardin du roi zu Paris, geb. 1747, gest. 1824.

und das ist mir sehr lieb, weil die Gärtner sich in diese Correspondenz nicht finden würden. Also alles Dieses an ꝛc. Voigt.

(29. 3. 21.)

C. A.

468.

Das erste Exemplar beiliegender Blätter war so schlecht,
daß ich ein besseres zum Tausch begehrte. Hier ist dieses andere, in welchem einige sehr schöne Blätter sich befinden. Vielleicht könnte von Schreibers ein Paar Originalzeichnungen von
dem p. Alten schaffen, vielleicht illuminirt. Wenn man nur erst
den Preis wüßte. Er muß ein braver Künstler seyn.

17. 4. 21.

C. A.

469.

Danke bestens. Hage werde ich einen dieser Tage zu Dir
senden, um die lithographischen Angelegenheiten abzuhandeln.

Wie kann ich mich unterrichten von dem, was in Augsburg
Merkwürdiges zu sehen ist? vielleicht komme ich diesen Sommer
in jene alte Stadt.

19. 4. 21.

C. A.

470.

Ew. Königlichen Hoheit

    die Magnetnadel dankbar zurücksendend lege ich

1) die Mittheilung Seebecks bei, deren erste Blätter sich auf

die Farbenlehre, vom Zeichen an jedoch auf den neu entdeckten Magnetismus beziehen; Aufsatz und Tafeln geben wenigstens einen allgemeinen Begriff. Ich will nur sehen, ob unsere Jenenser diese Erscheinungen gleichfalls so vorbringen werden; woran ich nicht zweifle, wenn man ihnen zum Apparat Gelegenheit giebt.

2) Ferner vermelde, daß Müller, Vater und Sohn, eifrig bemüht sind, das lithographische Heft auf Jubilate zu liefern; ich schreibe soeben die dazu nöthige Einleitung und Erklärung. Das Ganze herzustellen, sind noch 300 Thlr. erforderlich. Da jedoch diese Summe durch den Verkauf von 200 Exemplaren schon gedeckt ist, so bringt das dritte Hundert reinen Gewinn und man glaubt voraus zu sehen, daß das folgende Heft ohne weitere Auslage veranstaltet werden kann. Wobei zugleich die Aussicht bliebe, daß der erste Aufwand auch wieder erstattet würde.

Wollten sodann Ew. Hoheit diese kleine Summe als Fonds der Anstalt widmen, so ließe sich nach und nach gar Manches in Zeiten vorsehen. Es müßte ein ansehnlicher Vorrath Papier beigeschafft werden, daß jede Platte gleich wie sie fertig ist, abgedruckt würde, weil die Steine nicht wie Kupferplatten bequem aufgehoben werden können, sondern gar leicht der Verderbniß unterliegen.

Wobei noch schließlich bemerke, daß wir einen guten Absatz hoffen dürfen, weil bisher schon viele Nachfrage geschehen.[1]

3) Mir ist gemeldet worden, daß Höchstdieselben bei Ihro

---

[1] Vgl. Nr. 409.

Aufenthalt in Jena mehr Aufmerksamkeit auf die außerordentlichen und zufälligen Meteore den Himmelskundigen empfohlen. Ich habe sogleich eine Anordnung getroffen, wodurch der Zweck größtentheils erreicht und zu jedem Monatsbericht auch hierüber Bemerkungen erfolgen können. Nächstens überreiche eine Abschrift, welche Höchstdieselben auch wohl Ihren anderen Meteorologen mitzutheilen geruhen.

Weimar, den 19. April 1821.

Goethe.

471.

Künftigen Sonntag Abend will ich nach Jena gehn und dann etliche Tage dorten und in der Gegend bleiben; Dienstags kommt Lindenau dahin. Hoffentlich sehe ich Dich dorten. Das Bild ist schön gezeichnet.

(25. April 1821.)

C. A.

472.

Ew. Königliche Hoheit

erhalten hierbei was Boisserée wegen des zu illuminirenden Exemplars gemeldet.[1]

Da nach meiner Einsicht außer bei der Tafel, wo die bunten Fenster vorgestellt sind, welche eigentlich in allen Exemplaren

[1] Vgl. Goethe's Werke, XXXII. 202.

illuminirt seyn sollten, kaum ein Fall denkbar wäre, wo Farbe von Bedeutung seyn könnte; so möchte denn doch in Vergleich mit dem Resultat der Preis übermäßig ausfallen. Gnädigster Prüfung Alles anheimgebend

unterthänigst

J. W. Goethe.

Weimar
den 19. May
1821.

473.

19. 5. 21.

Bei so bewandten Umständen unterzeichne für mich auf's beste Exemplar, ich glaube 60 Fl., Chinesisch Papier, und bestelle illuminirt das eine Blatt mit den gemalten Fensterscheiben.[1]

C. A.

474.

22. 5. 21.

Ein vor vier Jahren gegebener Auftrag ist seit vorgestern durch die Beilage erfüllt worden. Erzeige mir den Gefallen, an Oberbaudirektor Moller in Darmstadt zu antworten und ihn zu fragen, was ich Fuchsen in Cöln bezahlen soll. Die Fenster sind mit einziger Genauigkeit und Geschmack nachgezeichnet worden.[2]

---

[1] Vgl. Nr. 472. [2] Vgl. Nr. 471, 472 und 473.

Körners Beginnen ist sehr löblich, indessen bin ich der
Meinung, daß Ilmenau ein viel bedeutenderer Punkt für meteorologische Beobachtungen ist, wie Allstedt, welches wohl zu den
neutralen gerechnet werden möchte. Ein wahres Unglück ist,
daß die Leute in Jena die Hülfsmittel nie finden, um etwas
zusammenzubringen; an meteorologischen gedruckten Observationen
fehlt es gar nicht, da jede Zeitung und die meisten Journale
dergleichen enthalten. Poffelt scheint ein bischen gar schläfrig
zu seyn. Von Brandes in Breslau Projekten habe ich gar
nichts in Jena erfahren können.

C. A.

475.

Ew. Königliche Hoheit

werfen einen gnädigen Blick

1) auf beikommende Tagebücher; sie sind, wie Höchstdenenselben schon früher vorgetragen, um mehrerer Zwecke willen be-
liebt und angeordnet worden. Der Gang des Geschäfts läßt
sich, auch in der Ferne, dadurch beobachten und beurtheilen;
eine klare Uebersicht bleibt den Nachkommen und man wird in
den Stand gesetzt, eine detaillirte Geschichte der wichtigen Vermehrung, Herstellung und Anordnung zu schreiben, worauf
Professor Güldenapfel sich schon im Voraus freut.[1]

---

[1] Vgl. Goethe's Werke, XXXII, 117, 141 und 162.

Nicht unangenehm wird in dem Compter'schen Tagebuche zu bemerken seyn, daß auch er die atmosphärischen Erscheinungen mit Interesse betrachtet und umständlich aufzeichnet; vielleicht wäre gefällig, ein Barometer, Thermometer ꝛc. hinüber zu stiften, der Conformität mit den übrigen Anstalten zu Liebe. Eine Abschrift könnte jedesmal zu Ende des Monats an die Sternwarte gegeben werden.

2) An Oberbaurath Moller nach Darmstadt ist die Anfrage ergangen. [1])

3) nöthigt mich eine abermalige Erinnerung des Bergraths Lenz, bescheiden anzufragen: ob Höchstdieselben nicht zwei Verdienstmedaillen nachgenannten Ungarn verleihen möchten: Apotheker Gabora in Göllnitz und Direktor Wahlner in Beller.

Zum Zeugniß, wie wohl sie es bisher mit unserer Sammlung gemeint, legt er ein grünes Buch bei, in welchem, zwischen zwei gelben Zeichen, die bedeutenden Gaben dieser beiden Männer aufgeführt sind. Irre ich nicht, so hat Lenz diesen wackern Leuten Hoffnung auf eine solche Auszeichnung gemacht und erwartet fernere Beiträge, die nun auszubleiben scheinen.

4) Unterlassen kann ich nicht meinen verpflichteten Dank für die Entbindung Güldenapfels von der Cantion abzustatten; es befreit ihn von jeder Sorge für die Zukunft, indem es ihm für die Gegenwart eine freiere Stellung giebt und ihn selbst-

---

[1]) Vgl. Nr. 474.

ständiger macht. Die gute Wirkung dieser Gnade wird sich
gewiß in der Folge manifestiren.

Vor Höchstihro Abreise gnädigste Erlaubniß aufzuwarten
hoffend

unterthänigst

J. W. Goethe.

Weimar den 29. May
1821.

476. *

ad. 1. Der Fleiß und die Ordnungsliebe sind ausgezeichnet in den Beilagen zu bemerken, und der geheime Hofrath
Helbig soll besorgen daß ein Thermometer und ein Barometer
an die Jenaische Bibliothek abgeliefert werde.

ad. 2. Hier liegen zwei silberne Medaillen bei, für die benannten Ungarn.

477. *

30. 5. 21.

Durch eine zufällige Frage des Kirchenrathes Danz, in
Jena, nach einer der Riberaschen Karten, welche sonst in der
Büttnerschen Bibliothek waren und jetzt in der Militärbibliothek
befindlich ist, wurde eine dritte in einer Rumpelkammer entdeckt,
welche noch älter, wie die zwei Karten von Ribera ist; sie
datirt vom Jahre 1495. Ich habe sie zu mir genommen, sie
wird geputzt und restaurirt und der Professor Hassel studiert

jetzt daran, um den Autor herauszukriegen. Es ist eine Welt-
küstenkarte, auf Pergament gezeichnet und mit einem Firniß
überzogen und Spanisch beschrieben. Auf dem Zettel, den ich
unterschrieben habe, wird sie eine Karte von Ribera genannt,
aber fälschlich; dieser Fehler möchte wohl zu ändern seyn. Vor
der Hand ist sie noch anonym und könnte unter dem Titel
einer Spanischen Weltküsten-Karte vom Jahre 1495
passiren.

Um Mylius' und Cattaneos Briefe bitte ich, da ich sie
beantworten muß. Vor Anfang künftiger Woche reise ich nicht
ab. Lebe wohl.

C. A.

478. *

Ich weiß nicht recht ob ich Dich von der bevorstehenden
Ankunft des Kopfes, der Haut und der Knochen des seelig ver-
blichenen Mouflons in Wilhelmsthal avertirt habe? Sie sollen
von Eisenach an Dich gesendet werden; schicke sie nur an
Renner. Der Mouflon ist eigentlich ein korsischer Schaafbock,
der aber dem Rehe sehr ähnelt und kurze Haare hat. Er
hatte sich mit Fettschwanz-Schaafen und auch mit inländischen
begattet. Die Lämmer sind sehr selt und tragen kurze Seide
unter langer Wolle.

In der Rumpelkammer in Jena, wo ich die Karte[1]) fand,

---

[1]) Vgl. Nr. 477.

ist auch das Portrait von Justus Lipsius erschnobert worden; auf diesem ist er sehr blond. [1]

Hier ist eine Raupe von sonderbarem Gespinnst auf dem Kirchhofe gefunden. Die Raupe soll grau gewesen seyn, mit einem weißen Strich auf dem Rücken. Man glaubt es sey die des Todtenkopf-Schmetterlings.

C. A.

479.

Ew. Königliche Hoheit

genehmigen

hierbei

1) Die hiesige monatliche Witterungstabelle.

2) Das abgeschlossene Vermehrungsbuch [2]), an dessen Ende ich dem Sekretär Kräuter den Ausdruck dankbarer Gefühle nicht verwehren konnte.

3) Die merkwürdig eingesponnene Raupe mag wohl ein Nachtvogel seyn; man wird sie bei ihrer Entfaltung sorgfältig beobachten. [3]

Der Monsun ist noch nicht angekommen; er soll baldigst an Renner spedirt werden. [4]

4) Der neue Knochenfund ist sehr bedeutend:

---

[1]) Vgl. 452 und 453.   [2]) der weimarischen Bibliothek.   [3]) und [4]) Vgl. Nr. 478.

a) ein unterer Pferdekiefer, wohlerhalten;

b) das Hufbein, selten;

c) Backzähne auf sehr große Hirsche deutend;

d) ein Bäreneckzahn, äusserst selten in dieser Gegend;

e) mehrere Zähne des Paläotherium, Alles in Tuff-
sand locker eingehüllt. Sie sollen sogleich in das
Jenaische osteologische Museum gestiftet werden und
Renner wird sie näher untersuchen.

Die Arbeiter werden wohl fernerhin aufmerksam
seyn.

5) wird die Jenaische Rumpelkammer, bei näherer Durch-
sicht diesen Sommer über, vielleicht noch manches Brauchbare
liefern.¹)

6) Die Zahlung nach Köln ist Lubekus aufgetragen.

Unterthänigst

J. W. Goethe.

Weimar den 1. Juni
1821.

480.*

Das heutige abgelieferte Ochsenskelett ist aus dem Torf-
moore bei Haßleben.²)

C. A.

—

¹) Vgl. Nr. 477.   ²) Skelet eines Urstiers. Vgl. Goethe's Werke,
XXXII, 209.

481.

Die H. hat mir zwei Briefe von Dir, mein alter Freund, gebracht, die mich sehr gefreut haben. Sie hat mir dabei gesagt, daß sie Dich sehr liebenswürdig und mansuet verlassen habe und mir das ganze Ding beim Herzog von Gotha vortragirt. Hoffentlich wird das Bad, die Reise und die Umgebungen Dich recht wieder aufheitern und verschmetterlingen. Ich habe eine schöne Reise gemacht und viel Merkwürdiges gesehn; meine Gesundheit ist ziemlich leidlich. Die Bekanntschaft des Grafen von Sternberg ist für mich ein sehr angenehmer Gewinn gewesen; solltest Du ihn sehn oder besuchen, so bitte ich ihm zu sagen: daß ich auf der Chaussee, eine Stunde von Pilsen, jenseits nach der Gränze zu, zwei ganz vortreffliche Stücken Holzstein, oder versteinert Holz, gefunden habe, deren Bindungsmittel ganz zweierlei seyen; das eine hat vermuthlich Kieselerde, das andere aber Thon. Für das Jenaische Museum habe ich sehr schöne Sachen mitgebracht. Der Graf Sternberg, der soviel in Regensburg gehaust hat, wird sich der Treppe daselbst erinnern, die auf das alte Rathhaus, in den großen Sitzungssaal des entschlafenen Reichstages von der Straße aus führt. Sollte er nicht zwei Figuren an derselben bemerkt haben, zwei Männer, bis an die Hüften aus Löchern herausragend, über Lebensgröße und in Lebensgröße? Der Eine hat einen großen Stein zum Werfen in der Hand, der andere eine Armbrust. Diese zwei in Stein gehauenen Figuren

haben mich sehr angezogen, weil sie mir wie die besten Deutschen Bildsäulen vorkamen, die ich in Deutscher Art und Kunst
gesehn zu haben glaube. Ich habe mir die Thüre abzeichnen lassen,
sie ist aber nicht sonderlich gerathen. Die Figuren sind im großen
Styl gemacht und besitzen eine Lebhaftigkeit und Wahrheit, die
mich ordentlich erschüttert hat. Graf Sternberg weiß vielleicht,
wer der Künstler ist, der sie fertigte und aus welchem Zeit-
alter. In Augsburg habe ich ein ganz wunderbares Gemälde
gesehn, die Copie der alten Verkündigung in Florenz, welche der
Evangelist Lucas gemalt haben soll. Die Köpfe und Hände, auch
hie und da einige Attribute sind von einem der größten Meister
der Vorzeit gemalt; die Gewänder sind aber sehr negligirt und
vermuthlich von Schülern oder Handlangern gefertigt, zumal
das des Engels. Das Bild war im Kloster zu Hall in Tyrol
und wurde für ein Spottgeld verkauft; der jetzige Besitzer weiß
nicht, was er dafür fodern soll. Es verkauft sich nicht in eine
Gallerie, weil es eben kein klassisches Stück ist und solche Zwei-
deutigkeiten besitzt, daß Niemand weiß, was er dazu sagen soll.
Durch Hofrath Meyer werde ich zu erfahren suchen, wie es
mit dem Bilde zusammenhängt; denn Berliner Künstler, ich
glaube sogar Hirt, sind dorten gewesen um es zu sehn.

Seit der Mitte voriger Woche haben wir sehr heiße Tage,
22° im Schatten, kühle ja kalte Abende und Morgen; die
Nächte warm. Gestern hat's stark gewittert und vor der Stadt
in Bäume geschlagen.

Die Entdeckungen der genauen Verbindung des Magnets,

der Electricität und des Galvanism, die Unsicherheiten der Pola-
ritäten und der Bedeutendheiten der Pole selbst revolutionirt
dergestalt alle Begriffe der Einflüsse, an die man bis jetzt halb
oder ganz geglaubt hat, daß in der Meteorologie selbst ganz
andere Ansichten gefaßt müssen werden und daß mehr oder
weniger die Ursachen der Begebenheiten in tellurischen Verhältnissen zu suchen sind; in der Atmosphäre oder im Himmel
gewiß am Wenigsten. Gott lasse mich einige Klarheit in dieser
verworrenen Wissenschaft noch erleben!

Graf Sternberg[1] . . . . ihrer Tochter
und Graf Franz Klebelsberg empfiehl mich bestens. Vulpius
habe ich sehr glücklich durch allerhand Raritäten gemacht, die
ich unterwegs kaperte. Die Seidler[2] hat zwei vortreffliche
Gemälde geliefert.

Und nun Gott befohlen; es ist Essenszeit.

C. A.

482.

19. September 21.

Gestern, mein lieber Freund! kam Dein Brief von Eger
erst an und heute derjenige, durch welchen Du mich von Deiner Ankunft in Jena unterrichtest. Sey willkommen! Man
sagt, das Cabinet habe dergestalt Reichthümer in Island erobert,

---

[1] Hier folgt ein unleserlicher Name. [2] Louise Seidler, Hofmalerinn
in Weimar.

daß der Heerführer Lenz darob delirire. Sobald ich abkommen
kann, werde ich Dich in Jena besuchen. Körner wird Dir
Flintglas zeigen, das er gemacht hat.') Ueber die außerordent-
lich reiche Erndte und über das verderbliche Wetter, welches
die Reichthümer der Erndte verfaulen macht, steht allen guten
Christen der Verstand still; sie fassen sich, im Mangel eines
Bessern, in passive Geduld, so auch die Jäger. Mündlich ein
Mehreres. Lebe wohl.

C. A.

483.

8. 10. 21.

Einen Tag dieser Woche werde ich meine Aufwartung in
Jena machen und den Baurath Sartorius von Eisenach mitbringen, der nach der Beilage bedeutende Schätze für die himm-
lischen Schreine gesammelt hat.

Erzeige mir den Gefallen, an p. Schreibers nach Wien
Dich zu wenden und ihn zu ersuchen, bei Boos in Schönbrunn
ein Exemplar von der Theophrasta longifolia mobil für mich
zu machen; er besitzt deren mehrere. Sollte Boos nicht wollen,
so mag sich Schreibers an den Ober-Kämmerer Grafen Wrbna
wenden, der wird es gewiß alsdann befehlen. Da die Jahreszeit schon etwas vorgerückt ist, so wäre es besser, die Pflanze
im Frühjahre erst zu senden; den Winter hindurch könnte Boos

') Vgl. Goethe's Werke, XXXII, 208.

ein Exemplar für mich recht pflegen. Laß Dir doch von Schreibers ein Paar Ochsenhörner von Ungarischen weißen Ochsen
und zwar von der großen Sorte senden; ich möchte sie gern
mit den Haßlebenern vergleichen, da es möglich wäre, daß der
im Torf gefundene ein Podolischer seyn könnte, deren sonst viele,
noch zu meiner Zeit, nach Buttstedt auf den Markt kamen. Ein
solcher könnte sich im Torfriethe wieder verlaufen und ersäuft
haben. [1]

Von der Frau im Odenwalde, die Hörner sich selber auf-
setzt, wirst Du gelesen haben; schreibe doch nach Frankfurt am
Mayn und ziehe genaue Erkundigungen darüber ein. Der junge
Spiegel, Bruder unseres Hofmarschalls, hat sie vor Kurzem
selbst gesehen. Einmal hat sie ein krummes Widderhorn aufgesetzt und abgeworfen, jetzt macht sie Rehbocksgehörne und wirft
sie ab. Diese Fabrik treibt sie seit sechs Jahren, sie ist in die
60 Jahre alt.

     Lebe wohl.

                                        C. A.

484.

                                    10. 10. 21.

Ew. Excellenz

werde ich morgen mit Sartorius und Coudray gegen 10
Uhr früh aufwarten. Bestelle Penzen um 10 Uhr aufs Cabinet,
damit wir auspacken können. Bestelle den Oberst Lyncker [2]) und

---

[1] Vgl. Nr. 479 und 480.   [2]) Freiherr Carl von Lyncker, Landrath
in Jena.

den Prorektor, Penzen und Ziegesarn, wenn er einheimisch seyn sollte, zu Tisch und noch zwei leere Converts. Gott befohlen.

C. A.

485.

Ew. Königlichen Hoheit

den eingegangenen Myliusschen Brief dankbarlichst zurücksendend finde auch höchst verpflichtet, daß Sie die Stücke von Kunst und Alterthum nach Mayland mittheilen wollen. Ich habe Manzoni gegen Italiener und Engländer treulich vertheidigt und er ist gerade ein Naturell und Talent, welches dergleichen bedarf. Er geht ruhig seinen Weg und ich wüßte ihn kaum polemisch zu denken. Das neuere Gedicht ist völlig in seiner individuellen Art; er bleibt sich durchaus ganz gleich und vortrefflich.[1]

Ein auf wenige Data berechnetes Verhältniß[2] von Jena zu Teplitz lege bei. Nächstens wird sich's reiner ausarbeiten lassen, da die geistlichen Herren ihre sehr sorgfältig geführten Tabellen auf die Monate July, August, September eingeschickt.

Mit der Schlesisch-vaterländischen Gesellschaft, wo Brandes als Mitglied der physicalischen Section von Zeit zu Zeit seine Beobachtungen vorträgt, setzen wir uns durch Friedrich von Stein in gleiches Verhältniß.

---

[1] Vgl. Goethe's Werke, XXXII. 181, 196; XXXVIII. 246, 251 und 301. [2] der Witterung.

Brief und Sendung von Wien geben eine angenehme Aussicht; ich bin voll Verlangen auf den nächsten Transport, auf
den Schädel und die Brasilianischen Producte.

Nächstens zu ferneren Vorträgen gnädigste Erlaubniß erbittend

unterthänigst

J. W. Goethe.

Weimar den 13. Januar
1822.

486. *

14. Januar 1822.

Die Beilagen dankbarlichst remittirend bemerke ich, daß
Herr Schreibers uns wohl einige Brosamen von dem Kaiserlich Königlichen Tische fallen und zukommen lassen könnte.
Vielleicht kommt von Eschwege der Brasilianische Bergdirector,
von Cassel, wo er jetzt ist, her, und bringt uns etwas Merkwürdiges.

Aus der Verbindung mit der Schlesischen vaterländischen
Gesellschaft verspreche ich mir viel Ersprießliches für die so
wünschenswerthen und bis jetzt noch so mangelhaften Resultate unserer häufigen Observationen.

Sollten nicht mit der Jenaischen Literaturzeitung oder mit
denen nun endlich zu Stande kommenden Academischen Annalen
die monatlichen meteorologischen Tabellen oder die ¼jährigen
ausgegeben werden können. Salvo meliori.

C. A.

487.

Bestens im Allgemeinen für alles Ueberschickte und Besorgte dankend, habe ich mich besonders gefreut zu vernehmen, daß meine Edelstein-Sammlung in so schöner Ordnung sich balde finden werde. Wenn es Dir recht ist, so bitte ich, den geheimen Referendar Helbig über die Einrichtung dieser Sammlung zu belehren, ich will ihm alsdann die specielle Aufsicht darüber anvertrauen; er besitzt schon etwas Kenntniß in dieser Sache. — Wegen des Abschnittes des Vogelbeerbaumes glaube ich auch, daß ein Längenschnitt in selbigen angebracht, sehr zuträglich für mehrere Entdeckungen seyn wird. Er gehört eigentlich dem Oberforstmeister von Fritsch, der sehr neugierig auf den innern Zustand desselben ist.

Die Sendung an Mylius[*)] ist besorgt, ich lasse sie durch Artaria gehn, der beständig im Verkehr mit seinem Bruder in Mayland steht. Das was ich Mylius zuletzt schickte, ist zwei Monate unterwegs geblieben, mit meinem Briefe. Lebe recht wohl.

C. A.

Am Sonntag Nachmittag war ein doppelter Wolkenzug sehr deutlich zu bemerken. Die leichtern in der höhern Region ließen sich sehr rasch gegen Süd-Ost, und die sehr schweren, in der niedern, viel langsamer nach Nord-Ost, bei Ost, treiben, nämlich durch den schrecklichen Sturm.

[*)] Vgl. Nr. 485.

488. *

Hier ist endlich nach mehrerem Hin- und Herschreiben die Liste der Mineralien gekommen, die aus dem Finsterberg ich diesen Sommer nach Jena auf's Museum gab. Hier sind noch einige Englische Münzen für unser Münzcabinet.

C. A.

7. Februar 22.

489. *

21. 2. 22.

Für die Saamen bin ich Schreibers sehr verbunden. Es scheinen lauter neue Sorten zu seyn; ich bitte ihm zu danken und ihn zu fragen, ob kein Saamen von der Araucaria excelsa und von Artocarpus nach Wien gekommen sey? Herr von Eschwege behauptet, er hätte von der erstern Pflanze öfters Saamen nach Deutschland geschickt, an mehrere Personen, auch an seinen Bruder; er wäre aber nie aufgegangen. Wenn Gelegenheit nach Brasilien wieder ginge, so möchte Schreibers doch von beiden Pflanzen einen hübschen Vorrath bestellen. Der von der Araucaria excelsa müßte wohl, nach meinem Bedünken, in den Zapfen transportirt werden.

Auf das Hornvieh bin ich neugierig.[1] Sonntag gegen Mittag warte ich auf und freue mich schon im Voraus auf die schöne Ordnung, von welcher Helbig mir nicht genug Rühmens machen kann.[2]

---

[1] Vgl. Nr. 479, 480 und 483. [2] Vgl. Nr. 487.

Ich habe heute von der Wittwe Lynder die 24 Bände Encyclopädie, um die Du schon einmal gehandelt hast, für 100 Thlr. gekauft, verleibe dieses schöne gebundene Exemplar der hiesigen Bibliothek und dafür unser altes an die Jenaische Bibliothek. Die Sendung dahin bitte besorgen zu lassen.

C. A.

490.

27. 2. 22.

Ich bitte beiliegende alte beantwortete Briefe von Mylius aufzuheben, da doch allerhand drinnen steht, was man sich merken möchte, und dann Hofrath Meyer zu erinnern, daß ich ihm im vorigen Herbste den Auftrag gab, sich in Berlin zu erkundigen ob 2c. Hirt oder sonst Jemand das bewußte Bild der Ankündigung Mariä bei einem gewissen Licentiaten in Augsburg gesehn habe? und was man dorten drüber urtheile? Ich weiß, daß Berliner dorten waren, die es gesehn haben. Ich habe Meyern seit 4 Monaten nicht gesehn und habe gar nichts weiter von der Angelegenheit gehört.[1]

C. A.

491. *

21. 3. 22.

Erzeige mir den Gefallen, dem Professor Sprengel zu antworten und ihm zu schreiben, daß ich Dir übertragen hätte,

---

[1] Vgl. Nr. 481.

ihn zu versichern, daß es mir sehr angenehm gewesen wäre, seine persönliche Bekanntschaft gemacht zu haben, daß ich ihm für sein Buch „botanische Entdeckungen" und für die nähern Bestimmungen der Kasuarinen in Belvedere bestens dankte. Was seine Wünsche wegen Benutzung der hiesigen Bibliothek betrifft, so hätte ich ihn an Dich gewiesen; Du würdest schon Sorge tragen, daß ihm alle Gefälligkeiten bezeigt würden.

In Belvedere blüht jetzt eine Protea speciosa nigra, deren oberer Theil vollkommen schwarz ist, ein wirklich Tintenschwarz, welches keine Nüance von Roth ist.

Lebe wohl.

C. A.

492.

Ew. Königliche Hoheit

entschuldigen gnädigst in Betracht eines vierwöchentlichen höchstlästigen Catarrhalzustandes einige verzögerte Geschäfte, die aber doch deshalb nicht stecken geblieben.

1) Das mir anvertraute Edelstein-Kabinet werde noch vor den Feiertagen an Rath Helbig übergeben, wünsche meiner geringen Bemühung höchste Zufriedenheit und glückliche Vermehrung der schönen Grundlage.[1]

2) Wegen des Augsburger Bildes ist an Boisserées Anfrage ergangen, durch welche man in Betracht ihrer Studien und Connexionen am ersten einige Aufklärung hoffen darf.[2]

---

[1] Vgl. Nr. 487 und 489. [2] Vgl. Nr. 481 und 490.

3) Die meteorologischen Tabellen zum Januar, in Jena ausgearbeitet, liegen bei, sie wären früher eingelangt, wenn man nicht noch die Wiener Beobachtungen hätte hinzufügen wollen, welche aber bis jetzt noch nicht angekommen sind.

Von Breslau vernehme vorläufig gute Aufnahme und hoffe nächstens eine Erwiederung unserer Tabellen durch Dr. Brandes.

4) Die Protea speciosa in Belvedere nicht selbst besuchen zu können thut mir sehr leid. Vielleicht befehlen Ew. König-liche Hoheit, daß nach dem Verblühen einige von den schwarzen Blumenblättern an mich gelangen und wenn auch schon trocken; ich wäre neugierig, sie den chemischen Reagentien zu unterwer-fen, um zu sehn, was für Resultate hervortreten. [1]

5) Der Brief an Professor Sprengel geht mit der mor-genden Post ab. [2]

Weimar
den 26. März   Goethe.
1822.

493.

(März 1822.)

Hier schicke ich Dir einen Brief des Palatins [3] wegen des wunderbaren Wetters in Ungarn; schicke mir den Brief wieder. Das Verzeichniß, was mir gestern Abend Voigt von den Pflan-zen gab und welches enthielt, wie sie seit drei Jahren im botanischen Garten geblüht haben, habe ich in Jena liegen las-

---

[1] und [2] Vgl. Nr. 490.   [3] Joseph, Erzherzog von Oesterreich.

fen. Vielleicht haben sie es Voigten wieder gegeben; ich möchte es gerne wieder haben.

Schicke mir Körnern einen dieser Tage herüber, ich möchte ihn wegen der Windfahne in Schöndorf sprechen. — Unterwegs ist die Schnecke[1]) besehn und ein neuer Ausweg gefunden worden, um leiblich hinauf zu kommen. Um 10 Uhr war ich hier. Leb bestens wohl.

C. A.

494. *

Hier ist das Bild dargestellt, von welchem ich mehrere Male gesprochen habe, weil es besonders dadurch merkwürdig ist, daß eine Giraffe als Hausthier, wie ein Cameel, sich darauf zeigt, im 15ten Jahrhundert. Das Bild ist in der Brera und sehr wohl erhalten.

C. A.

(31. März 1822.)

495. *

Letzter März (1822.)

Seit — ich weiß nicht welcher Epoche — sind Sachen, wie die welche beiliegend folgen, dieseits der Alpen nicht gesehen worden. Lauter Geschenke vom Oberst von Eschwege, welche er mir heute überbrachte. Alles dieses ist wohl für Jena

---

[1]) Wegstrecke an einem Bergabhange auf der Straße von Weimar nach Jena. Man baute damals die Chaussee zwischen beiden Städten.

gehörend und passend. Vielleicht, wenn in meinem Schränkchen
keine Chryso=Berylle sich finden sollten, könnten etliche von
beikommenden hinein spazieren. Erzeige mir den Gefallen, an
Lenzen balde ein Verzeichniß von diesen Sachen zu schicken, ihn
aber hungern zu lassen, bis daß ich sie selbst nach Jena bringen
kann. Etwas wünschte ich noch von Eschwege zu haben, näm=
lich eine Sammlung aller farbigen Diamanten. Er hatte eine
in einem Gläschen das vorige Mal bei sich. Siehe zu ob Du
ihm beikommen kannst. Aber was gebe ich für alle diese Schätze
an Oberst von Eschwege? Gehe deswegen mit Deinen Geistern
zu Rathe und schreibe mir gelegentlich Deine Meinung.

C. A.

496.
(April 1822.)

Beiliegendes Opus war, so sagte die Fama, auf Requi=
sition des Preußischen Gesandten in Darmstadt, noch vor dem
Drucke vom Frankfurter Magistrat confiscirt worden. Otter=
stedt[1] soll dieser Sache wegen nach Berlin gereiset seyn, von
wo aus er noch nicht zurücke ist. Hinterdrein wurde die Con=
fiscation im Publico widerrufen und auch der Nachricht wider=
sprochen, daß der Autor, ein gewisser Hofmann in Berlin, arre=
tirt und in Untersuchung gerathen sey. Man sagte, das Werk

---

[1] Preußischer Gesandter.

sey eine[1] . . . . Satyre auf das berühmte Tribunal[2]
in Maynz. Dieser Ruf erweckte viel Interesse, das Werk zu
haben. In diesem Sinn genommen, habe ich recht darüber
lachen müssen, aber auch über das Werk selbst, welches sehr
munter und artig zusammengestellt ist, besonders wegen der
Wahl der bekannten Localität.

C. A.

497.

Ew. Königlichen Hoheit

gnädigstem Befehle gemäß, ward
sogleich dem Professor Sprengel[3] zu Halle ein Verzeichniß
überschickt, was von botanischen Werken vergangenes Jahr durch
höchste Vorsorge zur Bibliothek gekommen. Er hat sich daraus
einige ausgewählt und sich selbst einen Termin zur Rückgabe
festgesetzt; die Absendung wird nun sogleich erfolgen. Doch
wollte gebeten haben, es möge Ew. Königlichen Hoheit gefallen,
beiliegenden Schein selbst zu autorisiren, weil eine solche Mittheilung über die Befugniß hinausgeht, welche bisher der Leit-
faden meiner Verwilligungen gewesen, und mir der Sache gemäß scheint, Ew. Königliche Hoheit in Kenntniß gesetzt zu
sehen, wo solche kostbare Werke sich der Zeit befinden.

Ich ergreife die Gelegenheit, Höchstdenenselben für die

---

[1] Hier folgt ein unleserlicher Name. [2] Zur Untersuchung der dema-
gogischen Umtriebe. [3] Vgl. Nr. 491 und 492.

Ansicht der wundersamen Bromelia verpflichtet zu danken; es ist mir nicht leicht eine merkwürdigere Bildung vorgekommen. Die kräftige Gedrängtheit eines stiellosen Zustandes, die größte Mannigfaltigkeit der Gestalt, zusammen gezogener und ausgedehnter Organe, muß man mit Augen sehen, um sich davon einen Begriff zu bilden.

Einiges andere nicht Unbedeutende für das Nächste versparend

unterthänigst

Weimar den 20. April
1822.

J. W. Goethe.

498.

Dir schicke ich hier ein neues Exemplar, das Deinige habe ich verborgt.

Das Buch hat vielen Werth und enthält sehr gute merkwürdige Sachen, hie und da auch hübsche Ansichten. Daß es sehr treu erzähle ist auf allen Fall zu vermuthen; aber der Autor hat sich ganz geschmacklos in die Breite gehen lassen, bringt von dem Seinigen, nämlich von seinen Ansichten zu Vieles vor und hat darüber das Buch gewiß um hundert Seiten zu dicke gemacht. Der Styl ist unerträglich blumig, fade und incorrect.

Salvo meliori.

C. A.

1. 11. 22.

499.

Als mir p. Frege das Mineraliencabinet anbot, ließ ich ihm durch Hage antworten: Lenz hätte uns hier verwöhnt, alle dergleichen Dinge durch Industrie, sive umsonst zu acquiriren. Keine andere Antwort vermag ich p. Fregen nicht zu geben. Mit den Münzen habe ich nichts zu thun; es wäre recht schön, wenn die Großfürstinn sie kaufte.

Gute Nacht.

C. A.

500.

Ew. Königliche Hoheit

erlauben einen abermaligen unterthänigsten Vortrag. [1]

Der Obrist von Eschwege zeigte bei seinem ersten Hierseyn unter andern Schätzen vier längliche Gläser, worin eine Anzahl krystallisirter Diamanten befindlich, wovon einige besonders in die Augen fielen, so daß der Anlauf derselben wünschenswerth gewesen wäre; allein der Besitzer erklärte, daß dieses eine vorzügliche Sammlung sey, die er für sich selbst erlesen und davon also nichts einzeln ablassen könne.

Er hatte solche auf seiner Reise nach Wien und Berlin mitgenommen und es ward kund, daß an beiden Orten man

[1] Vgl. Nr. 495.

deßhalb im Handel gestanden; doch war man nicht übereinge-
kommen und er brachte sie vollständig wieder zurück.

Nun aber mußte eine nähere Kenntniß dieser Steine immer
wünschenswerth seyn, weil nicht leicht eine solche Gelegenheit
wieder zu hoffen wäre, sich von einem so wichtigen Naturpro-
dukt in dem Grade zu unterrichten und eine Einsicht in den
Werth derselben doch immer einer allenfallsigen Negotiation vor-
ausgehen müßte.

Unterzeichneter hat daher den hier angestellten Genfer Sorel
zu Rathe gezogen, welcher in dem Haüyschen, besonders die
Kryftallographie beachtenden Systeme von Jugend auf unterrichtet
und darin sehr bewandert ist. Man ging zusammen die sämmtlichen Edelsteine, an Zahl zwei und vierzig, durch, und es fand
sich, daß wirklich ein Kenner müsse diese Sammlung zusammen
gebracht haben; da, wie aus beigehender genauer Beschreibung
der einzelnen Kryftalle sich zeigt, unter den sämmtlichen Stücken
kaum eine Wiederholung vorkommt, sondern alle und jede in
größter Verschiedenheit, Theils schon bekannte und beschriebene
Kryftallisationen darbieten, Theils aber auch bisher den Kry-
stallographen noch unbekannte merkwürdige Bildungen vorzeigen.

Hierüber ist nun das beiliegende ausführliche Protokoll geführt, woraus hervorgeht, daß 27 Stücke wegen der Gestalt,
die übrigen wegen der Farbe bedeutend sind und daß also das
Zusammenbleiben dieser Gebilde höchst wünschenswerth und der
Ankauf des Schatzes zu so vielen andern nicht unräthlich sey.

Es kommt nun hauptsächlich darauf an, welchen Werth

Ew. Königliche Hoheit selbst auf diese Acquisition zu legen geruhen, indem bei wiederholter Rücksprache der Besitzer von dem
Preise der Hundert und dreißig Louisdor abzugehen nicht vermocht werden konnte.

Würden aber die in Höchst Ihro Besitz schon befindlichen
krystallisirten und farbigen Diamanten hinzugefügt, so wäre freilich ein nicht leicht gesehener Schatz zusammengebracht.

Unterzeichneter der mit sich selbst in Zweifel ist, ob nicht
Liebhaberei zu diesem Fache ihn die vorliegenden Gegenstände
zu überschätzen veranlasse? übergiebt das Ganze höchster Beurtheilung und gnädigster Entscheidung.

Unterthänigst

J. W. Goethe.

Weimar den 29. November
1822.

501. *

Eodem.

Schon bei der ersten Anwesenheit des p. von Eschwege
wünschte ich die Sammlung, von der hier die Rede ist, von
ihm zu erkaufen, indessen wollte er sie dazumal nicht veräußern
und hinterdrein erfuhr ich, daß er sie nicht unter 160 Friedrichsd'or abzulassen gedenke. Um so lieber ist es mir zu erfahren, daß von Eschwege diese Sammlung jetzt für 130 Friedrichsd'or abzulassen im Willen ist. Ich behalte sie sehr gerne
und gebe hiermit den Auftrag 600 Thlr. Sächsisch darauf zu

bieten, dann wenn sie nicht dafür zu bekommen wäre, bis 650 Thlr. zu steigen und endlich, wenn auch diese Summe nicht zulangte, 130 Friedrichsd'or, jedoch den Friedrichsd'or zu 5 Thlr. 12 Gr. zu bewilligen, dabei aber zu bedingen, daß die Zahlung in Silber-Conventions Geld geleistet werde; also das allerhöchste 715 Thlr. Convention oder Sächsisch.

Carl August.

502.

J. 12. 22.

Für den ganz prächtigen Cactus-Melo-Cactus[1]) sagt Belvedere und ich den allerlebhaftesten Dank. So ein grandioses Exemplar ist mir noch nicht zu Gesichte gekommen. Noch sind wir zweifelhaft, ob diese Pflanze nicht eine noch unbekannte Species ist, da sie sich in Mancherlei von dem andern mit rothen Stacheln unterscheidet, den ich aus den Niederlanden mitgebracht habe.

Die Akademie Jena gewährt seit einiger Zeit wenig Freude. Vielleicht ist der jetzige Actus das letzte Recidiv und die Krankheit wird aus dem Grund gehoben und geheilt.[2])

C. A.

---

[1]) Vgl. Goethe's Werke, XXXII, 216. [2]) In Folge eines Verbotes des Singens auf öffentlicher Straße waren die Studenten nach Kahla, einer nahen altenburgischen Stadt, ausgezogen. Vgl. Nr. 380), 381, 382 und 406.

503.

Den schönsten Dank für den lieben reichen, wohllautenden Heiligen Christ, den mir mein Enkelchen gestern Abend gab.

Hier schicke ich Dir einen, den schon längstens in Deinen Händen zu seyn ich glaubte, denn vor dem Jahre ließ ich dieses Bild in Teplitz für Dich machen. Durch einen bloßen Zufall zeigte es sich mir heute unter andern Sachen, da ich etwas im Schranke suchte. Lebe wohl.

C. A.

504.

(1. 1. 23.)

Ach mein lieber alter Freund! was hast Du mir für Schätze zugesendet! Das ist gar zu schön!

In Belvedere ist diesen Mittag angelangt ein Pinus Dammara aus Amboina über 5 Fuß hoch.

C. A.

505.

(1. 1. 23.)

Komm doch morgen früh um 10 Uhr zu mir, um Dich loben zu lassen, sollten geist- oder leibliche Bescheidenheit Dich nicht davon abhalten.

C. A.

506.

18. Januar 23.

Herr von Eschwege ist vermuthlich abgereiset und die Bezahlung dessen, was ich ihm schuldig bin, wird sich wohl durch

2c. Rehbein abmachen laſſen. Ich habe aber überlegt, daß die
von ihm erhaltenen Sachen zu koſtbar und zu verlierbar ſind,
als daß ſie dem Jenaiſchen Muſeo einverleibt werden könnten;
ſie werden ſich wohl beſſer in meinen Schatzſchrein paſſen. Ich
nehme den Schlangenzahn aus, der irgend ein Muſeum zieren
könnte, auch die Goldſtückchen, welche mehr für's Muſeum in
Jena, als wie zu meiner Sammlung gehören, da ich keine
Mineralien im eigentlichen Sinne des Wortes in meinem
Schranke habe. Das gekörnte Gold gehört wieder unter die
Waaren, welche nicht in ein öffentliches Muſeum taugen; dieſes
käme alſo auch in mein Privatiſſimum. Lenz könnte vielleicht
einige Körner davon bekommen. Um aber die Koſtbarkeiten
in mein Schatzkäſtchen gehörig einzutragen, — es iſt wie ich
geſtern bemerkt habe, durch häufiges Vorzeigen, Dazukaufen
und Nicht-Einrangiren ſehr verwildert, — ſo möchte ich Dich,
bei Deiner jetzt ſo heimiſch häuslichen Lebensart bitten, es zu
Dir zu nehmen, um es mir in Ordnung zu bringen und die
ſchönen Braſiliana ſeinen Eingeweiden einzuverleiben. Wenn
Dir dieſer Vorſchlag gefällig ſeyn ſollte, ſo ſchicke ich Dir
dieſen Vormittag das ganze Schränkchen und Jemanden der
mit Eröffnung des Schloſſes umzugehen weiß.¹)

C. A.

Eſchwege iſt dieſe Nacht fort.

¹) Vgl. Nr. 500 und 501.

507. *

Beiliegendes habe ich heute von rc. Doebereiner bekommen. Den Dr. Dienemann kenne ich recht gut, er war sonsten bei Professor Sturm und als die Oesterreichisch-Bayerisch-Preußischen Expeditionen nach Brasilien gingen, hatte ich Lust Jemanden mit zu schicken und hierzu wurde mir dieser Dr. Dienemann vorgeschlagen, den ich ofte gesehn habe und dem nichts wie das Nasenbein fehlt, das er einmal irgendwo verbraucht hat. Er ist ein sehr braver ausgezeichneter Mensch und von unglaublicher Reiselust. Ich möchte ihm gerne etwas Angenehmes bezeigen und gewiß, was er anbietet, wird nichts Schlechtes seyn. Der Mineralien bedürfen wir nicht, die haben wir vermuthlich besser, aber die Thier- und Vogelfelle nehme ich, wohl auch die Eier und die getrockneten Cryptogamen Fucus u. s. w. Lasse ihm etwas Angenehmes durch Doebereiner von mir sagen und ihm für das, was ich behalten möchte 150 Thlr. Conventionsgeld bieten. Gute Nacht.

C. A.

508.

Wenn es Dir recht ist, so komme ich zwischen 11 — 12 Uhr mit Lindenau zu Dir. Er möchte gerne die Seebeckischen Gläser bei Dir sehn und ich auch.

C. A.

509.

Ew. Königliche Hoheit

haben wohl schon vernommen, daß unser guter Possett aus dem Reiche der Lebendigen geschieden ist. Indem wir seinen Verlust betrauern, haben wir auf die Wiederbesetzung seiner Stelle zu denken.

In dem Verhältnisse, in welchem Höchstdieselben zu Staats-minister von Lindenau stehen, werden wohl von demselben die besten Vorschläge und Anleitungen zu erwarten seyn, da wir denn in unserer Lage vorzüglich einen tüchtigen vorurtheilsfreien Meteorologen zu wünschen hätten.

Was die Anstalt selbst betrifft, so war schon vorläufig Vorsorge getroffen und wird sogleich das weiter Nöthige ver-fügt und angeordnet werden.

Unterthänigst

J. W. Goethe.

Weimar den 31. März
1823.

510.

eodem.

Ich erwarte den Herrn von Lindenau den 4. dieses (künf-tigen Monats) hier; alsdann werde ich ihn ersuchen guten Rath zu ertheilen, um uns unsern Verlust zu ersetzen.

G. A.

14 *

511.

Ew. Königlichen Hoheit

lege im Namen des Professors Büsching in Breslau die nochmalige Darstellung des Schlosses Marienburg zu Füßen. Die deutsche Buchbinderkunst scheint der Englischen nacheifern zu wollen.

Zugleich liegen einige Hefte bei, deren Inhalt, wie ich weiß, früherhin Höchstdieselben interessirte.

Mich zu Hulden und Gnaden empfehlend

untertänigst

J. W. Goethe.

Weimar den 1. April
1823.

512. *

3. 4. 23.

Der Rath Hand wird Dir meine Antwort nebst einer Medaille für Herrn Büsching schicken, welches Alles ich an den rechten Mann zu bringen bitte. Die Abhandlung, den Mastir betreffend, habe ich an Coudray gegeben.

C. A.

513. *

Cattaneo thut uns zu viele Ehre an! meines Wissens ist hier dergleichen nicht erschienen.

(C. A.)

20. April 1823.

514.

Ew. Königlichen Hoheit

verfehle nicht unterthänigst
anzuzeigen, daß die von den Mayländer Freunden verlangte
Medaille bei Gelegenheit des Erfurter Congresses wirklich von
Facius gestochen und von den hiesigen Technikern geschlagen
worden sey.[1]

Erster Stempel, die Brustbilder Kaiser Alexander und
Napoleon darstellend,

dieser ist abgeschliffen und zu einem andern Gebrauch
verwendet worden.

Zweiter Stempel, die Stadt Erfurt.

Dritter Stempel, ein Greis der auf einen großen Stein
zwischen Weimar und Erfurt eine Inschrift einschreibt. Von
beiden letztern liegen Abbrücke bei, doch sind sie so vom Rost
angegriffen, daß keine reinen Exemplare davon zu prägen seyn
möchten.

Ferner ist zu bemerken, daß diese Münzen sehr selten
geworden und im Handel nicht leicht vorkommen; auf Großherzoglichem Münzcabinet ist nur Ein Exemplar in Silber und
Eins in Kupfer vorhanden. Ich wüßte also nicht, wie man den
ultramontanen Liebhabern Genüge leisten sollte. Vielleicht verschaffen die Goldschmiede, bei denen solche Medaillen manchmal

---

[1] Vgl. 513.

angeboten werden, in der Folge dergleichen, wenn man ihnen darauf gebührende Aufmerksamkeit empfiehlt.

2) Lege die letzten Lebenstage Werners und dessen Testament bei. Im Fall es noch nicht zugekommen seyn sollte, wird es gewiß interessiren.

3) Zugleich entrichte meinen verpflichteten Dank für die schöne sonnenäugige Tulpe.

Möge Alles zu Ew. Königlichen Hoheit Beifall und Vergnügen immerfort grünen und blühen.

Unterthänigst

J. W. Goethe.

Weimar den 20. April
1823.

515. *

Sollte Jacius nicht anzugeben wissen: Wer etwa Exemplare von diesen Kunstwerken, die mir wirklich unbekannt waren, oder die ich vergessen hatte, bei ihm gekauft habe?[1]

Werners Palinodie besitze ich. Er ist doch in einem wirklichen Zustand von Auflösung von hinnen gefahren.

C. A.

20. 4. 23.

516.

Der | deutet auf ein Naturereigniß, das wohl sehr mit unserer Witterung verwandt seyn möchte. Das + möchte eine

[1] Vgl. Nr. 513 und 514.

Frage bei Hofrath Rehbein verursachen, wie die Pflanze hieß, die Eschwege ihm hier gab, welche aus Brasilien kam und auch ein Specificum gegen die Wassersucht seyn sollte.

Das ‑‑‑ deutet auf eine ganz wunderbare Entdeckung, wenn sie wahr wäre, nach der aber in Frankfurt a./M. Nachfrage gehalten könnte werden.

C. A.

[1823.]

517.

Beiliegende Nro. 10 von „La Mary" wird Dich sehr angenehm beschäftigen, wenn Du ihr einige Aufmerksamkeit geben willst. Voigt in Jena hat von Nr. 1—10. Dieses Exemplar ist ein besonderes, das nicht zu meiner Sammlung gehört, sondern das ich einzeln bekommen habe.

Die Schrift an die Hh. D. C. hat ihre besondern Entstehungsursachen, die ich Dir gelegentlich mündlich zu erklären bereit bin.

C. A.

[1823.]

518.

Ew. Königliche Hoheit

verzeihen gnädigst, wenn ich diese Tage[1]) sprachlos geblieben. Möge eine glückliche fortschreitende Genesung uns Leben, Geist und Rede wieder verleihen!

---

[1]) während einer höchst lebensgefährlichen Krankheit der Großherzogin.

Zuvörderst liegt der wunderſame, gnädigſt mitgetheilte Druckbogen wieder bei. Es iſt immer überraſchend, wenn wir das, was im Allgemeinen ſchon bekannt iſt, auf einmal im ganz Beſondern enthüllt erblicken; man wird allerdings auf die Folgen neugierig.

2) Sodann finde das offenbar facettirte Stückchen Bernſtein aus dem Schauzeulies merkwürdig genug; indeſſen iſt ſchon einiges Gebildete dort hervorgegangen, welches auf eine ältere Verſchüttung hindeutet. Sollten ſich dieſe Dinge nicht von dem Schlößchen herſchreiben, von dem man erzählt, es habe dort geſtanden?

3) Nahm mir geſtern die Freiheit die beiden von Mayland verlangten Medaillen einzuſenden; ſie fanden ſich von jener Zeit in der kleinen Münzſammlung meines Sohns, welcher ſie zu dieſem Zwecke unterthänigſt willig zu Füßen legt.

4) Gegenwärtig füge die bunten Edelſteine bei, und bemerke zugleich, daß die mit rothen Punkten oben bezeichnete von Paris gekommen, die übrigen von Soret aus einer Genfer Fabrik dazu geſtiftet worden.[1]

Verehrend, hoffend,

unterthänigſt

J. W. Goethe.

Weimar
den 30. April
1823.

[1] Vgl. Nr. 500, 501 und 506.

519. *

Dieses Stück Bernstein ist wirklich ganz im Tiefsten des Rieslagers ausgebrochen worden, und kann unmöglich drinnen verloren worden seyn. Was diesem Stück ein façonirtes Ansehn giebt, ist das eine Ende desselben, welches der Taglöhner, der es fand, an seiner Pfeife anzündete. Das Rieslager durchzieht die ganze Gegend und ist durch die sogenannte Höhle oder den Stollen, der an der Ilm ausmündet, durchschroten worden.

Für die Medaillen danke ich bestens. Ich schicke sie an Artaria nach Mannheim, der sie sicher nach Mayland besorgen wird.

Danke schönstens.

Hier ein geschenktes Exemplar der Münchener Acten, welches ich hiermit der Jenaischen Bibliothek einverleibe.

1. May 1823.   (C. A.)

520.

Ew. Königlichen Hoheit

verfehle nicht schuldigst anzuzeigen, daß der Italiener Thioli, der Restaurator der Paula Gonzaga Trivulzio, sich auf seiner Durchreise gegenwärtig hier befindet. Wir haben ihm schon einige Bilder vorgewiesen und seinen Rath deshalb verlangt.

Wollten Höchstdieselben die Landschaft von Hackert mir gnädigst zusenden, so würde auch diese ihm vorstellen und seine

Gedanken darüber vernehmen. Er wird morgen früh sich bei mir einfinden.

Mich zu Gnaden und Hulden empfehlend

Weimar den 9. Mai
1823.

Goethe.

521.

Ew. Königliche Hoheit

haben die gnädigste Aufmerksamkeit gehabt zu befehlen, daß man den bedenklichen Gesundheits-Umständen des Hofmechanikus Körner nachfragen solle. Hierüber ist dem Museumsschreiber Färber Auftrag geschehn und von demselben folgende Nachricht eingegangen:

„Ich begab mich gestern Nachmittag zu Dr. Körner, welchen ich wieder in seiner Arbeitsstube beschäftigt antraf. Er äußerte, daß seine Krankheit sich sehr bedenklich angelassen habe, weil eine förmliche Lungenentzündung zu befürchten gewesen, hätte nicht sein Arzt Dr. Winkler schleunige Gegenmittel angewendet. Der Patient ist sehr abgemagert, geht aber wieder aus und der Appetit findet sich wieder ein. Hingegen ist ihm vom Arzt eine strenge Diät vorgeschrieben, vorzüglich geistige, erhitzende Getränke und Speisen sind ihm gänzlich untersagt und deshalb läßt er für das gnädige Anerbieten irgend einer Erquickung für jetzt unterthänig danken.

Da sein Arzt Dr. Winkler auf einige Tage von hier abwesend ist, so konnte ich über die nähern Krankheitsumstände des Dr. Körner mit demselben nicht sprechen; morgen wird derselbe wieder erwartet, wo ich zu ihm gehen werde."

Gestern, als ich das Glück suchte, meine Aufwartung zu machen, waren Höchstdieselben mit wichtigen Gegenständen beschäftigt. Vor Ew. Königlichen Hoheit Abreise nach Marienbad sey mir erlaubt, um die Vergünstigung zu bitten, dorthin folgen zu dürfen. Möge mäßige Witterung jede Reisetage begleiten.

Vor Thiolis Ankunft hatte nach Berlin wegen des Hackerts geschrieben und den Krankheitszustand auf das Deutlichste geschildert. Hierauf getraute man sich auch dort, die Kur zu übernehmen; besser war es aber, daß die Sache hier kürzlich abgethan worden.[1]

An Grafen Sternberg schreibe ich diese Tage und berichte ihm Höchstihro Absicht, nach Marienbad zu gehen; vielleicht entschließt er sich zu einem Besuch, wenn er nicht gar zu entschieden abgehalten wird.

Weimar den 4. Juny 1823.   Goethe.

522.

Randantwort.

Ich wünsche glückliche Reise und recht sonnige Tage.

C. A.

[1] Vgl. Nr. 520.

523.

Ew. Königliche Hoheit

hoffe nach Höchstdero glücklicher Rückkehr, sowie nach wohlvollbrachter weiterer Fahrt, auf geistlichem Grund und Boden ehrerbietigst zu begrüßen. Möge das Wetter günstig seyn und Alles Ihro getreuen Dieners eifrigen Wünschen vollkommen entsprechen.

Anbei erfolgt:

1) Im Auftrag des Directors von Schreibers ein Packet Trattinischer Flora.

2) Nachrichten aus Brasilien.

3) Saamen-Verzeichniß zum Tausch angeboten.

Ferner

4) Elektromagnetische Versuche in Auftrag von Dr. Julius von Yelin, aus München.

23. Juny 1823.

Goethe.

524.

Den besten Dank für die schöne Botanik von Trattinik: ich werde, sobald noch die der J. D. B. dazu kommt, in Belvedere botanisiren gehn, um zu wissen, was ich habe und was mir fehlt. Ueber die Gletschergeschichte wird gewiß Etwas im nächsten Stücke des Pictetschen Journals erscheinen. Mich dünkt es sey schon irgendwo eine Art von Theorie über das Wachsen derselben erschienen.

Sehr freut es mich, Dich wieder wohl zu wissen.¹) Die
Kupfer läßt Du wohl ordnen und aufkleben, und giebst sie zu
der hiesigen Kupferstich = Sammlung. Da mit dem Lithographiren des Belvedere'schen Catalogs es nicht recht fort wollte und
die Sache sehr theuer ausfiel, so habe ich vor acht Tagen Ver-
tuchen aufgetragen mir einen Anschlag zu machen, was der
Druck mit Lettern im Industrie = Comptoir kosten würde, inclusive Papier. Diesen werde ich vermuthlich morgen bekommen;
dann schicke ich ihn Dir.

(Juny 1823.)   E. A.

525.

Wie geht es Ew. Excellenz?¹)

                                              E. A.
(November 1823.)

526.

Ich habe eben Conseil; morgen aber will ich mich dran
machen und Dir eine Menge Bücher schicken. Ich freue mich
sehr Deiner Auferstehung und hoffe auf eine baldige 50 Stufen
hohe Himmelfahrt.

                                              E. A.
(November 1823.)

¹) Goethe befand sich leidend. Vgl. Eckermann's Gespräche. I, 93.

527. *

So recht deutlich besinne ich mich des Geschehenen oder
Versprochenen nicht. So viel wird mir aber aus dem Briefe
klar, daß Herr Reinhard Geld haben will. Ich bitte um einige
Aufklärung; vielleicht besinnst Du Dich der Sache noch.

C. A.

528.

Ew. Königliche Hoheit

verzeihen gnädigst, wenn ich über die
Bürgerische Angelegenheit noch nicht ausführlich berichtet; zur
Entschuldigung diene vielleicht, daß die Sache völlig abgethan ist.

Mit der im dritten Bande der sämmtlichen Bürgerischen
Werke und zwar in der Vorerinnerung Seite IX und in den
Anmerkungen S. 223—225 angeführten Weimarischen Sub-
scription hat es seine völlige Richtigkeit. Der damals schon
lebhafte und nachher so viele Jahre sich immer gleich gebliebene
Trieb, von Weimar aus alles Löbliche und Gute zu fördern,
mußte bei Bürgers Anerbieten rege werden, als er Lust bezeigte den Homer zu übersetzen. Wie ein solches an = und ein-
gebornes Talent sich auch in diesem Falle benehmen, was es
leisten würde unterlag keiner genauen Untersuchung, weil man
gewiß war, daß am Ende Sprache und Literatur dadurch um
Manches würde gefördert seyn.

Man begnügte sich auch nicht mit dieser schriftlichen Zusage,
sondern man legte die Summe von 65 Louisd'or in meine

Hände. Allein weder die Theilnahme des Publicums, noch
Bürgers Beharrlichkeit stimmten in den wohlmeinenden Vorsatz;
die Sache gerieth in Schwanken und Stocken, wo denn zuletzt
wenig Hoffnung übrig blieb.

Da aber einmal das Geld zu Bürgers Gunsten bestimmt
worden, der sich aus kümmerlichen Umständen nie zu erholen
wußte, so beschloß die ansehnliche Gesellschaft, ihm diese bedeutende Unterstützung angedeihen zu lassen, wenn auch die Bedingung unerfüllt geblieben war. Ich sendete ihm das Geld, erhielt seinen Dank und richtete ihn aus.

So viel weiß ich mich genau zu erinnern; ja ich wollte
noch Ort und Stelle angeben, wo das Verschiedene beschlossen,
realisirt und ausgeführt wurde. Schriftliche Zeugnisse haben die
Jahres- und Begebenheitswechsel mit aufgezehrt.

Hier unterstehe ich mich nun bei Ew. Königlichen Hoheit
unterthänigst anzufragen, ob ich nicht, da der Herausgeber
Bürgerischer Schriften diese Sache zur öffentlichen und ganz
eigentlich literarischen gemacht hat, der völlige Abschluß derselben
ihm aber unbekannt ist und Andern problematisch dünken möchte,
deshalb in dem nächsten Hefte von Kunst und Alterthum vor-
gemeldete Aufklärung geben und die Angelegenheit dadurch been-
digen, auch alle Hoffnungen, die gewissermaßen die Gestalt von
Forderungen annehmen, völlig beseitigen solle.

Unterthänigst

Weimar den 23. Decbr.   J. W. Goethe.
1823.

529. *

Eodem.

Diesem Vorschlag stimme ich völlig bei. Indessen würde es sehr wünschenswerth seyn, wenn Herr Minister von Goethe den Aufsatz, welcher in Kunst und Alterthum nächstem Hefte erscheinen soll, früher schriftlich dem Carl von Reinhard als Antwort auf seine Anregung zukommen ließe und an ihn richtete.

Carl August.

530. *

d. 23. Decbr. 1823.

Die Gemälde und Zeichnungen unter Aufsicht des Professors Müller sind nun dergestalt im Jägerhause geordnet und aufgestellt, daß man mit Zuversicht und ohne einigen Verlust befürchten zu dürfen, noch mehr hinzufügen darf. Auf hiesiger Bibliothek befinden sich Sammlungen von Albrecht Dürer, Rembrandt und andern Meistern, Theils in radirten Blättern und Theils in Kupferstichen, welche zu einer Büchersammlung nicht, sondern wohl eher zu einer Kunstsammlung gehören, die mit der öffentlichen Zeichenschule verbunden ist. Ich thue deswegen den Vorschlag, diese Gegenstände von der Bibliothek wegzunehmen und sie der Kunstsammlung im Jägerhause einzuverleiben. Salvo meliori.

Carl August.

531.

2. (1.) 24.

Viel Glück zum neuen Jahre! Mich freut's wenn ich Dir, mein lieber alter Freund, etwas Angenehmes habe erzeigen können.

Hierbei ein geschichtlich merkwürdiges Opus, was ich mir durch Schmellern habe in Antwerpen copiren lassen. Das Bild der Königinn[1]) steht im obern Zirkel, die Aufschrift auf der großen Fläche und auch etwas im untern Felde, wenn ich nicht irre. Das Monument selbst steht in einer Kirche, deren Namen mir entfallen ist, an einem Pfeiler; Schmeller muß den Namen dieser Kirche wissen.

C. A

532.

Ew. Königliche Hoheit

vergönnen gnädigst, über Einiges, was bisher bei mir geruht und was sich neuerlich bei mir einfindet, schuldige Meldung zu thun.

Und so möge denn vorerst der treue Glückwunsch zu dem wohlbegangenen Säcularfeste[2]) vorangehen, in freudiger Hoffnung, daß die nächsten zu erwartenden[3]) in gleicher Vollständigkeit des

---

¹) Maria Stuart. Vgl. Nr. 532. ²) Am 18. Januar 1824 waren es funfzig Jahre, daß der Großherzog das Rectorat der Universität Jena übernommen hatte; es fand deshalb eine Feier statt. ³) die im nächsten Jahre bevorstehende Semisäcularfeier der Regierung und der Vermählung des Großherzogs.

Kreifes, der Höchstdieselben umgiebt, ebenfalls mögen gefeiert werden.

1) Das mitgetheilte Werk Alonzo ist sehr von Bedeutung. Der Verfasser[1] erklärt in der Vorrede, daß er einen historischen Roman nach Art von Walter Scott zu liefern gedenke, und so ist es auch. Wen das verworrene spanische Wesen interessiren kann, findet eine wundersame Anschauung im größten Detail, seit dem Tode Carl's III. bis auf unsere Zeiten. Alles Unheil so vieler Jahre ist auf eine Anzahl von Köpfen gehäuft, die den Roman spielen oder von der Geschichte gespielt werden. Der Verfasser, er sey, wer er wolle, kennt Alles, was zu diesem Umfange gehört, entweder durch sich selbst, oder durch Andre, aber ganz genau und unmittelbar. Die Hauptfiguren sind rechtlich, sittlich und wohlwollend, wenn auch in Irrthum und Abgeschmacktheit, national-characteristische Wesen, oft lächerlich und liebenswürdig zugleich. Der Verfasser hat in diesen Geschichten selbst gelitten, sonst könnte er nicht so leidenschaftlich die Zustände durchdringen. Ich habe erst den zweiten Theil durchgelesen, gestehe aber, daß es ein achtungswerthes Werk ist, es bringt uns jene vorübergegangenen Zeiten sehr vollständig zur unmittelbaren Anschauung.

2) Blumenbach sendet mir mit den aufrichtigsten Empfehlungen das gewünschte Verzeichniß; freilich wichtige historische Annalen, die den Forscher, indem sie ihn unterrichten, gewiß in Erstaunen setzen werden.

---

[1] Salvandy.

3) Das Bild der Maria Stuart[1]) ist mir besonders merkwürdig, da es auf dem Grabmal zweier ihr höchst anhänglicher
Frauen aufgestellt worden; so kann man die Authenticität vor-
aussetzen. Auch die sehr saubere Copie giebt den Begriff von
einer problematischen Individualität, die uns weder Geschichte
noch Poesie völlig enträthseln kann. Auch der Grabstein selbst
und die Inschriften sind im Verhältniß zum Bilde sehr schätzens-
werth.

4) Die Anordnung wegen Schmeller ist befolgt; die Aufmerksamkeit auf sein erworbenes Talent und eine mögliche Leitung zu seinem weitern Fortkommen soll ein angelegenes Geschäft seyn.

5) Ein theilweiser Transport der Kupferstiche in die Ge-
mälde-Zimmer macht mir Sorge, ich weiß mich nicht dabei zu
benehmen; auch wäre der Winter hiezu nicht günstig, deshalb
um Aufschub wollte gebeten haben.[2])

6) Dem Jenaischen besondern[3]) Cabinet zu Vorlesungen
ist aller Vorschub gethan und es kann gewiß etwas Erfreuliches und für jede Folge Nützliches auf diesem Wege ent-
springen.

7) Die Mayländischen Kupfer Napoleonischer Siege und
Gewinne hab' ich bei mir liegen und beabsichtige einen raison-
nirten Catalog davon aufzusetzen, um jene Schlachten und Erfolge dem Beschauer einigermaßen historisch-rationell zu machen;

---

[1]) Vgl. Nr. 531.   [2]) Vgl. Nr. 530.   [3]) mineralogischen.

denn wer weiß jetzt mehr, was die Schlacht von Arcole und Montenotte für Wichtigkeit hatte.

8) Nach Erwähnung so kriegerischer Gegenstände darf ich mich wohl zu dem Schilde wenden, welches als eine bedeutende Acquisition zu Ew. Königlichen Hoheit Museo zu betrachten wäre. Es möchte sich wohl aus Italien und zwar aus der zweiten Hälfte des 16. Jahrhunderts herschreiben, denn es ist eigentlich von einer Arbeit die man Niello nannte: ein Einschmelzen der edlern Metalle durch Hülfe des Schwefels, besonders auf Eisen. Es erscheint dieses Heldengeräth als Vorläufer der Herzoglich Bernhardischen Rüstung, womit es auch wohl billig zu paaren wäre.

9) Die heute erst eingegangene Anordnung wegen des Jenaischen botanischen Gartens soll sogleich eingeleitet und zu guter Zeit ungesäumt ausgeführt werden; und es ist kein Zweifel, daß diese Erweiterung sowohl gärtnerischen, als wissenschaftlichen Zwecken förderlich seyn werde.

10) Ferner liegt anbei die Abbildung eines colossalen Cryptogamen. Diese seltsame Pflanze darf sich wohl mit jener übergroßen Blume messen, die uns vor Kurzem in Erstaunen setzte.

11) Auch folgen einige meteorologische Tabellen, die von Schrōns fortdauerndem Fleiße und Genauigkeit Zeugniß geben.

Goethe.

(Ende Januar 1824.)

533 *

Danke bestens für das Zugesendete; der Cryptogam oder Schwamm ist wirklich fürchterlich.[1]

Blumenbach mag die Bücher noch länger behalten, wenn sie ihm Vergnügen machen. Ich will es doch versuchen, ob ich die Englischen Parlamentsschriften kann geschenkt bekommen, denn verkauft werden sie nicht.

Wünsche wohl zu leben.

Carl August.

534.

Die Abbildung des W .... Schildes möchte ich noch etwas bei mir behalten.[2] Herrn Berzelius bitte meine Empfehlung und mein Bedauern auszudrücken, daß ich seine persönliche Bekanntschaft zu machen verfehlt hätte.

An Lenzen habe ich neulich einen Gedanken mitgetheilt, um die Neptunisten mit denen Vulcanisten in nähere Berührung wieder zu bringen, der ihn hat staunen, nachdenken und schwanken gemacht. Nämlich ich ersuchte ihn, in sich selbst hinabzusteigen und sich zu untersuchen, ob er ein warmer oder kalter Neptuniste sey? id est, ob sein Neptun bei der Formation der mehrerlei Dinge, die Lenz seiner Schöpferschaft durch Wasser zuschreibt, mit warmem oder kaltem Wasser gearbeitet

---

[1] Vgl. Nr. 532.   [2] Vgl. Nr. 532.

habe? Wie gesagt, Lenz staunte über diese Ansicht der Dinge, die ihm, wie er selbst gestand, noch nicht beigegangen war. Ich hoffe, daß diese Subdivision Epoche machen soll.

C. A.

(Ende Januar 1821.)

535.

Um die Frage: ob von der auf Großherzoglicher Bibliothek befindlichen Kupferstichmasse ein Theil in die neue Gemälde-gallerie vor dem Frauenthor geschafft werden solle?[1]) näher zu betrachten, glaube nichts nöthiger, als erst beide Anstalten für sich zu betrachten.

Wie es mit den Kupferwerken auf Großherzoglicher Biblio-thek beschaffen, läßt beiliegender Aufsatz, obgleich noch manches be-richtigenden Nachtrages bedürftig, im Kurzen übersehen. Es findet sich, daß, wenn man den Kupferstichvorrath im All-gemeinen übersieht, derselbe einen weit größern Umfang haben möchte, als man sich gewöhnlich vorstellt. Er schließt sich über-haupt an Alles an, was sich auf bildende Kunst überhaupt bezieht. Kann man nun annehmen, daß sich in der Bibliothek selbst das Wichtigste befindet, was auf Kunstgeschichte und Lite-ratur sich richtet, so schließen sich unmittelbar größere und klei-nere Werke, Sammlungen, Museen, Gallerien, sodann auch

[1]) Vgl. Nr. 530 und 532.

Einzelheiten hier an; Alles ist nach Schulen und sonstigen historischen Bezügen dergestalt verschlungen und verkettet, daß man
ungewiß bliebe, welches Glied davon nur irgend herauszunehmen
wäre. Vielmehr wird immerfort darauf gearbeitet, jede Anschaffung durch Serenissimi Gnade, besonders die größern,
bedeutendern, in die noch allenfalls vorhandenen Lüden ein-
zufügen.

Wegen des Gebrauchs aber ist Folgendes zu bedenken:

Kupferstichsammlungen werden von Künstlern wenig oder
gar nicht gebraucht, desto mehr von Liebhabern, besonders von
solchen, welche sich eine Kenntniß der Kunstgeschichte erwerben,
oder die schon erfaßte Kenntniß erneuern wollen. Hierzu gehört
nun vorzüglich Vergleichung; diese setzt voraus, daß Alles beisammen, leicht zu finden und bequem vorzulegen sey. Nun ist,
was in dieses Fach gehört, sowie der übrige Bibliothekebesitz,
wohlverwahrt und gleich zu Handen; schickliche Räume, die an-
sehnlichste Gesellschaft aufzunehmen, im Sommer kühl, im
Winter durchwärmt und leicht zu erwärmen, jede Stunde bereit; mehrere einander untergeordnete und händereichende Personen; geräumige Tische und was sonst von Bequemlichkeit zu
verlangen ist. Wie sich denn dieses bei Anwesenheit höchster
Personen gar oft bethätigt hat und sich noch jede Woche erweist,
indem die jungen Herrschaften, um mit der Kunstgeschichte
bekannt zu werden, sich unter Anleitung des in diesem Fache
höchst bewanderten Hofrath Meyer der vorhandenen Schätze
bedienen, da denn der große Vortheil, Alles aneinander

Bezügliche augenblicklich zusammen zu tragen und vorzulegen, sich jedesmal hervorthut.

Ich wende mich nunmehr zu dem sogenannten Museum oder Bildergallerie vor dem Frauenthor, einer neuen, erfreulichen Anstalt. Sie wird durch ihre Einfachheit übersehbar, die Bilder sind an Wänden gereiht, das Inventarium ist bald gemacht und übergeben. Führt man den Vorsatz aus, einen numerirten Katalog drucken zu lassen, so kann der Fremde sich selbst unterrichten und Professor Müller, wenn er durch seine Hauptgeschäfte oder sonst abgehalten wird, kann den Schlüssel einer zu bestimmenden untergeordneten Person ohne die geringste Gefahr übergeben. Bleibt dieses Geschäft in seiner Einfalt, so erreicht es seinen Zweck; der Fremde wendet beliebige kurze Zeit an die Beschauung, und die Verantwortung der obern Behörde ist gering und eine Revision des Ganzen leicht, das Inventarium ohne Umstände zu suppliren.

Betrachtet man beide Anstalten gegen einander, so entscheidet sich der Wunsch, sie völlig auseinander zu halten. Gesetzt, man wolle einen Theil Kupferstiche von der Bibliothek hinaus verpflanzen, so entsteht in jener großen, würdigen Masse eine Lücke und der eigentlichen Benutzung derselben stellt sich sogleich ein Hinderniß entgegen, daß man die verwandten Kunstwerke nicht zusammenbringen, neben einander legen, vergleichen und die Kunstgeschichte, worauf doch eigentlich Alles ankommt, daran demonstriren könne. Denkt man nun aber an die Ausführung, einzelne Theile zur Gemälde-Sammlung zu übertragen, so wird man sich gestehn, daß wenn es schwer ist, zu sagen, wo man anfangen sollte, noch schwerer zu sagen seyn möchte, wo aufzuhören, indem, wie aus dem Verzeichnisse zu ersehen, Eins das Andere erfordert und nach sich zieht.

Das Local ferner bedeutend, so würden Schränke zur Aufbewahrung, Flächen zum Vorzeigen verlangt, welche den freien Raum der zur Beschauung der Bilder nöthig ist, ohne Weiteres beschränken würden, und dann ist, Kupferstiche vorzuzeigen, ein ganz eigenes Geschäft, von dem einer Gemäldesammlung an der Wand himmelweit verschieden. Es nimmt viel Zeit weg, verlangt mehrere Personen, die einander beistehen, Aufmerksamkeit, ja Autorität in der Behandlung.

Die Indiscretion der Beschauer bringt den wahren Liebhaber zur Verzweiflung. Von größeren Blättern wird kaum jemals eins vorgezeigt, was man nicht an irgend einer Seite zerknüllt und durch das Anfassen beschädigt sähe, welchem bloß durch mehrere Personen, die dergleichen Blätter in die Höhe halten, oder sorgfältig bei Seite legen, vorzubeugen ist. Kleinere Kupfer, selbst eingebundene, sind dergleichen Beschädigungen weniger ausgesetzt, doch geht es, wenn mehrere Personen zusammen beschauen und die Bände hin- und herschieben, auch nicht leer ab.

Eine Expedition, aus mehreren Personen bestehend, kann sich selbst in die Zeit theilen, ingleichen die Rechte ihrer Zeit und Stunden geltend machen. Hatten wir doch den Fall, daß Personen von Bedeutung, als man ihnen ankündigte, es sey die Stunde, wo die Bibliothek geschlossen werde, verlangten, eingeschlossen zu werden und bei Verweigerung es übel zu empfinden schienen, als ob man gegen sie ein Mißtrauen hege. Wie will ein einzelner Mann bei solchen Anforderungen bedeutender und einflußreicher Personen in solchen Fällen gleich widerstehen?

Dem Professor Müller, gegenwärtigem Custos der Bildersammlung, ist ein leichtes Geschäft ohne sonderliche Verantwortlichkeit übergeben, indessen wird es ihm, wenn die vielen durchreisenden Fremden auch diese Merkwürdigkeit zu sehen verlangen, manche Zeit kosten und er doch am Ende wegen diesem Verlust um einige Vergütung nachsuchen.

Sollten Kupfer hinzugefügt werden, so sind die dadurch entspringenden Veränderungen gar nicht zu berechnen; seine Verantwortlichkeit wächst ganz unproportionirlich. Wie sollen sie inventarisirt und ihm übergeben werden? Wer soll die Vorräthe revidiren? Wer beurtheilen, ob die Kupfer noch im vorigen Zustande sind? und wenn etwas fehlen sollte, wer verantworten?

Die obere Behörde kann hier gar keine Verantwortlichkeit übernehmen; solche Posten sind von der äußersten Confidenz. Was man von dem Bibliothekspersonal, das sich ohnehin selbst controlirt, nach vieljähriger Kenntniß zu erwarten hat, ist wohl zu übersehen; einem Einzelnen, von dem man gar nicht weiß, ob er gerade hierzu geeigenschaftet sey, so wichtige mitunter unersetzliche Schätze anzuvertrauen, dürfte die Behörde wohl nicht übernehmen.

Vielleicht war es überflüssig, nach einer Gegenüberstellung beider Anstalten so manche Bedenklichkeit so umständlich auszuführen; die Sache aber scheint von solcher Wichtigkeit und unübersehbaren Folgen, daß man in Versuchung kommt, noch weitläufiger zu seyn und manches ungern verschweigt, dessen Kenntniß man von einem tüchtigen Umsichtigen allerdings fordern kann.

(Ende) Januar 1824.

Goethe.

536. *

Die künftige Einrichtung in der Zeichenschule, besonders die Gemälde und Zeichnungen, welche vorhanden sind betreffend.[1])

Die Sicherung des Besitzes der Kunstwerke durch sorgfältiges Verwahren derselben ist ein Gegenstand, welchen diejenigen Männer, denen sie zur Obhut anvertraut sind, immer löblich berücksichtigt haben. Ich lobe sie darum und würde an ihrer Stelle ebenfalls den gemeinnützigen Gebrauch dieses Besitzthums weniger empfehlen und lieber sehn, wenn diese Sachen nur selten vorgewiesen und fremden Händen gar nicht anvertraut würden. Als Besitzer derselben aber kann ich mir erlauben, mehrere Endzwecke mit dem Besitze zu verbinden. Meine Absicht ist, die mittlere Etage des Fürstenhauses ganz der Anstalt des freien Zeicheninstituts zu widmen, deswegen bewohnt Hofrath

---

[1]) Vgl. Nr. 530, 532 und 535.

Meyer den östlichen Flügel, der Professor Jagemann den westlichen. Zwischen beiden sind die Zimmer des Zeichneninstituts und zwar drei an der Zahl. An diese stoßen wieder zwei Zimmer, in welchen zeither die Carstens'schen Zeichnungen u. a. m. hingen. In diese wollte ich Kommoden setzen lassen, in welchen sämmtliche, nicht stark colorirte und ausgemalte Zeichnungen, dann die sogenannte Kupferstichsammlung, die Albrecht Dürer's rc., welche im Bibliothekinventario vor der Hand standen, verschlossen liegen sollten. Zu diesen Zimmern und Kommoden sollte der Hofrath Meyer allein die Schlüssel haben und für das Inventarium derselben stehn. Sie werden an Fremde und Einheimische blos durch ihn vorgezeigt. Er selbst kann sie benutzen oder durch seine Schüler benutzen lassen, jedoch dergestalt, daß wenn Jemand darnach copiren wollte, dieser in einem dieser zwei Zimmer arbeiten müßte. Sollte Professor Jagemann, oder einer der Unterlehrer des Zeichneninstituts einen Schüler desselben begünstigen wollen, ja selbst wenn Professor Jagemann oder ein Unterlehrer für sich Zeichnungen oder Kupferstiche benutzen wollte, so muß dieses durch Vergünstigung des Hofraths Meyer, immer aber in einem der zwei benannten Zimmer geschehn. Die Zeichnungen unter Glas und Rahmen, welche nicht als Gemälde angesehen werden können, nehmen widerwärtig viel Platz weg und sind sehr beschwerlich. Deswegen sollen alle, die sich in diesem Zustande befinden, herausgenommen und in Portefeuilles gelegt und in den Kommoden verschlossen werden. Das letzte Zimmer auf der westlichen Seite ist zum Atelier

für den Professor Jagemann, für die Oelmalerei und für die
Schüler bestimmt, welche Professor Jagemann privatim in seinen
Unterricht nehmen möchte.

Alle Gemälde werden in den verschiedenen Zimmern des
Schlosses und des Fürstenhauses aufgehängt und kommen in
kein anderes Inventarium, als wie in das der Häuser, in welchem sie befindlich sind, bleiben im Beschluß der respectiven Ca-
stellane und Hausvögte und gehören in die Hofinventarien.

Wenn Fremde sie besehen wollen, so ist dieses die Sache
dieser in den Schlössern angestellten Leute solche vorzuzeigen.
Indessen soll der Hofrath Meyer und der Professor Jagemann
das Recht haben, von denen Schloßvögten Gemälde gegen
Scheine auf einige Zeit sich zu ihrer Benutzung geben zu lassen.
Indessen muß bei dem Marschallamt immer vorher die Vergünstigung dazu eingeholt werden.

(Ende Januar 1824.) (C. A.)

537. *

Die Kupferstiche auf der Bibliothek habe ich zum Theil besehen.[1]) Sie bedürfen einer großen Sichtung, catalogirt sind
sie gar nicht. Ich will mich einen dieser Tage selbst daran machen. So wie es jetzt ist, kann es nicht bleiben; zum Theil
sind schon einige Blätter im Jägerhause. Auf der Bibliothek
sind sie ganz am unrechten Orte.

(Anfang Februar 1824.) (C. A.)

---

[1]) Vgl. Nr. 530, 532, 535 und 536.

538. *

Am 12. Februar 1824.

Bei einer heute vorgenommenen Besichtigung auf der Bibliothek[1]) fand ich 20 Foliobände mit Kupferstichen mancherlei Art und vor jedem Bande ein sehr mühsam gefertigtes Verzeichniß über dessen Inhalt, nach den Namen der Kupferstecher geordnet. Da man nun nicht in 20 Bänden bequem suchen kann, so habe ich bestellt, daß ein Generalcatalog darüber gefertigt werde und zwar bloß nach den Meistern und nach den Nummern der Blätter; auf diese Weise wird man leicht finden können, was man zu suchen im Willen ist.

Ferner sind daselbst zwei große Portefeuilles mit Handzeichnungen und Calquen, wenig Gutes darunter. Diese sind, wegen Mangel der Hülfsmittel, gar nicht zu katalogiren. Dann noch etliche Portefeuilles, worin Vieles durch einander liegt und deren Inhalt zum Character der Bibliothek Theils, und Anderes zur Kunstsammlung im Jägerhause sich qualificirt.

Die 20 Bände gehören, meiner Meinung nach, ganz zur Kunstsammlung, dann wieder die Handzeichnungen, endlich aus den Portefeuilles Manches. Von beiverzeichneten Werken möchte sich auch Manches, aber nicht Alles für die Kunstsammlung eignen.

Sobald der Thurm an der Bibliothek innerlich ganz fertig seyn wird, so werde ich mich mit Hofrath Meyer noch einmal

---

[1]) Vgl. Nr. 530, 532, 535, 536 und 537.

in dieſes Local auf etliche Stunden verfügen und dahin die
Sachen bringen laſſen, um zu ſichten; bis dahin wird auch
wohl der Katalog der 20 Bände fertig werden und alsdann
wird die Arbeit ſehr leicht zu machen und deren Reſultat ſehr
erfreulich ſeyn, weil dann eine Menge ſchöner Sachen ſich an
dem Orte befinden werden, wo ſie eigentlich hingehören, indem
man auf einer Bibliothek doch eine Kupferſtich - und Handzeich-
nungen-Sammlung gewiß nicht ſucht, wohl aber in einer
Kunſtſammlung, die mit einer öffentlichen Zeichneuſchule verbunden iſt.

Von beiliegendem Verzeichniſſe sub A und B erbitte ich
mir eine Abſchrift.

Carl Auguſt.

539.*

26. Februar 1824.

Der Hofrath Meyer wird vermuthlich ſeinen Rapport
über unſer Beginnen in der Bibliothek[1]) erſtattet haben, wo
wir die Kupferſtiche und dergleichen Werke ſichteten, welche,
meiner Meinung nach, zu der Kupferſtich - und Zeichnungen-
ſammlung im Jägerhauſe gehören. Er ſchien die Sache mit
mir aus demſelben Geſichtspunkte zu betrachten und brachte
keine Schwierigkeit vor, welche die Sache zu hintertreiben
nöthigte.

---

[1]) Vgl. Nr. 530, 532, 535, 536 und 538.

Es wird also nunmehr nöthig seyn, die Veränderungen in den Katalogen zu besorgen, hauptsächlich aber Anschläge über die einfachen hölzernen Kommoden machen zu lassen, von welchen in jedem Zimmer, wo sich die Gemälde, Zeichnungen und Kupferstiche befinden, eine, mehr oder weniger lang, aber eine so breit wie die andere, in der Mitte der Zimmer aufgestellt werden soll, zum Verschließen eingerichtet und oben mit einer Tischplatte versehen, um die Portefeuilles darauf legen und aufschlagen zu können. Es müssen horizontale Locate in selbe kommen, die aber durchgehen, um nicht genirt zu seyn. Es wird sich schon bestimmen lassen, aus welcher Kasse die Ausgabe bestritten werden kann.

Carl August.

540.

Aschermittwoch [1824].

Sehr gern will ich es übernehmen, den Bundestag zu veranlassen, daß er einmal etwas Erkleckliches unternehme und zumal für Dich, mein alter Freund; aber für die guten Folgen meiner Bemühungen und deren des Gesandten will ich nicht einstehn.[1]

Für die Einrichtungen auf der Bibliothek und Aufstellung eines zweischürigen Amanuensis für selbige und für's Jäger-

---

[1] Es betraf die Auswirkung des Privilegiums für Goethe's Werke.

haus danke ich bestens. Dieses wird vieles Heil bringen und mir manche Sorge ersparen.

Der Niederländer ist ein sehr zudringlicher Mensch, der platterdings den hiesigen Orden haben will. Schreib ihm doch ein paar Zeilen und danke ihm für die Sendung.

Was soll dem Herrn Apotheker werden? Danke ihm auch indessen von mir. Die Sache selbst ist ja wohl nichts Neues und muß schon in Jena seyn; ich dächte es dorten gesehen zu haben.

Dein Canzonett wird den Fasching in Köln beleben. Ich möchte wohl mit Dir dorten seyn.

Da 's aber nicht kann seyn
So bleiben wir hier.

Lebe wohl.

C. A.

541.

Ew. Königliche Hoheit

vergönnen, daß ich einige Papiere in der Kürze vorlege.

Der Anschlag vom 1sten März, nebst beigelegtem Riß, zeigt die Größe und Form der zu fertigenden Schränke, nicht weniger die darauf zu verwendenden Kosten.[1]

---

[1] Vgl. Nr. 530, 532, 535, 536, 537, 538 und 539.

Sollten diese Vorschläge gnädigste Billigung finden, so würde die Ausführung alsdann sogleich zu unternehmen seyn.

Unterthänigst

Weimar

den 2. März

1824.

Goethe.

542. *

3. März 1824.

Bei dem jetzt sehr verdrießlich herrschenden Frühjahre macht es sich nöthig, daß der neue Bibliotheksthurm geheizt werde, weil der ꝛc. Weise die Militärbibliothek und die Charten-sammlung einrangirt. Um deßwegen keinen neuen Etat zu machen, laß die Heizung vor der Hand aus dem Bibliotheks-Holzvorrathe bestreiten, der Ersatz desselben soll alsdann auf Deine Quittung irgend woher gleich ersetzt werden.

Carl August.

543.

Ew. Königliche Hoheit

geruhen aus der Beilage zu ersehen, was der Bibliothekar und Rath Vulpius wegen Ab-gabe von Taschenbüchern und Almanachen berichtet. Da nun hierzu Höchstderoselben Genehmigung erforderlich, so wird hier-durch schuldigst und geziemend darum gebeten.

Unterthänigst

Weimar den 6. März

1824.

Goethe.

544. *

Da man es mir mißrieth, die Kalender[1]) complet in eine Sammlung zu bringen, welches einmal mein Gedanke war, so halte ich den hierbei verzeichneten Haufen einzelner, keine Suite bildender Kalender für unwürdig, auf der Bibliothek aufbehalten zu werden. Herr Vulpius hat schon lange gewünscht, diesen Wust unnützen Zeuges, welches noch obendrein Platz raubt, los zu seyn; ich bewillige daher die Abgabe dieser Exemplare sehr gerne und genehmige, daß die Kalender im Verzeichniß der Bibliothek ausgestrichen werden.

(C. A.)

Weimar den 7. März
1824.

545.

14. 3. 24.

Da Du denn Alles weißt! so sage, o sage mir an, was für ein Buch soll ich mir zur Hand nehmen, um das System und die Theorie der Kalkformationen in meinen Kopf zu bringen, ohne ihn gar zu sehr zu zerbrechen? Mich interessirt jetzt die Materie wegen der Bearbeitung des Ilmenauers Rieß oder Ring über die Lager um Weimar herum, in welchen sich die wunderbarsten Abnormitäten finden.

Heute liefere ich einen Zwitterwidder lebendig nach Jena an Renner.

[1]) Vgl. Nr. 543.

Beiliegend ein luftiger Criminalprozeß unter Botanikern. Die Rede Martius' in München zur Jubelfeier, über die Physiognomie des Pflanzenreichs in Brasilien, ist Dir wohl vom Autor gesendet worden?

C. A.

546.

(März 1824.)

Schönsten Dank für Empfehlung von Voigts Werk, welches gewiß dasjenige ist, was am meisten meinen Endzweck erfüllt. [1]

Das Volckamersche Geschenke [2] ist, mit einem schönen Danke und einer silbernen Medaille mit Brustbilde erwiedert, recht gut anzunehmen. Wenn er mir, oder besser, Dir die Sachen schickt, so bekommt er noch einen ihm sehr werthen Brief zur Medaille und damit ist die Sache vollkommen gedeckt. Die Rede über die Physiognomik [3] schicke ich morgen.

C. A.

Der Prozeß steht zu Diensten. [4]

547.

25. 3. 24.

Auf Deinen gnädigsten Erlaß vom 22. dieses erwiedere ich Verschiedenes.

---

[1] Vgl. Nr. 545. [2] Stammbücher. Vgl. Nr. 548. [3] und [4] Vgl. Nr. 545.

1) Ist der Cölner Carneval etwas sehr Belustigendes? ich hätte den dicken Ende dabei sehn mögen. Er hat mir neuerlich geschrieben und mir die Erfahrungen des dortigen Rhein-Wassermessers versprochen. Seit Cöln Preußisch ist, hat der Vorgesetzte des Pegel — so heißt der Wassermesser — die Sache in großer Ordnung geführt; wie's vorher damit zugegangen ist, sollen daselbst die alten Alten ausweisen, die Ende untersuchen lassen wird. Ich denke im May selbsten dorten zu sehn, da ich meinen Sohn in Gent besuchen will.

2) Hier ein rechter interessanter Brief von dem jungen Manne[1]) der in Paris sammelt, um eine Geschichte des Herzogs Bernhard zu Stande zu bringen. Der Brief gehört an Hage, dem ich ihn zu remittiren bitte.

3) Die Geistertafel mir gelegentlich, wenn ich zu Dir komme zu erklären, darum bitte ich; mir ist sie ganz unverständlich gewesen.

4) Uebermorgen erscheint wieder Herrmann und Dorothea auf hiesiger Bühne; Dir wird die Vorstellung gewiß davon sehr gefällig seyn. Komm doch hinein, Du kannst ja in unserer großen oder in meiner kleinen Loge Dich einhüllen.

5) Den Paria[2]) habe ich gelesen; es ist wirklich ein schönes Machwerk und das Stück soll noch in diesem Frühlinge gegeben werden, wenn gleich große Schwierigkeiten damit ver-

---

[1]) Dr. Friedrich Bernhard Roese, später Archivar in Weimar.   [2]) Trauerspiel von Michael Beer. Vgl. Goethe's Werke, XLV, 318 fg.

knüpft sind. Eine der größten dabei ist, daß in tergo des Comödienzettels ein Programm erscheinen muß, welches den ⁹/₁₀ teln des Publikums, welche nicht die geringsten Spuren von Ostindischen Sitten je vernommen haben, auch nicht ein Wort vom ganzen Gegenstande begreifen werden, das Stück erkläre.

Ein solches Programm hättest Du wohl die väterliche Vorsorge dem Theater zu schaffen. Die zweite ist das Costüm; die dritte ist das Arrangement des Theaters, welches hier in diesem Falle mit vieler Umsicht, Sachkenntniß und Geschmack eingerichtet werden muß. Diese zwei letzten Artikel schafftest Du wohl baldigst von Berlin, mit Zeichnung besonders vom dritten Gegenstande.

Dem neuen Paria möchte wohl vorzuwerfen seyn, woher der Held des Stückes, von dem man nichts Anderes weiß, als daß er zur Klasse der Indischen Lumpen gehöre, die ausgezeichnete Bildung, die er überall aus sich blitzen läßt, her bekommen habe? Indessen über allzu crude Wahrheit muß man sich wegsetzen, wenn man nicht alle Poesie von der Bühne verbannen will und nicht die ganz geschmacklose Ostabische gewissenhafte Plattheit wieder auf die Breter zu rufen gedenkt, auf welchen, zu unserm größten Jammer, das so genannte Alles-ins-Leben-treten-lassen uns schon so lange gequält hat. Der Französische Paria möchte in seiner Auswahl des Sujets den Vortheil haben, daß dorten der geborne Lump zum Helden, der sein Vaterland gerettet hat, sich durch Tapferkeit und Talent erhob, aber dem ohngeachtet, zu Folge der Ostindischen Sitten und Gebräuche, ohne Rettungsmittel wieder fallen und untergehn mußte. Es ist lange her, daß ich letzteres Stück nicht gelesen habe und deswegen will ich auch die Gründlichkeit des Hiergesagten nicht ganz gewiß behaupten.

Lebe recht wohl.

C. A.

Noch eins! Artaria hat mir beiliegendes Exemplar gesendet; es ist soeben angekommen. Bei Artaria habe ich auf Boisserées Werke nicht pränumerirt, so viel ich mich besinne, sondern wenn ich nicht irre, habe ich Dich schon vor länger wie 10 Monate ersucht, mir ein Exemplar zu verschaffen, da ich dazumal entdeckte, daß ich die Pränumeration versäumt hatte und zwar durch einen Mißverstand. Artaria hat zu dieser Sendung, bei welcher noch andere Dinge, zum Ansehn und Auswahl, befindlich sind, nicht eine Zeile geschrieben, auch kein Verzeichniß beigelegt, dergestalt, daß ich nicht weiß, woran ich bin. Ist nun das beiliegende Exemplar das durch Dich bestellte, von welchem Artaria die Sendung übernommen hat? oder schickt er es bloß auf Speculation und ich bekomme ein anderes durch Deine Vorsorge? Erkläre mir dieses wenn Du kannst.

548.

Ew. Königlichen Hoheit

übersende alsbald die angekommenen Nürnbergischen Stammbücher. Das beiliegende Blättchen spricht schon ihren mehrern oder mindern Werth deutlich aus. Was Höchstdieselben hierüber verfügen, bin sogleich schuldig zu befolgen bereit.

Das mitgetheilte Heft[1]) verdient, als vorläufige Skizze, wohl allen Dank; die bezeichnete Stelle, obschon unklar, ward sogleich, als höchst bedeutend, abgeschrieben; früher ist schon durch Alexander von Humboldt und Andre die Bemerkung gemacht worden, daß in den tropischen Ländern eine durch Tag und Nacht regulirte Oscillation[2]) statt habe. Dieses Phänomen, unsern Gegenden in seiner Entschiedenheit fremd, möchte dereinst in einer so verwickelten Sache vielen Aufschluß gewähren. Indessen wird man die in dem Vorwort angekündigte umständliche Beschreibung dieser Reise zu erwarten haben.

Weimar 3. April   Goethe.
1824.

549.

(April 1824.)

Die Wirthschaft in Cöln möchte ich doch mitgenossen haben. Diesen Leuten ist's in der Haut doch recht wohl! Aber gleich wird's am Gedruckten reich, wenn einmal im Norden etwas Lustiges los ist.

Heinrich Meyern habe ich den Brief von Volckamern gegeben[3]); es ist ganz schlechtes Zeug, was er geschickt hat,

---

[1]) von Martius. Vgl. Nr. 545. [2]) des Barometerstandes. [3]) Vgl. Nr. 546 und 547.

wir müssens wohl behalten, aber alle Nachsendungen verbitten. An Hofrath Meyer habe ich auch den Catalog mit meinen Aufträgen puncto der prächtigen Kunstsammlung gesendet; ich habe die höchsten Preise gesetzt. Meyer wird wohl den Commissionär instruiren, mit wie Vielem er zu bieten anfangen soll. Vielleicht bekommen wir doch Etwas, dergleichen Dinge stehn jetzt sehr hoch im Preise. Wenn ich nur dorten seyn könnte!

Die Witterungstabellen sind schön gemacht und sehr wunderbar.

C. A.

550.

(April 1824.)

Wenn Du mir wolltest die Notizen vom Rath Grüner über die Erdbeben im Januar u. c. zwischen Hartenstein und Fallenau, auch die Ellenbogener, wenn Du sie besitzest, abschreiben lassen, so könnte ich sie mit morgender Post an Lindenau senden, der sie vielleicht Zachen mittheilte.

C. A.

551.

8. 4. 24.

Sehr danke ich für die Notizen die Erdbeben im Ellenbogener Kreise betreffend.[1] Als diese sich regten, flossen wieder alle versiegten Quellen im östlichen Neustädter Kreise.

---

[1] Vgl. Nr. 550.

Pindenau will zu Hause nachsuchen; er besinne sich dunkel schon früher von dieser Erfahrung gehört zu haben.

Hier eine sehr merkwürdige Lobrede auf den verstorbenen Haily.

Gute Nacht.

C. A.

552.

Das Bildniß von Blumenbach besitze ich schon. Die Fort-setzung des G . . . . . . Werks habe ich aber abbestellt. Hier einige Curiosa, alle vom General von Ende aus Cöln. Die Zeichnung ist aus seiner Gartenlaube genommen. Ich lege seinen Brief bei zu mehrerer Erdeutlichung. Ein ganz vortreff-lich ausgetuschtes Facsimile vom Cölner Dom, vom Oberbau-rath Moller in Darmstadt gefertigt, hängt jetzt im Saale bei mir, ein wahres Kunstwerk.

C. A.

553.

11. 4. 24.

Im Hortus Belvederanus stehen eine Menge Crotons, unter welchen der Croton tiglium, der eigentlich derjenige seyn soll, welcher jetzt als offizinell erscheint, nicht befindlich ist. Gott weiß ob er nicht unter einem andern Namen, einem Synonym, sich dorten doch befindet. P. Eckell soll die Sache ins Klare zu bringen suchen.

Die Boisserée'schen Sachen sind doch gar zu prächtig. Ich überliefere sie hier zurücke. Der Cölner Dom kommt auf allen Fall auf die Bibliothek, die Lithographien aber wohl ins Jäger-haus?

C. A.

Findest Du nicht, daß die Eisbahn von Preller, die ich Dir heute schickte sehr geistreich erfunden und componirt und sehr correct ausgeführt ist?

554.

Oster Montag (19. April) 24.

Hier ist ein Brief von Lindenau zur Beantwortung der neulichen Fragen; ich erbitte mir ihn balde zurücke aus.

Nach dem Bilde, „der hiesige Eislauf") von Prellern ge-malt, den ich Dir neulich schickte, sein Talent beurtheilt, kommt es mir vor, als wenn ich wirklich wohl thäte, ihn mit nach Antwerpen zu nehmen und ihn dorten bei van Bree in die Schule zu geben, der mir ohnedies einen neuen Eleven abge-fordert hat. Jetzt kostet mir Prellers Reise nicht viel. Es ist doch der einzige Ort auf diesem Erdenrunde, wo doch noch etwas gründlicher Unterricht in Malerei und dergleichen gegeben wird.

Was sagt Deine Weisheit dazu?

C. A.

Schicke mir das Bild wieder.

—

¹) Vgl. Nr. 553.

555.

Die Beilagen, Geognostica betreffend, bitte ich nach Jena an Lenz zu spediren; er kann das Scriptum in die Bibliothek des Museums niederlegen.

Sehr lieb wird es mir seyn, wenn Du Prellern bekannt machen willst, daß ich ihn mit nach Gent, zu Anfang May, nehmen und ihn dorten ein paar Jahre lassen wollte. Schreibe es doch auch an van Bree. Ich glaube, daß dieser Preller etwas ganz Ausgezeichnetes werden kann.[1]

Hier ein Originalbrief von Körner; wenn sein Buch in demselben Styl geschrieben ist, wie der Brief, so wird es Aufsehen machen.

Carl August.

556.

Einen uralten Brief von Dir habe ich gestern bei meiner Ankunft hier gefunden, auch die meteorologischen Tafeln, die sehr fleißig gemacht sind. Ach Gott, mit der Meteorologie! mir ist alle Hoffnung geschwunden, je etwas Tüchtiges darüber zu Stande zu bringen, seit ich mit Seeleuten in näheren Contact gekommen bin, die behaupten, daß gar nichts davon zu erkennen sey, weil sie sich nie Regeln unterworfen, außer unter

---

[1] Vgl. Nr. 553 und 554.

der Linie, wo es beständig einerlei Wetter sey). Fluth und Strömung sei regelmäßig, sonsten aber nichts. Unser ganzer Erdball scheint in Strömungen zu liegen und jede Abweichung scheint bei uns Witterung zu seyn. Das Gewitter am 18. dieses war merkwürdig, ich habe es entstehen sehn.

Gieb doch Vulpius so viel nöthig aus Deiner unterhabenden Kasse. — Ich schicke Dir balde noch einige hübsche Sachen.

Mein alter Schwager hat viel nach Dir gefragt und grüßt Dich auf's Freundschaftlichste. Ich werde hier über 14 Tage bleiben, um künstliche Bäder in der Ruhe zu nehmen, was zu Hause nicht möglich seyn möchte, und eine Kur dieser Art muß man eigentlich als Anfang eines neuen Jahres feiern, bedeutender als den ersten Januar.

Und hiermit Gott befohlen.

G. A.

557.

17. 8. 24.

Ich bitte um Mittheilung der Details für die Parias.[1]) Beikommend übersende einige Bücher, die ich gar nicht beurtheilen kann, ob sie vielleicht für die gelehrten Arbeiten des Generalsuperintendenten Röhr dienlich seyn könnten. Ich bitte mich zu unterrichten, ob ich sie behalten soll.

---

[1]) Vgl. Nr. 547.

Einige Bewegungen in der Bibliothek wird Kräuter gemeldet haben.

C. A.

558.

10. 10. 24.

Sehr verbunden für das schöne Ebenbild des C .... H ....
Mit gütiger Erlaubniß confiscire ich es zum Besten der Sammlung dergleichen Ebenbilder, die nach und nach in Belvedere
entstanden ist.

Was sagen Ew. Hochgelahrtheit von dem sehr niedrigen
Stande des Barometers, welches seit voriger Mittwoch Nachmittag sich eingestellt hat, bis alleweile sich erhält und sogar
zunimmt; dabei den hohen Thermometerstand bei Tag und
Nacht und dabei die schöne Witterung?

C. A.

Ich lese jetzt Deinen jungen Werther in einer neuen Ausgabe, die mir sehr schön gebunden durch die Freigebigkeit Herrn
Weygands zugekommen ist.

Herrn Sprengel habe ich für seine Dedicace einen fein styli-
sirten Brief und die goldene Medaille gesendet, an Weygand auch.

559.

(November 1824.)

Die Beilage ist ein so merkwürdig historisch-charakteri-
stisches Aktenstück, daß ich nicht umhin kann, es Dir mitzutheilen.
Ich hatte nämlich Müffling geschrieben, daß am Rhein man be-

merkt zu haben glaubte, er habe den alten Blücher zu hoch gehoben und daß ich dieser Kritik mit beiträte. Darauf bezieht
sich der Brief; der meinige war durch einen Zufall verloren
gegangen und fand sich erst jetzt wieder.

C. A.

560.

16. 11. 24.

Den Müfflingschen Brief¹) will ich Dir hiermit zu erb
und eigen überlassen; lies aber fein Werk, das Dir großes
Vergnügen machen wird: Weife kann es Dir gleich liefern.

Dem Polacken danke schönstens von mir, einen Brillantring
gebe ich ihm aber nicht.

Lies doch die Memoiren von Fouché, erst Ein Band ist
erschienen.

An Canonicus Stark in Regensburg habe ich schreiben und
ihm vorschlagen lassen, die drei Manuscripte herzusenden, damit
man sie besehe, und die Preise der Incunabeln zu überschreiben.
Güldenapfeln in Jena habe ich bitten lassen, mir das Verzeichniß der Incunabeln auf der Jenaischen Bibliothek mitzutheilen.

Die wahre Küche aller jetzigen Naturereignisse scheint im Für-
stenbergischen und zwar in dem Theile des Schwarzwaldes zu seyn,
wo die reichen Bergwerke und einige Mineralquellen sich befinden.

Es möchte doch wohl nun an der Zeit seyn, das grüne

¹) Vgl. Nr. 559.

Zimmer auf der hiesigen Bibliothek, wo sonsten die Kupferstiche und Rariora waren, zu einem Lese-Cabinet einrichten zu lassen, es an gewissen Tagen zu heizen und dem Publico einen Wink darüber zu geben. Salvo meliori.

Gesegnete Mahlzeit.

C. A.

Müfflingen habe ich Dein Urtheil über seine Auslegung im Original mitgetheilt; er wird sich sehr darüber freuen. Von ihm bekam ich vorgestern die Nachricht, daß der König sich mit der Gräfinn Harrach vermählt habe.

561.

17. 11. 24.

Noch eines Artikels zu erwähnen, habe ich gestern vergessen, nämlich den Wunsch des Heinrich Müller auszudrücken, der, seine Schwäche fühlend, nach Stuttgart zu gehn seufzet, um sich das Lithographiren dorten gründlich lehren zu lassen. Deine Meinung darüber mitzutheilen erbitte ich mir und dann auch mir eine Summe vorzuschlagen, die ich ihm als Zuschuß dazu gewähren müßte.

C. A.

562.

(22. 11. 1824.)

Verzeihe! aber das Fatum hat gewollt, daß ich die Beilagen aufrollete, welche für Dich und an Dich adressirt waren, dessen Indicativum ich aber zu spät bemerkte.

C. A.

563.

22. 11. 24.

Hier ist die von Dir gewünschte Abschrift. Auf der Gräflich Wrbnaschen Herrschaft, wo die Eisenwerke sind, zwischen Prag und Pilsen, soll ein Meteorstein gefallen seyn. Vor 14 Tagen hieß es, daß der Sprudel in Karlsbad ausgeblieben wäre; hast Du etwas davon gehört?

Das Indianische Buch trübt, glaube ich, den Himmel.

Vale!

C. A.

564.

28. 11. 24.

Zur Trösterinn in den langen Winternächten habe ich Dir beifolgende Dame erkoren, die ich Dir ganz preis und zur schärfsten Kritik ganz nackend hingestellt gebe, damit Du damit machest, was Dir eben gelüstet; aber als die Culmination der Lithographirkunst erlaube, daß ich sie Dir besonders empfehle.

C. A.

565.

Viel Glück zum neuen Jahre! und zum Gruß einen Brief von einem alten Bekannten; nämlich von meinem ehemaligen Rittmeister, jetzigem pensionirten Generallieutenant von Oppen. Er ist 70 Jahr alt, hat vor ein paar Jahren zum dritten male geheirathet und mich seitdem schon zweimal zu Gevatter gebeten.

Ich warf ihm neulich vor, daß er in seinem gesetzten Alter sich
noch mit dergleichen Kindereien abgebe und führte Dich ihm
zum Beispiel an. Auf dieses beiliegende Erwiederung.

C. A.

2. 1. 25.

566. *

3. 1. 25.

Jetzt ist der junge Hoffe aus Eisenach in Berlin und litho=
graphirt dorten mit immer mehr heranwachsender Auszeichnung.
Ich glaube deswegen, daß wir wohlthun werden, noch ein
Weilchen Müllers[1]) Wunsch unerfüllt zu lassen und zu sehen
wie sich das Ding in Berlin machen möchte. In München
ist's gar betrübt, wenn man junge Leute hinschickt, sie werden
zwar recht gütig aufgenommen, Niemand bekümmert sich aber
ernstlich um ihre Studien.

Den Jenaischen Katalog der Incunabeln hebe doch der-
weilen auf, bis er complet seyn wird.

Schicke mir ein hübsches Exemplar für Oppen und schreibe
ihm etwas dazu; es wird den alten Kerl sehr freuen. Anno 14
in Paris war er im Jardin des plantes und trat in den
Verschluß, wo der Elephante hauste; der faßte ihn auf's Korn
und drückte ihn dergestalt an die mit eisernen Spitzen versehenen
Planken, daß er lange krank davon war. Er hat viel über
diesen Unfall leiden müssen, weil man behauptete, der Elephant

---

[1]) Vgl. Nr. 561.

259

sen neidisch gewesen, so eine Masse neben sich zu sehn. Du kannst dieser Geschichte mit erwähnen.

C. A.

Für die Euphorbia danken wir resp. schönstens.

567.*

Fabian Sebastian (Januar 1825).

Durch den Canzler von Müller habe ich neuerlich sehr schöne Lithographien zu sehn bekommen, die in Carlsruhe erschienen sind. Dorten hin könnte man wohl den Heinrich Müller[1]) ohne alle Gefahr reisen lassen und dorten würde er wohl ohne sonderliche Umstände aufgenommen werden. Wenn Du mir beistimmtest, so könnte wohl der Canzler von Müller das Geschäfte, dorten sich zu erkundigen, übernehmen? Salvo meliori.

C. A.

Südwind seit vorigem Sonnabend und allerhand Witterung dabei? Der Barometerstand p. p. auf dem Mittlern. Gestern 1645 Hasen geschossen.

568.*

10. Febr. 1825.

Da im Thurme an der Bibliothek in der Woche exclusive Sonntags täglich geheizt wird und immer Jemand von den

---

[1]) Vgl. Nr. 561 und 566.

17*

angestellten Officianten gegenwärtig ist, so habe ich heute der Demoiselle Facius die Erlaubniß ertheilt, dorten nach den Mustern, welche sich in der Dactyliothek von Lippert und in der Sammlung von Schwefelabgüssen befinden und die im Thurm aufgestellt sind, zu arbeiten; in der Hoffnung, daß das schöne Licht des dortigen Locals ihr förderlich seyn wird, um das Talent zu excoliren, was ihr von der Vorsehung ist gewährt worden. Da sie unter der speciellen Aufsicht und Anführung der Demoiselle Seidler zeichnet und studirt, so ist auch dieser zu jeder Zeit der Zutritt bei dieser Gelegenheit zu verstatten.

Carl August.

569.

21. 3. 25.

Die bewußte Zeichnung, welche man für eine Raphaelische halten kann, gehört der Frau von Heygendorff. Wenn Du diese darum begrüßen willst, so wird sie vermuthlich selbige Dir gerne senden.

Mir ist's mit dem Wurzelschlagen der Bäume oder holzigen Pflanzen noch dunkel, ob sie beim Okuliren, Pfropfen oder Ablatiren wirklich Wurzeln ineinander schlagen, oder auf welche Weise sonsten die Verbindung zweier Hölzer vor sich geht. Sobald es gut Wetter wird, soll Mancherlei vorgesucht werden.

C. A.

570.

2. 4. 25.

Heute Abend wird vermuthlich die erste Session[1] gehalten
werden, um Hieramens Willen zu erfüllen, und die Hütte wird
solche Meister aufnehmen, welche, das Cassia-Stengelchen unter
der Nase, im brüderlichsten Sinne das Nothwendige mit dem
Schicklichen zu verbinden verstehn, ohne den allgemeinen Baumeister der Welten, welcher auch der größte Rechner und Haus-
wirth derselben ist, durch Fehlschüsse in dem Kapitel über die
Anwendung der Kräfte zu beleidigen.

Die Erscheinung des Königstädter Theaters[2] ist mir sehr
erfreulich gewesen, weil, dorten ausgeführt, in der neuesten
Praxis ein Gedanken- und Erfahrungsbündel an das Tageslicht gestellt wird, auf dessen Aufleben ich immer Hoffnung
setzte und an dessen Belebung Baurath Steiner schon eine Weile
her arbeitete. Ob die Einschachtelung des Orchesters ins Pro-
scenium lobenswerth sey oder nicht, lasse ich so lange unan-
getastet, bis die Erfahrung uns lehren wird, was wir darüber
glauben sollen. Vermeidbar ist diese Einrichtung auf allen Fall.

Mit meiner sehr wacklichen Leibeshütte kann ich noch immer
nicht zurechte kommen, es knackt da und dorten, ohne daß man
gleich das rechte Fleck treffen konnte. Gute Nacht.

C. A.

———

[1] wegen Wiederaufbaus des am 21. März 1825 abgebrannten
Theaters. [2] in Berlin.

571.

Das Zeichnungs-Cabinet wird sich schön ausnehmen!

Die betrübte Thätigkeit, welche unser verunglücktes Theater[1] uns aufdringt, ist leider nicht von der erfreulichsten Gattung; ich hätte mir eine andere gewünscht.

Hier schicke ich Dir Etwas, was mir Soret zusammen gelegt hat, Theils aus dem Meinigen, Theils aus seinen Vorräthen.

Viel Glück zum schönen Sonnenschein!

C. A.

572.

Das ist das verlorene Schaaf. Lindenau, der eben bei mir ist, hat große Freude daran. Ich will es hier im Thurm der Bibliothek aufheben lassen, um es immer an der Hand zu haben.

Die Soret'schen Sachen habe ich behalten um sie einzutragen, ich bitte um das Verzeichniß, was noch bei Dir liegen wird.

Baldige Besserung! Gott, dem Herrn, befohlen!

In Kurzem werden wir mit Englischem Lichte beleuchtet werden.

C. A.

---

[1] Vgl. Nr. 570.

573.

Ach mein Gott! Die Zauberbretzel habe ich an alle Theile des Leibes gehalten, selbst an den Magen, sonder Effekt. Setze Du die Versuche fort, vielleicht entdeckst Du räthselhafte Gefühle. Für die Bücher danke ich bestens. Einen Cicerone werde ich schon finden. In Jena hat mich gestern das schöne Lesepult in der Bibliothek sehr erfreut und in Wöllnitz das blühende saamenliefernde Equisetum eburneum. Schade, daß von Dir ungesehn die Aurikeln und Primeln in Belvedere verblühn!

E. A.

(5. May 1825.)

574.

12. 6. 25.

Die bewußte Mondspastete, welche ich in Dornburg bekam, war mir von Anfang an ganz unzernagbar; ich gab sie deswegen an Soret und ließ ihn dran kauen. Dann wagte ich es noch einmal anzusetzen und nun bin ich doch so weit damit gekommen, daß die Gruithuisenschen Tollheiten mir Spaß zu machen anfangen. Wenn nur dergleichen Skribenten nicht verlangten, daß man sie verstehn sollte, wenn sie Griechisch schreiben, denn im libro quaestionis stehn beinahe ebensoviele griechische Kunstausdrücke, als wie deutsche Worte.

Schade, daß Du Dich nicht entschließen kannst, die Welt die Du betrittst, in freier Luft zu besehn; es blühet Alles überüppig in dem Park, unter andern die berühmte Paeonia, die ich in der Malmaison blühen sah und dann nicht wieder. Ich habe sie vor ein paar Jahren bekommen und glaubte es seyen Exemplare der Paeonia arborea, die ich schon öfters besitze, und ließ sie deswegen beim Salon ins Freie pflanzen. Siehe, sie hat den Winter leicht gedeckt überstanden und trägt drei Blumen, jede von der Größe eines Hutkopfes. Die Species Acacien sind wie beschneit, die hispida übermäßig schön und die glabra im Aufbrechen. In Belvedere ist auch Vieles zu bewundern.

C. A.

575.

Wilhelmsthal 11. 7. 25.

Für Alles Uebersendete danke ich bestens; indessen haben diese Gegenstände bei den hiesigen Mathematikern den Wunsch erregt, Dein Werk „zur Farbenlehre" hier, und die Capitel in selbigem, von welchen Du schreibst, angezeigt zu haben, damit man Deine Absicht ganz verstehe. In Eisenach ist das Buch nicht zu finden. Unterrichten soll es uns auch, ob zu den drei Prismen absichtlich oder nur zufällig eine Tafel Cronglas genommen worden ist und wie Du Dir dieses Alles zurechte legst. Beruhige also uns im Walde und schicke den Originaltext balde.

Unser Herrgott bleibt uns wieder ein Frühjahr und einen Sommer schuldig. Für den Holzabsatz ist die jetzige Witterung sehr ersprießlich. Die Ofen= und Caminfeuer gehn hier nicht aus.

Am Ende dieser Woche wird wohl die Niederkunft der Bernhard[1]) erfolgen, wir erwarten heute den geheimen Hofrath Stark von Jena.

Der Nekrolog vom alten Schnurrbart[2]) ist sehr merkwürdig und recht gut geschrieben.

Der Herzog von Clarence hat mir etwas gesagt, das ich an Doebereiner fragend mitzutheilen bitte. Der Herzog behauptet nämlich: die Dampfschiffe vermöchten nicht große Seereisen zu machen, weil die Ruder im Salz- oder gesalzenen Wasser beständig, oder lange fortwährend bewegt, sich entzündeten. Was kann daran wahr seyn?

Dieser Brief wird hoffentlich unverbrannt zu Dir gelangen und Dir von mir recht wohlig zu leben wünschen. Amen.

C. A.

576.

Wilhelmsthal 24. 7. 25.

Mit nächster Gelegenheit, mein alter Freund, schicke ich die Bücher, Prismen und dergleichen zurück.[3]) Ein concaves Glas wird mitkommen von Körners Fabrik, das ich nach Bayern geschickt hatte und Frauenhofers Kritik darüber, die ich Körnern

---

[1]) Ida, Gemahlin des Herzogs Bernhard von Weimar. [2]) Leopold, Fürst von Anhalt-Dessau, preußischer Generalfeldmarschall. [3]) Vgl. Nr. 575.

zur Beherzigung mitzutheilen bitte. Nach Soret's und Lindenau's Ansicht hat Körner den letzten Flintglas-Hafen nicht genug
erkalten lassen, denn ein Stück das Soret von Jena mit nach
Dornburg nahm, veränderte sich unterwegs. Lindenau behauptet, in Bayern ließ man 8 Tage lang, wenigstens, den Hafen
im Ofen nach und nach erkalten, ohne ihn anzurühren. Das
mag gegründet seyn. Körner möge also den nächsten Guß auf
diese Weise behandeln.

Was die achromatistische Weisheit puncto Deiner Ansicht
betrifft, so möchte eine mündliche Erklärung uns doch wohl noch
von Nöthen seyn, da bei dergleichen Versuchen die Manipula-
tion gar zu nothwendig ist und diese vom Erfinder besser geleitet werden kann, als wie durch den Nachsucher.

Zwei kalte Tage haben wir, nachdem es irgendwo gewittert haben mag, erlebt und eine sehr kalte Nacht, die heutige,
wo das Thermometer bei Tagesanbruch auf 2½, stand. Heute
ist's wieder schön warm. Die Dürre ist übermäßig; nur vorgestern Abend fielen ein paar dünne Tropfen vom Himmel.
Meine zwei hiesigen Enkel habe ich heute zu denen drei andern
nach Altenstein in die Höhle geschickt. Albert von Mecklenburg
erinnert sehr an Vater und Mutter und sieht etwas kränklich
aus, ist aber sehr unterrichtet. Ich fürchte, daß er in den
Händen von Pietisten sich befindet, die ihn ins mystische Paradies nach Zürich schleppen. Gott befohlen.

C. A.

577.

In dem erbärmlichen Zustand, in dem du das hübsche Instrument von Daniell[1]) finden wirst, kam es gestern an; aber es war weder in Baumwolle, noch in sonst Etwas gepackt. Vielleicht kann es Doebereiner wieder repariren oder genau copiren lassen.

Wenn Du doch von meinetwegen, aber in Deinem Namen, dem Autor danken wolltest, beiläufig könntest Du erwähnen, daß das Instrument zerbrochen angekommen wäre. Die Engländer bilden sich immer ein, Alles ging zur See und packen sehr schlecht; mit den Pflanzen geht's auch nicht besser.

Hier ist's seit etlichen Tagen bitter kalt. Des Morgens 2 °. Lebe recht wohl.

C. A.

578.

1) Durch die vom Minister Lindenau angewendete Unterhandlung habe ich aus der Thümmelschen Verlassenschaft, in Altenburg, für den Metallwerth mehrere galvanische Apparate acquirirt, über deren Ablieferung beiliegend eine Quittung eingeht. Dr. Doebereiner kann nun sämmtlich Angelangtes ins Inventar nehmen und daraus, zu dem gefügt, was schon vorräthig war, einen sehr ansehnlichen galvanisch-Zambonischen Apparat

---

[1]) Vgl. Goethe's Werke, LI, 259.

formiren. 2) Eine kleine Moossammlung, auch für Jena. 3) Die Erklärung eines Gemäldes, welches van Bree gefertigt hat und sich in der Ausstellung befindet.

Uebrigens ist in der Ausstellung noch angelangt ein Bild von Preller und das Portrait des todten Herzogs Wilhelm von Braunschweig, von van Bree gemalt.

Schönsten Dank für das, was am 3. September Nachts[1]) bei Dir, mein lieber alter Freund! mir zu Ehren, geschehen ist.

C. A.

579.

16. 9. 25.

Baldige Wiederherstellung der Gesundheit anwünschend, schließe ich hier eine lustige poetische Floskel eines Bauern bei.

Dem Cammer=Consulent Schwanß ist auf's Schönste für sein Votiv=Geschenk an die Bibliothek zu danken; — hoffentlich. — Die Lippertsche Dactyliothek ist mir für 200 Thlr. zu Theil geworden, durch Lindenau's freundschaftliche Nachgiebigkeit. Das Exemplar ist wirklich das bekannte. Ob auf der Bibliothek, oder beim Münzcabinet, oder im Jägerhause bei den Kunstsachen? Diese Wahl des Locals wo die Dactyliothek aufgestellt werden könnte, überlasse ich ganz Deinem Ausspruch.

In Gotha habe ich mit Sorel die allervortrefflichste Con-

---

[1]) zur Feier des Regierungsjubiläums des Großherzogs.

chylien-Sammlung diesen Sommer gesehn, die vielleicht auf dem Continente ist.

Doebereiner muß jetzt ungeheure Experimente mit dem Galvanismo anstellen können.

Gott befohlen

Œ. λ.

580. *

9. 10. 25.

Nicht jeden Professors Abwesenheit wird der Academie so viel Nutzen bringen, als wie die von Professor Hand.[1]) Dieser hat gut und sehr uneigennützig gesammelt.

Du wirst wohl mit ihm die Abrede nehmen, wie weiter zu verfahren sey, um den guten Willen der St. Petersburger Akademie zu benutzen, was für Dankbarkeitsbezeugungen, wie, an wen? rc. Dieses überlasse ich Dir, mit gewohntem Zutraun, zu ordnen.

Hier schicke ich die ganze Sammlung, welche für das mineralogische Cabinet in Jena unschätzbar ist. Der Auszug aus der Handlungs-Zeitung ist wohl der Sammlung mit einzuverleiben.

Die Kupfer gehören zur hiesigen Bibliothek. Hand ist wohl so gefällig, eine kleine Notiz dazu zu schreiben, bis daß der Text selbst komme.

---

[1]) Dr. Ferdinand Hand, Professor der Philologie in Jena.

Graf Sternbergs Brief ist sehr liebenswürdig, empfiehlt mich ihm bestens. Leb wohl.

C. A.

Ich habe diese vergangene Woche Professor Renner in Jena besucht. Er ist sehr fleißig im Seciren und Aufstellen, nicht aber im Aufzeichnen (Zettelaufkleben oder Numeriren) noch im Catalogisiren. Das Haus ist gewiß in Kurzem zu klein für die Sammlung und alsdann wird sie doch wohl ins Schloß ziehen müssen? aber vorher wäre das Catalogisiren doch sehr wünschenswerth.

Sieglitzens[1] Bericht über den Befund der Instrumente auf der Sternwarte wünsche ich zu sehn; leider fand ich weder ihn noch Doebereiner heimisch.

581.

Ew. Königliche Hoheit
vermißten neulich in Jena den Präparaten-Catalog der Veterinairschule.[2] In Erinnerung, daß ein solcher vorhanden sey, ließ ich sogleich nachforschen und Höchstdieselben belieben aus beiliegendem Vortrag den Erfolg gnädigst zu ersehn.

Die Nummern werden gegenwärtig aufgeklebt, größere und zum didactischen Zweck zunächst nicht geforderte platzversperrende Präparate sind schon ins Schloß geschafft und so wird

---

[1] Mechanicus in Jena. [2] Vgl. Nr. 580.

man fortfahren, damit nichts Nothwendiges entfernt werde und nichts Ueberflüssiges den Raum beenge.

Mit angelegener Bitte, Höchstdieselben mögen, wenn etwas bei diesen Anstalten sich zu erinnern findet, solches gnädigst bemerken, auch der Beseitigung der Mängel und der Ausführung des Wünschenswerthen jedesmal überzeugt bleiben.

Weimar   (G.)
den 16. October
1825.

582.

4. 11. 25.

Gestern Abend war eine merkwürdige Epoche für meteorologische Ereignisse: der Barometer stand 2‴ unter 27, der Hygrometer auf 70. Der Himmel war regenschwanger und nahe dem Gebühren; dem ungeachtet fiel kein Tropfen Wasser vom Himmel. Der Sturm war entsetzlich. Der Manometer ist bei solchen Fällen das einzige Instrument, was sich klar ausspricht, indem es wenigstens die Densität und Elasticität der Atmosphäre anzeigt und andeutet, daß es nicht regnen könne.

Wissen wir doch nun, von wo und wohin der Wind fährt. Das alte Testament hat uns schon alle Hoffnung abgesprochen, dieses jemals zu ergründen.

Willkommen in Weimar! am 7ten[1] dieses!

C. A.

---

[1] Jahrestag der ersten Ankunft Goethe's in Weimar.

583. *

Sehr werthgeschätzter Herr geheimer Rath und Staatsminister!

Gewiß betrachte ich mit allem Rechte den Tag, wo Sie,
Meiner Einladung folgend in Weimar eintrafen, als den Tag
des wirklichen Eintritts in Meinen Dienst, da Sie von jenem
Zeitpunkte an nicht aufgehört haben, Mir die erfreulichsten Beweise der treuesten Anhänglichkeit und Freundschaft durch Widmung Ihrer seltenen Talente zu geben. Die fünfzigste Wieder-
kehr dieses Tages erkenne ich sonach mit dem lebhaftesten Vergnügen als das Dienstjubelfest Meines ersten Staatsdieners,
des Jugendfreundes, der mit unveränderter Treue, Neigung
und Beständigkeit Mich bisher in allen Wechselfällen des Lebens
begleitet hat, dessen umsichtigem Rath, dessen lebendiger Theilnahme und stets wohlgefälligen Dienstleistungen Ich den glücklichen Erfolg der wichtigsten Unternehmungen verdanke und den
für immer gewonnen zu haben, Ich als eine der höchsten Zierden
Meiner Regierung achte. Des heutigen Jubelfestes frohe Veranlassung gerne benutzend, um Ihnen diese Gesinnungen auszudrücken, bitte Ich der Unveränderlichkeit derselben sich überzeugt zu halten.

Carl August.

Weimar den 7. November
1825.

Nachschrift.

Auch ein minder vergängliches Zeichen soll, sehr werthgeschätzter Herr geheime Rath und Staats-Minister, das seltene
und mir besonders erfreuliche Jubelfest der Mit- und Nachwelt
verkündigen; in solcher Absicht ist, mit Einverständniß meiner
Gemahlinn, die anliegende Denkmünze geprägt worden. Empfangen Sie durch deren Widmung ein dauerndes Denkmal
Unsrer Gesinnungen und gleichzeitig die wiederholten aufrichtigsten Wünsche für die Fortdauer Ihres Wohlbefindens.

Carl August.

584.

15. 12. 25.

ad 1. Die Abdrücke der Stoschischen Sammlung geschnit-
tener Steine sind ausserordentlich scharf und schön. Das ist
eine Zierde mehr für unsere Gelehrten- und Künstlerburg an
dem Schützengraben.[1]

ad 2. Von dem Herrn Brede (?) habe ich schon Mehreres erhalten und ihm gewöhnlich, mit fremder Hand geschrieben,
geantwortet. Diesesmal soll dasselbe, aber mit Beilegung einer
silbernen Medaille geschehen. Das Ganze werde ich Dir zur
gütigen Bestellung zusenden.

ad 3. Von der Standeckschen Triumphpforte mag ich in
diesem Leben nichts mehr sehn.

Weise den Mann ab.

---

[1] Die Bibliothek. Vgl. Nr. 579.

Die Schreckenspost[1]), von der wir gestern Abend von Berlin aus die erste Nachricht, ohne alle Nebenumstände, bekommen haben, wird wohl auch zu Dir gedrungen seyn? Ein wichtig Haupt hat sich gesenkt! Die Folgen davon sind unübersehbar.

C. A.

585.

17. 12. 25.

Gestern Abend ist die Bestätigung der traurigen Nachricht eingelaufen, von der neulich schon die Rede war. Kaiser Alexander ist den 1. dieses zu Taganrog gegen Mittag verschieden; die Folgen einer Erkältung, nach einem Krankenlager von praeter propter 12 Tagen, haben sein Ende bewirkt. Der Tod soll sehr sanft gewesen seyn. Vor der Hand ist Constantin als Thronfolger erkannt worden, zwar unter der Hand nur, da er bei seiner Abreise von Warschau den Tod des Kaisers hat verheimlichen und weder die Truppen noch das Civil schwören lassen. Man vermuthet daher, daß er vielleicht den Thron nicht besteigen wolle. Die Folgen von Alexanders Abscheiden sind unübersehbar und schwer zu errathen.

Das Zietheusche Monstrum für Blücher[2]) wird wohl schwerlich zu Stande kommen. Vielleicht wäre es dem Erfinder der Idee lieb.

Könnten doch die Meteorologen die Tropfen Wassers zäh-

---

[1]) Der Tod des Kaisers Alexander I. von Rußland. [2]) Grabdenkmal.

len, die nach unserer Ansicht wenigstens jetzt zu viel vom Himmel fallen, und die Masse der Sonnenstrahlen, die uns der
Himmel schuldig bleibt.

C. A.

586.

Prosit das Neujahr 1826!

Hage wird Dir sagen, mein lieber alter Freund, daß,
so viel man nachkommen kann, die Schatulle ein paar Hundert Fl.
bei von Schreibers gut hat. Willst Du nur ihm schreiben, er
möchte für die geringe Summe uns etwas schicken; ein paar
Skelette, oder irgend so Etwas.

An geheimen Hofrath Stark habe ich den Aufsatz von
Ew. Liebden puncto der Haarkrankheit gegeben, damit dieser
interessante Gegenstand doch in eines Künstlers Hände komme.

Wenn Du die Details der bei Rehbeins Section aufgefun-
denen Eigenheiten hören oder lesen wirst, so wirst Du Dich
verwundern müssen, daß der brave Mann nur hat leben
können!

Gott befohlen.

C. A.

587.

4. 2. (1.) 26.

Zweierlei trage ich hiermit vor.

1) Ein Brief des Schiffscapitäns der Pallas, der Bernharden nach Amerika brachte. Ich frug ihn, ob er durch seine
Erfahrungen wohl manchmal entdeckt hätte, wo ein Sturm,

der über die See kommend die Meeresküsten anfiel, entstünde? Hierauf seine Antwort.

2) Die Nachricht, daß Dr. Wolff, der Improvisator, sehr gewünscht hat, als Professor der Französischen, Englischen und Italienischen Mundarten beim hiesigen Gymnasium angestellt zu werden, und sehr billige Forderung dafür machte. Da meine Eitelkeit mich reizte, dem Ilm-Athen den ersten Unternehmer der Improvisirkunst im Dienste einzuverleiben, so ließ ich mich in Negotiation ein und zwar nur auf ein paar Jahre, auf die Probe, und unter der Bedingung, sich einem scharfen Examen zu unterwerfen. Zu diesem war er sogleich erbötig und er reisete sogleich auf mein Geheiß und mit einem Brief von mir versehn nach Gotha, woselbst ihn Herr von Bridel de la Briderie sehr in die Klemme nahm und ihm sehr starke Kunststücke zu machen auftrug. Hieraus hat er sich so ausgezeichnet gut gezogen, daß ihm Bridel ein Zeugniß gegeben hat, welches Dr. Wolff die größte Ehre macht. Herr Bridel und Minister von Lindenau wünschen uns Glück zu dieser Acquisition und rathen, sie werth zu halten.

Id quod erat recitandum.

C. A.

588.

31. (1.) 26.

Beiliegendes Blatt schickte geheime Rath Wedekind[1]) vor etlichen Tagen durch Rath Hage an mich, mit der Aeußerung,

---

[1]) großherzoglich hessischer Leibarzt in Darmstadt.

daß Dich vielleicht der Aufsatz einige Augenblicke anziehen möchte. Dieses sey hiermit versucht. Der Gegenstand ist schon öfters umgerollt worden und mit andern Traumworten ist, scheint's mir, dasselbe schon gefabelt worden. Mir schien's nichts Neues zu seyn und nichts sehr Geistreiches.

Wie hat Dir der Improvisator[1]) zugesprochen? Sage mir nur ein paar Worte über ihn, ohne Dich sehr anzustrengen.

Die elenden Begierden, deren Folgen uns aus dem Paradiese getrieben haben und Rehbein selbst wo anders hinriefen, weil er unter uns nicht mehr passen durfte, nöthigen mich an Rehbeins Stelle einen andern Schiffsmann anzuschaffen, weil dem guten Huschke die Ruder allzusehr den Händen entschwinden. Ich will Dr. Cunitz dazu wählen, in Eisenach, der hat unser aller Räderwerk schon öfter einschmieren helfen und besitzt das allgemeine Zutrauen. Auch Deine Achse wird er gehörig für alles Stocken zu hüten suchen. Es ist gar gut mit ihm leben, wenn man an seine Manieren gewöhnt ist. Wedekind hält große Stücke auf ihn.

Mein Mittelsmann verfügt sich auch wieder in die Ordnung; der hatte aber diesmal einen groben Stolper gemacht; gerade das Jahresfest seines vorjährigen Unbills.

Lebe wohl.

E. A.

---

1) Vgl. Nr. 587.

589.

Schwerlich wird Nees von Esenbeck uns diensame Vorschläge[1]) thun können; eher säubest Du wohl noch Jemanden
in Berlin oder in Deiner Vaterstadt, der uns Leute nennen
könnte, die zur Auswahl uns dienten. Der Dr. Schellenberg
in Neustadt a/O. ist nichts für uns. Der Hofrath Stark weiß
Niemanden vorzuschlagen; der ältere macht lauter schiefe Empfehlungen. Ueberlege, ob nicht Jemand Deiner Bekanntschaften Dir einfällt, um befragt zu werden.

C. A.

590.

Beiliegende Hefte enthalten, meiner Meinung nach, so
wichtige Gegenstände und so manches Neue, daß ich sie Dir
zum Lesen zu empfehlen wage. Gieb sie nur hinterdrein auf
die Bibliothek, wo man schon wissen wird, wo sie hinkommen
müssen.

C. A.

21. 2. 26.

591.

Die Buchstaben A. B. C. bezeichnen die Reihenfolge der
Blätter, so wie sie bei mir angelangt sind. Es scheint also,

---

[1]) hinsichtlich eines Nachfolgers für den Leibarzt Dr. Rehbein.

daß die Herren Collegen einig in der Empfehlung des Dr. Vogel sind.[1]) Ich hatte dem General von Müffling geschrieben, daß dem Arzte 800 Thlr. zu bieten sey, die Besoldung, welche Dr. Rehbein zuletzt hatte. Hast Du nun vielleicht von Langermann etwas privatim derweile über den bewußten Gegenstand bekommen? Wenn nicht, so frage ich: meinst Du daß man dieses noch abwarten solle? oder willst Du eine Veranlassung dazu geben, oder meinst Du, daß die Nachfragen nun hinlänglich beantwortet wären und ich mit Dr. Vogel schließen solle?

C. A.

Mache ein Actenfascikel aus allen denen Papieren.

592.

Hier ein Boettigeranum! Mich sollte es wundern, wenn die Statue gut oder gar vorzüglich wäre, daß sie der jetzige König von Bayern nicht zur Glyptothek genommen hätte. Für uns ist dieser Handel nicht.

Es wäre die Frage, was man lieber für eine Quaal erlitte, um zu vermeiden, mit denen Jenaischen Professoren afficirt zu werden?

Von Bernhard habe ich so eben einen Brief von den ersten Tagen Februar aus Neworleans bekommen. Er hat die Tour

---

[1]) Vgl. Nr. 588 und 589.

nach Mexiko aufgegeben, fährt den Missisippi hinauf und wird vermuthlich im July wieder in Europa seyn.

Laß Dir von Meyer die Sposalizj[1] illuminirt zeigen. Ich habe sie so eben von Mayland bekommen.

Dr. Vogel[2] in Liegnitz hat die hiesigen Anträge angenommen und kömmt balde. Geheime Rath Hufeland hat mir sagen lassen, er wünsche uns sehr Glück zu dieser Acquisition, es wäre der Beste, den er uns hätte vorschlagen können.

21. 4. 26.   C. A.

593.

Ew. Königlichen Hoheit

habe allerdings zu klagen, daß mich St. Peter, wahrscheinlich wegen vernachlässigter Jubiläumsprozession, mit einem, noch jetzt halsstarrigen Uebel gestraft hat, welches mir um desto schmerzlicher fällt, als ich mich mit Luft, Park und Garten zu befreunden, ernstlichen Anfang gemacht hatte. Und so bleibt denn abermals nichts übrig, als Geduld und ruhige Zimmerthätigkeit.

Möge die Rückreise Ihro Hoheit, des Herzogs Bernhard, wie die Hinreise glücklich seyn.[3] Freilich lag bei einer Expedition nach Mexiko noch manche Zufälligkeit im Hintergrunde. Dürfte ich wohl um Mittheilung einiger Hefte des Tagebuchs

---

[1] nach Rafael.   [2] Vgl. Nr. 588, 589 und 591.   [3] Vgl. Nr. 592.

geziemend bitten? Ich wünschte, durch bekannte und unbekannte
Theile der nordamerikanischen Staaten an der Hand dieses
wackern Fürstenmannes wohl einen Besuch abzustatten.

Der Antrag des tüchtigen Alterthumsfreundes will auch
mir nicht gefallen. Eine solche Statue möchte allenfalls in einer
historischen Reihe interessant seyn; alleinstehend würde sie weder
belehren, noch erfreuen.[1]

Eben so ist es mit den Aegyptischen Mumien und sonstigen Alterthümern dorther. Was will das heißen: „Ein
unerläßlicher Bestandtheil eines Museums?" Es
sagt im Grunde weiter nichts als: Das ist nun ein Mode-
artikel und die Mode spricht: Was viele haben, muß Jedermann haben. Zu was es nutzt, fragt Niemand. Dagegen
läßt sich ganz ruhig abwarten, was für hohe Kenntnisse uns
aus allen diesen Arbeiten zu Gute kommen mögen. Am un-
widerleglichsten werden wir dadurch belehrt, daß die Priester,
wie überall, besonders auch in Aegypten ihr Handwerk sehr gut
verstanden haben. Sie machten mit den Todten so viel Umstände nur, um die Lebenden zu beherrschen.

Das Raphaelische Bild[2] macht farbig einen besonders
guten Eindruck; die große Bescheidenheit des Colorits fügt sich
so schön zu der übrigen demüthigen Anmuth des Ganzen und
es ist wirklich, als wenn man einen neuen Gegenstand sähe.

Staatsrath Langermann drückt sich neuerlich folgender-

---

[1] und [2] Vgl. Nr. 592.

maßen aus: „Ich kenne zwar Vogel[1]) nicht von Person, doch hat ihn mir der verstorbene Regierungs-Medicinalrath Dr. Rausch vielfach als einen ausgezeichneten Arzt gerühmt, dem auch während seiner langen Krankheit seine Geschäfte übertragen wurden. Ich habe daher alle Ursache, dem Urtheile des Herrn Rust zu vertrauen und trete gern mit meinem Vorschlag zurück."

Unterthänigst

J. W. v. Goethe.

Weimar
den 22. April 1826.

594.

10. 6. 26.

Morgen werde ich Dich besuchen, mein lieber alter Freund, und vernehmen; möge ich Dich recht wohl finden.

C. A.

595.

Wilhelmsthal 11. 7. 26.

In dieser grünen, mit Wald umgrenzten Aue seit ein paar Tagen angesiedelt, erkundige ich mich nach Deinem Wohlbefinden, mein lieber Freund, und nach Deiner Beurtheilung des Dr. Vogel[2]), der ein wichtiger Mann für uns Beide wer-

---

[1]) Vgl. Nr. 588, 589, 591 und 592.   [2]) Vgl. Nr. 588, 589, 591; 592 und 593.

ben wird, weil unfer Mechanismus etwas fehr wackelig fich
befindet.

Der meinige weicht gewaltig aus feinem Gleis und hindert mich fehr, der Gottähnlichkeit näher zu rücken; mein Colon
erinnert mich leider fehr an die Unvollkommenheit der menfch-
lichen Bildung, oder an deren leichte Desorganifation. Etliche
Bäder in Teplitz — ich nahm deren 5 inclusive 2 Douche-
bäder, — haben mich fehr aufgefrifcht und den alten Zauber
bewährt, den diefes Waffer über mich ftets ausgeübt hat. Leider hatte ich mich diefes Jahr nicht fo eingerichtet, dorten bleiben zu können; die etlichen Bäder haben fehr wohlthätig auf
mich gewirkt. Bei einer Unterredung über die Thermalbäder
habe ich vom Grafen Caspar von Sternberg erfahren, daß das
jetzt fo fehr gepriefene Bad von Ifchl, welches fehr häufig mit
Nutzen befucht wird, nichts wie reines Elementar= (unzerfetz-
bares) Waffer enthält, das aber einen gewiffen Hitzgrad von
der Natur bekommen hat, in welchem man die Wirkfamkeit des
Bades, als wie ein Arzneimittel, fuchet. Ich war zwei Tage
in Prag, wo die beiden Grafen Sternberg mir mit großer
Sorgfalt die öffentlichen Sammlungen zeigten. Graf Caspar
Sternberg wird jetzt in Carlsbad feyn.

Mit Befuchen find wir hier überladen, jetzt ift Prinz
Leopold von Coburg hier.

Lebe recht wohl.

Carl August.

596.

Diesen wohl abgerichteten Vogel[1] entlasse ich wieder, da- mit er in seinen selbst gewählten Käfig fliege und zwar mit dem Zeugniß daß er mir und, wie es scheint, allen hiesigen Anwesenden sehr gefallen hat. Ich wünsche sehnlich, daß er Deines Zutrauens sich immer würdiger mache und Du, mein lieber Freund, geduldig und gehorsam Dich zu dieses Meisters Füßen setzest.

Bernhard wird sehr geschmeichelt von dem Urtheile seyn, das Du seinem Journale gewährt hast. Er sollte vorgestern in Gent selbst eintreffen; hoffentlich ist er Anfang künftiger Woche bei uns.[2]

Morgen reise ich nach Brückenau, um den König von Bayern zu sehn, und komme Freitag zurück. Das Wetter ist sehr anlockend zu so einer Tour. Ueber den hohen Kreuzberg und die Rhön werde ich den Rückweg hierher nehmen und die Basalte besuchen. Heute Mittag erwarten wir die Preußischen Kronprinzlichen zu Tisch. Lebe recht wohl.

C. A.

Das Thermometer zeigte diesen Morgen nur 5°.

---

[1] Vgl. Nr. 588, 589, 591, 592, 593 und 594. [2] Vgl. Nr. 592 und 593.

597.

Der Herzog und die Herzoginn von Clarence wollten Dich
heute Vormittag besuchen und möchten die Zeit wissen. Bis
eilf Uhr werden sie wohl in Belvedere seyn, hinterdrein aber
gerne kommen. Vorher im Vorbeifahren könnte wohl die Ausstellung mitgenommen werden?

C. A.

Weimar 4. 9. 26.

598.

11. 10. 26.

Ich habe gar nichts dagegen, wenn Coudray vier bis
sechs Wochen länger ausbleiben will; die Zeit, die er sich vor-
gesteckt hat, ist freilich viel zu kurz. Schreibe es ihm mit um-
gehender Post; ich will hier seine vorgesetzte Behörde von der
Verlängerung seines Urlaubes in Kenntniß setzen. Er versäumt
hier nichts, was nicht nachzuholen wäre.

Die Erfahrungen, die an der Brücke der Invaliden gegenüber sind gemacht worden, schrecken sehr von dieser Bauart
ab. In Petersburg ist ein solches Unternehmen besser gerathen.

Der Verlust, den wir an Heidloff gemacht haben, ist gar
nicht genug zu beklagen.

Lebe recht wohl.

C. A.

599.

Beiliegende Briefe übergab mir der von Schiller vor etlichen Tagen. — Ich kann mich nicht ganz über die Frage verständigen, ob es ihm lieb seyn würde, selbige Briefe wieder zu besitzen, um sie mit in der Correspondenz seines seeligen Vaters abdrucken zu lassen, oder ob er keinen Werth darauf legt. Nach meiner Ansicht können sie historisch genommen, einigen Werth für den Herausgeber der Schillerschen Werke haben, sonsten nicht. Ihren Inhalt finde ich nirgends anstößig und mit Weglassung des letzten dieser Briefe, der cassirt werden könnte, ist der Inhalt der andern sehr unschuldig. Ich würde also gar nichts dagegen haben, wenn Du diese Originalbriefe an p. Schiller wieder zustelltest und ihn in meinem Namen autorisirtest, sie mit abdrucken zu lassen, wenn Dieses ihm angenehm oder nützlich seyn sollte.

Carl August.

600.

Nach Verlauf von 20 Jahren wäre es merkwürdig, noch zu erleben, welche Richtung und Form das Französische Theater wird genommen haben? Mit Talma möchte wohl das Buch der großen Talente dieser Art geschlossen worden seyn und das Jahrhundert scheint auch nicht gemacht zu seyn, um Dichter in Frankreich zu erwecken, welche für das eigentliche ausschließliche Talent der Schauspieler zu arbeiten im Stande wären. Die ältern Französischen Dichter haben gewiß, bei Dichtung ihrer Stücke, mehr an die Aufführer derselben, als wie an ihr eignen Vergnügen gedacht. Mir scheint es wenigstens so.

Remden[1]) will ich hier bis zu Coudrays Rückkunft behalten und dann sehen, was weiter zu thun seyn wird.

30. 10. 26.
C. A.

601.

7. 11. 26.

Was beikommendes Kästchen enthält, sollte am heutigen Tage Dich vor dem Jahre begrüßen; einstweilen ist dieses Kunstwerk sehr verändert worden und es scheint mir, daß es in seiner jetzigen Gestalt würdiger ist, Dir gewidmet zu werden, als wie in der vor dem Jahre.[2])

Mögest Du die Wiederholungen des Festes noch oft fröhlich wieder kommen sehen und genießen. Unter uns bleibe es immer beim Alten. Amen.

Carl August.

602.

13. 11. 26.

Schönen Dank für die Mondsgesichter. Wenn meine Treppe nicht so hoch wäre, so würde ich Dir meine gegen Morgen

---

[1]) angehender Maler.   [2]) eine Medaille auf Goethe's Dienstjubiläum. Vgl. Nr. 583.

liegenden Zimmer zum Beobachten anbieten. Die Bibliothek-
zimmer, gewärmt, würden aber für Dich wohl bequemer seyn.

Eine merkwürdige Bemerkung haben hier die Gärtner und
andere Beobachter gemacht, nämlich die, daß bei denen zwei
neuerlichen Epoquen, wo es bei uns so scharf fror (vorgestern
z. B. 8°) die Kälte mit Aufgang des Mondes eintrat und mit
ihm bis zum Culminationspunkte desselben stieg und so auch
mit ihm bis zu seinem Untergang fiel und zwar so weit, daß
das Thermometer hinterdrein auf + zu stehn kam.

C. A.

603.

19. 11. 26.

Daß wir die schönen Sachen v. R. E. gratis bekommen,
ist eine schöne Gewohnheit, welche der Königlichen Munificenz
zu danken ist. Den Uebersender werde ich selbst schriftlich begrüßen.

Die 15 Fl. daran zu wenden, um in Connexion mit denen
unirten Botanikern zu treten, ist wohl der Mühe werth. Besorge Dieses gefälligst.

Auch ich habe den Mond nicht ehe gesehn, bis daß er rein
gewaschen war.[1]

Die Javanische Molluske ist ein seltsames Naturwerk, es

---

[1] Vgl. Nr. 602.

sieht aus, als wenn die Natur Skizzen gemacht hätte, ehe sie wirklich zur Bildung ganzer Tableaux übergegangen wäre. Die Amaranthen-Familie ist mir zu weitläufig ausgedehnt und der Teufel mag alle Aehnlichkeiten einer so zahlreichen Sippschaft herausfinden.

C. A.

604.

24. 11. 26.

Sage, o sage mir, ist's auf Dein Geheiß, daß heute, wo Anschein zu gutem, heiterm, vielleicht kaltem Wetter eintritt, der Barometer so widernatürlich tief fällt? Wozu dieses Räthsel?

Zugleich berichtige ich, daß ich gestern von Wien und von Karlsruhe, unter gleichem Datum des 14. dieses, die Klagen von erstem Orte her empfangen habe, daß dorten der Schnee so schwer auflage, und vom zweiten Orte die größten Lobeserhebungen des vortrefflichen Herbstes, wo sich noch keine Spur von Reif gezeigt habe, die Dahlien, Georginen, Daturen im Freien prächtig blühten.

Noch kann ich nicht verschweigen, daß die Serbischen Lieder[1] gar nicht mehr von mir kommen und ich alle, täglich etliche davon, lesen muß.

C. A.

---

[1] übersetzt von Wilhelm Gerhardt.

605.

27. 11. 26.

Den Aſtronomen[1] wirſt Du wohl zu ſeiner und einer ſchicklichen Zeit an eine nahrhafte Quelle befördern. Der Zuſtand der Meteorologie giebt uns Urſache zum Verzweifeln; balde darf man glauben, daß ſie mit Händen zu greifen wäre, augenblicks darauf iſt ein anſcheinender Anhaltepunkt wie eine Wolke zerfloſſen.

Beiliegend einige Beſchreibungen der Feſte aus der Nachbarſchaft.

Bernharden habe ich eingehändigt, was Du mir puncto ſeines Journals geſchrieben haſt.[2] Er mag nun mit den langbeinigen Zeitungs-Fabrikanten das Weitere bereden.

Für das ſchöne Geſchenk Deines Dedications-Exemplars der Serbiſchen Lieder danke ich auf's Allerverbindlichſte.[3] Der Gegenſtand dieſer Sammlung hat mich vermocht, der alten Geſchichte mich wieder zu nähern, die, wenn man ſie recht in's Auge faßt, Einen ebenſo verwirrt macht, als wie das Nachforſchen über die Witterungslehre. Es ſcheint wirklich, daß die Natur des Erdballes demjenigen widerſtrebte, was wir in unſerem europäiſch-mittelländiſchen Sinne Cultur heißen.

Reichard's, des Gärtners, Spruch fällt mir immer dabei ein, „daß die Natur ſich forciren wohl, aber nicht zwingen ließe".

---

[1] Schrön. Vgl. Nr. 607. [2] Vgl. Nr. 592, 593 und 596. [3] Vgl. Nr. 604.

Durch Riemer[1]) habe ich mir Alles, was zur Serbischen Literatur gehört, bestellen lassen; so auch ein Ersatz-Exemplar der Lieder für Dich.

Schlafe wohl.

C. A.

606.

2. 12. 26.

Der Autor beikommenden Werkchens, — er wird bald hier erscheinen, — ist der Neffe des Fürsten Wittgenstein in Berlin, und sehr von dem Onkel protegirt und empfohlen.

Ich las gestern in Deiner Kunst und Alterthum unter andern den Aufsatz über die Serben[2]), und auch mir schien es, daß man dieses Volk mit irgend Etwas vergleichen müsse, um sich eine Art von Vorstellung ihrer geistigen Richtung zu machen, und da kam es mir vor, daß das Geschlecht, in botanischer Mundart geredet, dasjenige wäre, zu welchem die Schottischen Hochländer mitgehören, in dem Sinne genommen nämlich, wie Walter Scott sie mit ihrem Hexenglauben darstellt, ohne auch die eigentliche Theologie dieser Leute zu erklären. Im Norden sind nun freilich die Leidenschaften und ihre Folgen anders organisirt, wie die der Südländer; deswegen ist auch gegen Norden hin mehr Sittlichkeit und weniger Heftigkeit des Tem-

---

[1]) Friedrich Wilhelm, Bibliothekar in Weimar. [2]) Vgl. Nr. 604 und 605.

peramente. Deswegen möchte auch wohl die altschottische Poesie mehr Regelmäßigkeit in sich entdecken lassen, als wie in der Serbischen; dafür hat die Schottische auch nicht das niedlich Spielende wie die andere. Schon die Waffen sind anders; der krumme scharfe Säbel ist fixer bei der Hand und schneidet flugs Alles in zwei Stücke. Das lange gerade Schwert verlangt eine umsichtigere Führung u. s. w.

Das Christenthum ist bei beiden fast dasselbe Vade mecum und der Anzug, auf welchem das bunte Gewebe sitzt.

Verzeih dieses überflüssige Geschwätze

C. A.

Von Belvedere sollst Du balde eine rechte zierliche Luftpflanze bekommen, Epidendrum elongatum.

607.

18. 12. 26.

Wenn Du wünschest, daß Schrön[1]) sich dem General von Müffling vorstelle, so ist jeder Morgen von 8 bis gegen 10 Uhr sehr schicklich und General von Müffling wird ihn gern empfangen.

Von Lindenau's Rückkunft weiß ich weiter nichts, als daß er täglich in Altenburg erwartet wird; sobald ich seiner habhaft werden kann, so soll er gemahnt werden.

Die Serbischen Neuigkeiten erwarte ich mit Ungeduld.[2])

---

[1]) Vgl. Nr. 605. [2]) Vgl. Nr. 601, 605 und 606.

Minister von Humboldt wird balde hier seyn; er war etliche Tage in Jena und wird heute nach Rudolstadt gereiset seyn. Im Laufe dieser Woche wird er hier eintreffen.

C. A.

608.

2. (1.) 27.

Alles mögliche Gute wünsche ich Dir, mein lieber alter Freund, und häufig solche aufheiternde Besuche, wie uns zu Ende des verflossenen Jahres wurden.[1] Das neue Jahr hat sehr schmutzig, trübe und stürmisch angefangen; hoffentlich soll dieses Ereigniß von keiner üblen Vorbedeutung seyn.

General Müffling und Minister von Humboldt haben mir gesagt, daß sie Dir vorgeschlagen haben, den Dr. Schrön[2] nach Königsberg zum Professor Possel (so heißt er glaube ich) zu senden. Jetzt, da mir ein ziemlich starkes Stipendium zugefallen ist, so könnte ich Deine Kasse ein bischen unterstützen, wenn es zu diesem Behufe nothwendig seyn sollte.

Lebe wohl.

C. A.

609.

Ew. Königlichen Hoheit

danke zuvörderst verpflichtet für die mir gegönnten Geist enthaltenden Flaschen[3]; ich bin über-

---

[1] der Prinzen Wilhelm und Karl von Preußen, letzer als Verlobter der Prinzessinn Marie von Weimar. [2] Vgl. Nr. 606 und 607. [3] echten Cognace. Vgl. Nr. 611.

zeugt, daß der Genuß desselben gewisse Systeme anregen und be-
wirken wird, daß ihre Thätigkeit den übrigen zu Gute komme, weshalb sogleich der Versuch mit vollem Vertrauen angestellt werden soll.

Sodann werde zu folgender Frage veranlaßt: Erlauben
Höchstdieselben, daß das gegenwärtig in meinen Händen befind-
liche und vom Mechanikus Bohne revidirte Amicische Mikroskop dem geheimen Rath Sömmering in Frankfurt zugesendet
werde? Derselbe hat solches schon längst gewünscht und Hofrath Voigt, der gegenwärtig, wie er mir meldet, ein neues
aus London empfangenes Instrument, pancratic Eye-tube
genannt, von dorther für Höchstdieselben verlangen soll, wünscht
gedachtes Amicisches Mikroskop dahin zu senden. Genehmigen
es Höchstdieselben, so werde ich solches vom Mechanikus Bohne
einpacken und bei der Rückkunft wieder auspacken lassen, wodurch
man wegen der Erhaltung einigermaßen vergewissert wird.

Sodann lege einige neu angelangte Serbische Gedichte[1])
bei, wovon das größere sich wohl neben die früheren Heldenlie-
der stellen darf, die kleinern aber auf eine geistreiche heitere
Stimmung der Nation und etwas Ironisch-übersichtliches auch
in ganz gemeinen Lebensereignissen bemerken lassen.

Verehrend

unterthänigst

Weimar
den 25. Jan.
1827.

J. W. Goethe.

---

[1]) Vgl. Nr. 604, 605, 607 und 608.

610.

Hierbei ein Bewohner von Colchis, der nicht nach Mädchenduft riecht, aber gewiß besser schmecken wird. — Der süße Duft hat mich recht lachen machen und an die Frage Salomons des Weisen erinnert puncto der Schwarzen und Weißen.

C. A.

611.

Den besten Dank für's Uebersendete; ich freue mich recht darauf es zu lesen und zu genießen. Der Cognac wird Dir gewiß einen gesünderen Punsch bereiten, als wie Rum und Arak.

(C. A.)

612. *

Auf das Eye-tube[1]) bin ich sehr neugierig; Voigt hat mir davon gesagt. Körner konnte es nicht recht begreifen; sein Sonnen-Sector, oder wie das Ding heißt, ist ein artiges Instrument. Schicke an Sömmering nebst meinem schönsten Gruß

---

[1]) Vgl. Nr. 609.

das Amici'sche Mikroskop. Er möge dafür aber sein Eye-tube uns anvertrauen. Gesegnete Mahlzeit.

C. A.

26. Jan. 1827.

613.

1. 2. 27.

Wenn es Dir nicht beschwerlich seyn sollte, so bringe ich heute Vormittag um eilf Uhr den Preußischen Thronerben zu Dir; er freut sich sehr Deine Bekanntschaft zu machen.

Carl August.

614.

4. 2. 27.

Abermals denken die Königskinder[1]) bei Dir einzutreten und zwar, wenn es Dir recht ist, um 12 Uhr Mittags. Vorher werde ich mit General Müffling aufwarten und einige Gegenstände abhandeln. Lebe wohl bis dahin.

C. A.

615.

Dieses ist Herr Posch, der bekannte Modellirer, der mein Profil 1807 in Berlin und 1814 in Paris, beides unter Direction Denons fertigte; nach letzterm ist die Medaille von Andrieux gemacht worden. Posch war ein ausgezeichneter Künstler, ob

---

[1]) Vgl. Nr. 608 und 613.

er es noch ist, das weiß ich nicht. Halte ihm Dein halbes Haupt willig dar und siehe Freude bringend dazu aus.

25. 2. 27.   C. A.

616.

Ew. Königliche Hoheit

haben einen aus der Eisenberger Gefangenschaft erlösten Sextanten mir gnädigst zugesendet, welchen auf die Jenaische Sternwarte schaffen lasse, um vorerst zu vernehmen, in welchem Zustande er sich befindet, und das Weitere sodann anzuordnen.

Ich muß, da von einem Theodoliten die Rede ist, bemerken, daß ein solcher, der früher bei dem Hofrath Voigt verwahrt wurde, in Jena bei dem Professor Fries befindlich ist; der sich ihn zu seinen Vorlesungen ausgebeten, um seinen Zuhörern einen Begriff von diesem Instrument zu geben. Da nun dieser Zweck erreicht ist, so frage an, ob derselbe nicht auch auf der Sternwarte zu verwahren wäre?

Die Nachricht von einigen Kupferstichen nach van der Helst erhielt auf Anfrage von Leipzig. Da der eigentliche Zweck dadurch nicht erreicht worden, so bitte solches wenigstens als schuldige Bemühung anzusehen.

Verehrend

unterthänigst

Weimar   Goethe.
den 11. März
1827.

617. *

Der Sextant wird der Sternwarte wieder einverleibt.

Es sind nunmehr 3 Theodoliten vorräthig:

a. Dieser, von dem die Rede ist; er kann nun auch die Sternwarte in Jena beziehn,

b. einer auf dem Landesvermessungs-Büreau,

c. einer auf der Sternwarte.

Sie sind alle drei, soviel mir wissend, nicht sonderlich gut, indessen brauchen wir jetzt keinen mehr zu suchen; denn mehrere dergleichen sind gewiß nie vorräthig gewesen.

Ist diese kleine Notiz doch sehr wünschenswerth, wohl möchte ich wünschen, daß z. B. in Leipzig und Frankfurt am Mayn einem Commissionair aufgetragen würde, die vorgestrichenen Blätter zu schaffen; in Auctionen kommen dergleichen manchmal vor.

Weimar 11. März 1827.   Carl August.

618.

16. 4. 27.

Das Serbische Gedicht[1]), gedruckt in beiliegenden Blättern, ist mit denen großen Pinselstrichen hingeworfen, in welchen man einige alte Bilder gesehen zu haben sich erinnert, wo die Roh-heit und Großheit vorherrschte. — Diese Gedichte führen etwas Anziehendes in sich, das man manchmal verlegen ist zu bestim-

---

[1]) Vgl. Nr. 604, 605, 607 und 608.

men, wo es ihnen eigentlich sitzt. Der großmüthige Gatte ist am Ende dieses Gedichts unbegreiflich; fast möchte man glauben, daß dem Uebersetzer dieser Ausgang entronnen sey und daß das Original mit der Ausführung beschlossen hätte, die Dame durch ihre 9 Brüder zerstückeln zu lassen. Das deutsch = theatralische Ende paßt nicht zu den Serbischen Sitten und zu den vorher mehrmalen wiederholten Exclamationen.

Ueber den Zettel von Rees von Esenbeck nächstens ein Mehreres.

Schlafe wohl.

C. A.

619. *

29. 4. 27.

Es möchte nun wohl an der Zeit seyn, einen Maler nach Merseburg zu senden, um dorten in dem Dom das Bild von Lucas Cranach zu copiren, welches er in seiner Jugend Dr. Luther zum Schimpf gemalt hat. Präsident von Brenn, wird den Künstler aufnehmen.

(C. A.)

620.

Ew. Königlichen Hoheit

verfehle nicht schuldigst zu vermelden, daß Hofrath Meyer nach Dresden an den kunstliebenden von Quandt schreibt, damit dessen wohlwollende Dienstfertigkeit dem von Obrist Berlohren wohleingeleiteten Geschäft nicht Schaden bringe. [1]

Hier am Orte sucht man indessen einige Gemälde aus, um sie Höchstdenenselben vorzustellen, als der Restauration bedürftig und derselben werth, zu Prüfungs- und Musterstücken geeignet.

Zu Absendung nach Merseburg wüßte nur Schmellern vorzuschlagen; wie dieser jedoch sich in die Art des sechzehnten Jahrhunderts finden wird, wäre nicht gerade voraus zu sehen.

Uebrigens aber werden Höchstdieselben die Gnade haben, den zu beiderseitigen Unternehmungen nicht geringen Aufwand auf irgend eine Kasse anzuweisen, indem die meinige solche zu leisten außer Stande gesetzt ist.

Verehrend

unterthänigst

J. W. Goethe.

Weimar
den 29. April
1827.

621.*

30. 4. 27.

Es liegt mir nicht sowohl daran, das Bild von Lucas Cranach in Merseburg so kunstgerecht zu besitzen, als wie das Original selbst seyn möchte, sondern nur eine leibliche

[1] Es handelte sich darum, einem jungen Maler, Lieber aus Weimar, Unterricht im Gemälderestauriren bei dem damals in Dresden befindlichen Palmaroli zu verschaffen.

Copie davon, dienlich zur Geschichte jener Zeit und der Lebens-
geschichte Lucas Cranachs. Deswegen kann Schmeller dieses
Bild auch bloß auf Papier oder Pappe mit Wasserfarben illuminirt copiren und sich nur hauptsächlich an die natürliche Größe
des Originals und der Figuren und ihren Ausdruck halten, wie
auch treu die Farben nachahmen. In dieser Weise wird Schmellers Auftrag nicht eben so große Zeit, Mühe und Kosten erfor-
dern, als wenn er es in Oel ausführen sollte. Einstweilen
und bei den jetzigen schönen und langen Tagen kann er bald
fertig werden, und deswegen werden Dreißig Thaler vor
der Hand hinreichen, um den größten Theil des Auftrags zu
vollbringen. Diese 30 Thlr. wird Rath Ludecus dem geheimen Rath von Goethe zu diesem Behuf auszahlen.

Carl August.

Schmellers Auftrag ist im Grunde weiter nichts, als wie
der, eine gute illuminirte Zeichnung von besagtem merkwürdigen
Bilde zu liefern.

622.

Ew. Königlichen Hoheit

Nachstehendes schuldigst zu über-
senden, war ich eben im Begriff, als Schmeller[1] selbst, durch
jugendliche Ungeduld angeregt, in Weimar anlangt.

---

[1] Vgl. Nr. 619, 620 und 621.

Er hat seine Durchzeichnung vollendet und kann nicht Gutes genug von dem Bilde sagen. Das Ausbleiben der Leinwand bewog ihn zu seiner Herkunft; es soll von hier nun an Lieber und Obrist von Verlohren geschrieben werden, mit dem Ersuchen, die Sendung der Leinwand zu beschleunigen.

Wollten nun Höchstdieselben die Gnade haben, da die ihm mitgegebenen dreißig Thaler auf Reise und Zehrung, dortige Einrichtung, auch auf die Zahlung der zu erwartenden Leinwand aufgehn, von dem Tage an, da er sich wieder von hier entfernt, die Diäten von einem Conventionsthaler, gleich Lieber, zuzugestehn, so würde das Geschäft vorerst im Gange seyn. Er wird gewiß Alles thun, um sich Ehre zu machen, und das Bild ist denn doch von der größten Bedeutung.

Verehrend

unterthänigst

J. W. Goethe.

Weimar den 20. May
1827.

623. *

20. Mai 27.

Recht gern will ich J. Schmellern[1]), zu Betreibung beistehend benamten Unternehmens, einen Speciesthaler oder 1 Thlr. 8 Gr. Sächs. täglich aussetzen und zahlen lassen, bis daß das Gemälde, von welchem hier die Rede ist, fertig seyn

---

[1]) Vgl. Nr. 619, 620, 621 und 622.

wird, die Hoffnung hegend, daß J. Schmellers Abwesenheit
höchstens einen Monat dauern werde.

Die von ihm schon empfangenen 30 Thlr. können auf Reise
und faux-frais verrechnet werden.

Carl August.

624.

Um die durch die obwaltenden Umstände gebotenen Ein-
schränkungen nicht allzulästig, vielleicht gar unerträglich werden
zu lassen, sey mir ein allgemeines, aber höchst bedeutendes
Wort erlaubt.

Man hat bisher in Absicht auf angenehme und wissenschaftliche Literatur von oben herein sowohl die einzelnen Glieder des
Publikums, als einige hier und in Jena bestehende Anstalten
in einem hohen Grade begünstigt, welches freilich alles Ruhmes
und Dankes werth ist. Nun aber tritt die Ueberzeugung ein,
daß man sich dadurch in große Nachtheile setzt und daß es nicht
möglich sey, dergleichen allgemeine Förderniß in gleichem Maße
fortzusetzen.

Dieses aber führt auf den Gedanken, ob man nicht durch
eine kluge Wendung eine Einrichtung treffen könnte, wodurch
einer entschieden eintretenden Stockung vorgebeugt würde. Nun
geht mein Vorschlag dahin, daß man die schon bestehenden
Privat-Gesellschaften planmäßig und gründlich begünstige, sich
mit ihnen associire und dadurch beiden Theilen die wichtigsten
Vortheile zusichere.

Die schon gemeldete Verabredung mit Frau von Pogwisch
deutet dahin; ein Versuch zu praktischer Prüfung war dadurch
beabsichtigt. Diese thätige Dame steht schon einer bedeutenden
Französischen Lese-Gesellschaft vor, ich bin von Seiten Großherzoglicher Oberaufsicht hinzugetreten und habe den doppelten
Beitrag eines Mitgliedes bezahlt, unter der Bedingung, daß
man alle neuen Bücher zuerst erhalte, wobei man sich das Recht
bedingt, außer den ohnehin der Gesellschaft angenehmen leichtern Büchern, auch historische und politische Werke fordern und
bestellen zu dürfen. Wogegen man sich anheischig macht, diese
Bücher, wenn sie genugsam circulirt haben, für den halben
Preis zu behalten.

Giebt man diesem Geschäft eine reine Folge, so ist der
Vortheil sehr groß. Wichtige neue Bücher ästhetischen, historischen, politischen Inhalts kommen den Theilnehmern schleunig
vor die Augen; sie circuliren, es lesen sie viele Personen, denen
wir sie alsdann nicht wieder von der Bibliothek weiter zu bor-
gen brauchen und man kann am Ende den halben Preis gar
gern dafür zahlen; wobei zu bemerken ist, daß die ernsteren
Glieder der Gesellschaft den großen Vortheil haben, auch solche
Bücher mitgetheilt zu erhalten, welche in den gewöhnlichen Lese-
zirkel nicht aufgenommen würden.

Dem Hauptgedanken gemäß, den ich an der Spitze dieses
Aufsatzes ausgesprochen, sollte ein Fürst, der so viel gethan
hat und thut, gar wohl die Frage auch einmal umkehren und
fragen: was kann ich denn, unter den gegenwärtigen Umstän-

den, für Vortheil ziehen von dem, was die Meinigen zu
ihrem eigenen Genuß, Unterhaltung und Belebung unternehmen und in Gang bringen, besonders wenn ich zur Förderung
des fraglichen Geschäfts bedeutende Mitwirkung nicht fehlen lasse?

G.

Weimar
den 5. Juli 1827.

625.

5. August 1827.

Der geheime Kammerrath Helbig hat die Gefälligkeit
gehabt, neben seinen Geschäften des Hofmarschall-Amtes, noch
die meiner Schatulle, nebst der Besorgung aller dazu gehörigen
Privatissima zu übernehmen und zwar a dato. Beliebe ihm
also fortwährend, so wie bisher, Dein Zutrauen zu bezeigen.

Carl August.

626.

29. 8. 27.

So eben fahre ich mit dem Könige von Bayern nach
Belvedere, dann auf den neuen Gottesacker, den Er sehn will und
dann zu Dir; das möchte so in der 10. Stunde seyn. Hernach
möchte der König die Bibliothek und daselbst Schillers Schädel sehn. Letzteres kannst Du nur möglich machen, deswegen
ersuche ich Dich, die nöthigen Anstalten dazu treffen zu lassen.
Lebe wohl.

Carl August.

627.*

Hier einige Autographen für die Sammlung.

Es wird so verschiedentlich über die Aufbewahrung der Schillerschen Relicten (seines Kopfes und Sleletes) auf hiesiger Bibliothek hin und her geurtheilt und meistens wohl mißbilliget, daß ich es für rathsam halten möchte, selbige in dem Kasten, in welchem sie liegen, inclusive des Hauptes, von welchem vorher noch ein Abguß zu nehmen wäre, in die Familiengruft einstweilen setzen und aufheben zu lassen, welche ich für mein Geschlecht auf dem hiesigen neuen Friedhofe habe bauen lassen, bis daß Schillers Familie einmal ein Anderes darüber disponirt. So Du hiermit einstimmst, so werde ich dem Hofmarschall-Amte die Anweisung geben, Schillers Ueberbleibsel unter seinen Beschluß bei meinen Ahnen zu nehmen.[1]

Carl August.

628.*

a. Beiliegende gedruckte Sachen empfehle ich ganz besonders.

b. Wie ist's mit der Beisetzung von Schillers Ueberbleibseln?[2]

c. Der Obermarschall von Ende aus Carlsruhe sagte mir neulich, daß der Großherzog daselbst den ꝛc. Müller gern in

---

[1] Vgl. Nr. 626.   [2] Vgl. Nr. 626 und 627.

Dienste nehmen wolle, dieser sich aber ein Gewissen mache hier seine Entlassung zu fodern.[1]

27. 10. 27.   C. A.

629.

30. 10. 27.

Meine besten Glückwünsche zum angenehmen Ereignisse in Deiner Familie[2], mein lieber alter Freund! Mögest Du Dein Erdenwallen noch bis zur Epoche fortsetzen, wo Du als Großvater und erfahrner Kenner wirst zu Hülfe gerufen werden, um auszulegen, was ein neues jungfräuliches Herz sagen möchte, das in seinem 16ten Jahre zu lallen beginnt!

Wegen der Schillerschen[3], so auch Müllerschen[4] Sache wollen wir die Rückkunft des Canzlers abwarten, der sich auch des jungen Müller immer besonders angenommen hat. Er kann alsdann die Correspondenz führen; denn was ich darüber weiß, ist blos mündliche Angabe des vielschwatzenden von Ende aus Carlsruhe.

Guten Morgen.

Carl August.

630.

22. 11. 27.

Danknehmigst erstatte ich zurück:

1) Brief des Grafen Caspar Sternberg.

---

[1] Vgl. 4.   [2] Geburt der Enkelinn Goethe's, Alma.   [3] Vgl. Nr. 626, 627 und 628.   [4] Vgl. Nr. 628.

2) Monatschrift B . . . . . Helbig hat das meteorologische Opus.

Dazu füge ich:

3) zwei Englische Niedlichkeiten, welche wenn Du sie satt-
sam genossen haben wirst, an Frau von Heygendorff zu senden bitte.

4) Dann ein Werkchen über Brasilien, das äußerst selten
ist, weil es nicht in den Buchhandel kam. Ich erinnere mich
nicht, es Dir geschickt zu haben. Kassa und Pitwoi ist ziemlich
im Serbischen Styl[1]) und gar nicht zu verwerfen.

Wohl bekomme alles Dieses.

C. A.

631.

Deine Excellenz sollen ein so schönes englisches Kalender-
chen bekommen haben? Laß es doch vor meine Augen treten.

(8. 1.) 28. C. A.

632.

16. 2. 28.

Es ist recht gut, daß H. Müller jetzt selbst eine Veranlassung giebt, sich gegen ihn über unsere künftigen Verhältnisse
auszusprechen. Hier wird er isolirt als Lithograph von keinem
Nutzen seyn. Er wird, in Carlsruhe etablirt, seines Erlernten

---

[1]) Vgl. Nr. 604, 605, 606, 611 und 618.

sich besser erfreuen und es für sich selbst anwenden können, wie hier. Unter der Direktion geschmackvoller Leute wird er dorten an jener Fabrik immer recht brauchbar bleiben und seyn.[1)

Haben denn alle Opalarten, sowohl die Europäischen, als wie die Westindischen, dann die ganz edlen und die Pech- oder Holzopale, dieselbigen Grundbestandtheile? Dieses mir einmal mündlich zu erklären, das erbitte ich mir.

C. A.

633.

26. 2. 28.

Es freut mich unendlich, daß Paris Gnade vor Deinen Augen gefunden hat. Diese Statue ist gewiß die beste, die neuerlich erschienen ist. Canova's reichen diesem das Wasser nicht.

Das Scriptum habe ich in seiner ersten Frische, so wie es herauskam, gelesen. Clamwilliam ist gestern hier durch und wieder nach Berlin.

Gute Nacht.

C. A.

Gestern war Mattheis. Man pflegt zu sagen, wenn der Bär an diesem Tage aus seiner Höhle tritt und seinen Schatten sieht, dann kehrt er wieder hinein. Laß dieses nicht auf Dich beziehn.

[1) Vgl. Nr. 628 und 629.

634.

Aſcher-Mittwoch (27. 2.) 28.

Meine Seele vermag nicht, den Werth oder Unwerth der Beilagen, die ich ſo eben von der Poſt erhalten, zu würdigen, wohl aber ſchreit ſie, Herr, nach Dir ſchon lange, um Dir meine Freude über das Serbiſche Opus auszudrücken, das Du mir ſchon vor 14 Tagen geſendet haſt.[1] Ich ſange faſt täglich an dieſer köſtlichen Frucht, die eben mit einem zaubervollen Geſchmacke gewürzt iſt. Bei dieſer Gelegenheit, nämlich bei der, ich hoffe morgen, gedenke ich Dir mündlich die Frage vorzulegen, was ich für Herrn Gerhard etwa thun kann, um ihm meine Dankbarkeit zu erkennen zu geben. Morgen hoffe ich gewiß mich zeigen zu können.

C. A.

635.

5. 3. 28.

Das iſt Alles recht ſchön; Helbig wird alles nach Deiner Angabe beſorgen. Die beiden Bände habe ich auf die Bibliothek geſchickt, wo ſie zu finden und zu vertheilen ſind.

Nun muß ich ein großes Evenement melden:

Herr Martin, der vor dem Jahre mit ſeinen Löwen hier war, meldet mir geſtern von Erfurt, daß ſein Vogel Strauß

---

[1] Vgl. Nr. 601, 605, 606, 611, 618 und 630.

daselbst das Bein gebrochen und nicht wieder herzustellen sey.
Er schickte mir zugleich die Liste der Preise, für welche er jedes
todte Thier an das Museum nach Dresden eventualiter zuge-
sagt habe; da kostet der Strauß 75 Thaler. Nicht einen Augenblick habe ich mich besonnen, gleich zuzuschlagen und ihn
bitten lassen, mit der Tödtung des Thieres zu warten, bis
Jemand von mir Beauftragtes käme. Gleich schickte ich nach
Jena und ließ Professor Renner holen. So balde er angekommen ist, so schicke ich ihn gleich nach Erfurt, wo er dann das
Prachtstück selbst schlachten und zu beliebigem Gebrauch herbrin-
gen kann. Das giebt einen Pendant zum Ganymed: ein
Unicum.

Glück auf.

C. A.

636.

7. 3. 28.

Den besten Dank für das Uebersendete. Die Böhmen
rühren sich recht ordentlich. Graf Sternberg werde ich eine
Pflanze bewußter Art übersenden, sobald es nicht mehr friert.
In den Niederlanden haben sich die Erdbeben in den Kohlen-
lagern recht mausig gemacht. Immer mehr werde ich in dem
Glauben bestärkt, daß die so sehr veränderlichen Witterungsstäube
bei uns und die häufigen anomalischen Ereignisse mehr von
Bewegungen im Innern unseres Erdkörpers, also mehr von

Innen gegen Außen, entstehen, als wie umgelehrt, und daß zwischen dem Aequator und den Polen unter der Erdkruste sich Dinge zutragen, die bei den Polen fühlbar und dadurch auf unsere Windstriche einflußreich werden, nicht aber umgelehrt. Wenn nur schon ein Schiff an einem der Pole überwintert hätte?!

Minister von Fritsch wird Dir den Orden für Nees von Esenbeck schicken und ich meinen Brief.

Mich freut es sehr, daß ich mit dem Anlauf des seeligen Stranßvogels etwas recht gemacht habe.[1] Sehr erschrak ich mich, als ich mich wieder erinnerte, daß schon ein Stelet dieser Thierart in Jena vorhanden sey. Nun bin ich aber wieder ganz getröstet!

Lebe recht wohl.

C. A.

637.

Ach wenn ich nur alle die Weisheit, die in den Büchern steht, die Du mir geschickt hast, fressen könnte! Da wäre ich gut dran, denn ich verzweifle, daß durch meine Augen ich sie in meinen Kopf werde bringen können. Zu Paulus dickem Opus muß ich aber von vornherein doch wenigstens Etwas

---

[1] Vgl. Nr. 635.

lefen, denn es ist doch sehr interessant, zu erfahren, wie man es wagen kann, ein solches abstruses Sujet zur Zielscheibe zu wählen.[1]

E. A.

Danke allen Herren Einsendern auf's Verbindlichste von mir.

638.

13. 5. 28.

Der lebendig gebliebene Theil der Vivipara in Prag wird sich bald erholen, wenn man nur die Pflanze etwas feuchte und in Stubenwärme-Temperatur erhält; sie ist sehr zäher Natur. Im Laufe des Sommers kann ich vielleicht mit einer frischen Pflanze aufwarten. Dem Graf Sternberg empfehle ich mich bestens; ich hoffe ihn im Laufe July — August dieses Jahres in Teplitz zu sehn.[2]

Den 23. oder 24. dieses denke ich einen Abstecher nach Berlin zu machen und alles dorten Neuentstandene und Hinge=kommene zu beleuchten und so zu sagen, von der Aussen=welt bei dieser Gelegenheit Abschied zu nehmen.

E. A.

Unbegreiflich schädlich, heimtückisch, ohne sichtbare Confe=quenz schadend und zerstörend hat die Witterung seit letztem

---

[1] Paulus' „Leben Jesu". [2] Nr. 636.

Neujahr auf unsere Pflanzenwelt gewirkt. Von allen Arten Blüthen an Bäumen und Sträuchern ist gewiß kaum der 1000. Theil aus Tageslicht gediehen. Das Babylonische Weidengeschlecht ist fast ganz ausgefroren. Andere Pflanzen, die sich gewöhnlich sehr mittelmäßig bei uns erhalten, selbst auf unvortheilhaften Standörtern, sind sehr gesund geblieben, so zum Beispiel: Cercis siliquastrum und andere. Die häufigen Gewitter sind vermuthlich daran Schuld, die beständig auf- und abspannten. Sonsten ist's nicht zu erklären.

639.

17. 6. 28.

Es ist wirklich schwer zu sagen, wo es eigentlich dem lithographischen Blatte, das Porträt des seeligen Herzogs von Mecklenburg-Strelitz vorstellend, fehlt, daß es nicht gefalle. Es ist wirklich vortrefflich gemacht, auch wohl gut gedacht, gefaßt und gezeichnet; ich möchte wohl mich Deines Ausdrucks bedienen, daß der Künstler kein Glück bei dieser Arbeit gehabt hat und daß er darüber, das Vortreffliche suchend und einzeln beischaffend, die Harmonie des Ganzen und das Lebendige nicht hat zusammenschmelzen können und verfehlt hat, ein angenehmes Bild darzustellen. Das Ganze hat etwas durchherrschend Hartes und Geschmackloses; dazu kömmt, daß das Original viel weniger fleischig war. Das ist aber eine Nebensache; das Bild, ein wirkliches Kunstwerk, gränzt nahe an die Karikatur.

Meine Reife nach Berlin[1]) werde ich noch um eine Woche aufschieben, weil mir nicht recht wohl und die Witterung gar zu unstet ist.

Der Granit, von welchem die feste Burg Dr. Luthers in Wittenberg gebaut ist, scheint derselbe Stein, wie die Beilage, zu seyn. Er ist auch aus jener Gegend.

Möge die Schaale besser gerathen, als wie die feste Burg, welche abscheulich ist.

C. A.

Schluß.

Die in Bezug auf seine Reise nach Berlin geäußerten Absichten des Großherzogs[2]) erfüllten sich ahnungsvoll in traurigster Ausdehnung. Nur die irdische Hülle des verehrten Fürsten sollte zurückkehren! Goethe, dem die Möglichkeit, daß der so viel jüngere Freund vor ihm abgerufen werden könnte, niemals vorgeschwebt, war von der schmerzlichen Nachricht aufs tiefste erschüttert. Aus gebieterischen Rücksichten der Selbsterhaltung entzog sich der fast achtzigjährige Greis den in Weimar für ihn unvermeidlichen weitern sehr besorglichen Eindrücken, indem er seinen Aufenthalt zehn Wochen hindurch in einem der großherzoglichen Schlösser nahm, welche bei dem stillen Städtchen Dornburg am obern Rande der das Saalthal westlich begrenzenden Hochebenen, von Jena abwärts, reizend liegen.

---

¹) und ²) Vgl. Nr. 634.

Dort empfing er ein ihn tröstlich aufrichtendes Schreiben, wodurch sich im Auftrage des mit seiner Gemahlinn, der Großfürstinn Maria Paulowna, am verwandten Hofe von St. Petersburg abwesenden Großherzogs Carl Friedrich der damalige
Oberstlieutenant und Generaladjutant von Beulwitz[1]) nach Goethe's
Befinden theilnehmend zu erkundigen und diesem die Versiche-
rung der huldreichsten Gesinnungen zu übermitteln hatte. Goethe
erwiederte darauf Folgendes:

Gaudeat ingrediens, laetetur et aede recedens!

Ilis, qui praetereunt, det bona cuncta Deus! 1608.

Freudig trete herein und froh entferne Dich wieder!

Ziehst Du als Wandrer vorbei, segne die Pfade Dir Gott!

Da gewiß höchsten Ortes, so wie von Ew. Hochwohlgeboren gnädig und geneigt aufgenommen wird, wenn ich den
Zustand, in dem ich mich befinde, rein und treu auszusprechen
wage, Dasjenige, was sich von selbst versteht, bescheiden ablehne
und die Betrachtungen, zu denen ich aufgeregt werde, zutraulich
mittheile, so eröffne mit obigen zwei lateinischen Zeilen meinen
gegenwärtigen Brief. Ich fand sie als Ueberschrift der Haupt-
pforte des Dornburger neu acquirirten Schlößchens, wo mir
durch höchste Nachsicht in den traurigsten Tagen eine Zuflucht
zu finden vergönnt worden.

Die Einfassung gedachter Thüre selbst ist, nach Weise jener
Zeit, architektonisch = plastisch überreich verziert und giebt, zusammen

---

[1]) jetzt wirklicher geheimer Rath und Generalmajor.

mit der Inschrift, die Ueberzeugung, daß vor länger als zwei-
hundert Jahren gebildete Menschen hier gewirkt, daß ein allgemeines Wohlwollen hier zu Hause gewesen, wogegen auch diese
Wohnung durch so viele Kriegs- und Schreckenszeiten hindurch
aufrecht bestehend erhalten worden.

Bei meiner gegenwärtigen Gemüthsstimmung rief ein solcher Anblick die Erinnerung in mir vor: gerade ein so einladend
segnendes Motto sey durch eine Reihe von mehr als fünfzig
Jahren der Wahlspruch meines verewigten Herrn gewesen, welcher, auf ein groß bedeutendes Daseyn gegründet, nach seiner
erhabenen Sinnesart jederzeit mehr für die Kommenden, Schei-
denden und Vorüberwandelnden besorgt war, als für sich selbst,
der, wie der Anordner jener Inschrift, weniger seiner Wohnung,
seines Daches gedachte, als Derjenigen, welche da zu herber-
gen, mit Gunst zu verabschieden, oder vorbeigehend zu begrüßen
wären. Hier schien es also, daß ich abermals bei ihm einkehre,
als dem wohlwollenden Eigenthümer dieses uralten Hauses, als
dem Nachfolger und Repräsentanten aller vorigen gastfreien und
also auch selbst behaglichen Besitzer.

Die allgemeine traurige Stimmung dieser Stunde ließ mich
den Werth solcher Betrachtungen doppelt fühlen und regte mich
an, denenselben gleichfalls nachzugehen, als ich nach Verlauf
von einigen Tagen und Nächten mich ins Freie zu wagen und
die Anmuth eines wahrhaften Lustortes still in mich aufzunehmen
begann.

. Da sah ich vor mir auf schroffer Felskante eine Reihe einzelner Schlösser hingestellt, in den verschiedensten Zeiten erbaut, zu den verschiedensten Zwecken errichtet. Hier, am nördlichen Ende, ein hohes, altes, unregelmäßig weitläufiges Schloß, große Säle zu kaiserlichen Pfalztagen umschließend, nicht weniger genugsame Räume zu ritterlicher Wohnung. Es ruht auf starken Mauern, zu Schutz und Trutz. Dann folgen später hinzugesellte Gebäude, haushältischer Benutzung des umherliegenden Feldbesitzes gewidmet.

Die Augen an sich ziehend aber steht weiter südlich, auf dem solidesten Unterbau, ein heiteres Lustschloß neuerer Zeit, zu anständigster Hofhaltung und Genuß in günstiger Jahreszeit. Zurückkehrend hierauf an das südlichste Ende des steilen Abhanges, finde ich zuletzt das alte, nun auch mit dem Ganzen vereinigte Freigut wieder, dasselbe welches mich so gastfreundlich einlud.

Auf diesem Weg nun hatte ich zu bewundern, wie die bedeutenden Zwischenräume, einer steil abgestuften Lage gemäß, durch Terrassengänge zu einer Art von auf- und absteigendem Labyrinthe architektonisch auf das Schicklichste verschränkt worden, indessen ich zugleich die sämmtlichen übereinander zurückweichenden Localitäten auf das Vollkommenste grünen und blühen sah. Weithingestreckt, der belebenden Sonne zugewendete, hinabwärts gepflanzte, tiefgrünende Weinhügel; aufwärts, an Mauergeländern, üppige Reben, reich an reifenden, Genuß zusagenden Traubenbüscheln; hoch an Spalieren sodann eine sorgsam gepflegte, sonst ausländische Pflanzenart, das Auge näch-

stens mit hochfarbigen, am leichten Gezweige herabspielenden
Glocken zu ergötzen versprechend; ferner vollkommen geschlossen-
gewölbte Laubwege, einige in dem lebhaftesten Flor durchaus
blühender Rosen, höchlich reizend geschmückt; Blumenbeete zwischen Gesträuch aller Art.

Konnte mir aber ein erwünschteres Symbol geboten werden?
deutlicher anzeigend wie Vorfahr und Nachfolger, einen edlen
Besitz gemeinschaftlich festhaltend, pflegend und genießend, sich
von Geschlecht zu Geschlecht ein anständig bequemes Wohlbefinden emsig vorbereitend, eine für alle Zeiten ruhige Folge be-
stätigten Daseyns und genießenden Behagens einleiten und
sichern?

Dieses mußte mir also zu einer eigenen Tröstung gereichen,
welche nicht aus Belehrung und Gründen hervorging; hier
sprach vielmehr der Gegenstand selbst das Alles aus, was ein
bekümmertes Gemüth so gern vernehmen mag:

Die vernünftige Welt sey von Geschlecht zu Geschlecht auf ein folgerechtes Thun entschieden an-
gewiesen. Wo nun der menschliche Geist diesen hohen ewigen
Grundsatz in der Anwendung gewahr wird, so fühlt er sich
auf seine Bestimmung zurückgeführt und ermuthigt, wenn er
auch zugleich gestehen wird, daß er, eben in der Gliederung
dieser Folge, selbst an- und abtretend, so Freude als Schmerz,
wie in dem Wechsel der Jahreszeiten, so in dem Menschenleben,
an Andern, wie an sich selbst, zu erwarten habe.

Hier aber komme ich in den Fall, nochmals mir eine

fortgeſetzte Geduld zu erbitten, da der Schilderung meines gegenwärtigen Zuſtandes noch einiges Unentbehrliche hinzuzufügen wäre.

Von dieſen würdigen landesherrlichen Höhen ſehe ich ferner in einem anmuthigen Thal ſo Vieles, was, dem Bedürfniß des Menſchen entſprechend, weit und breit in allen Landen ſich wiederholt. Ich ſehe zu Dörfern verſammelte ländliche Wohnſitze, durch Gartenbeete und Baumgruppen geſondert; einen Fluß, der ſich vielfach durch Wieſen zieht, wo eben eine reichliche Heuerndte die Emſigen beſchäftigt; Wehr, Mühle, Brücke folgen auf einander, die Wege verbinden ſich auf- und abſteigend. Gegenüber erſtrecken ſich Felder an wohlbebauten Hügeln bis an die ſteilen Waldungen hinan, bunt anzuſchauen nach Verſchiedenheit der Ausſaat und des Reifegrades. Büſche hie und da zerſtreut, dort zu ſchattigen Räumen zuſammengezogen. Reihenweis auch den heiterſten Anblick gewährend ſeh ich große Anlagen von Fruchtbäumen; ſodann aber, damit der Einbildungskraft ja nichts Wünſchenswerthes abgehe, mehr oder weniger aufſteigende, alljährlich neu angelegte Weinberge.

Das Alles zeigt ſich mir wie vor fünfzig Jahren und zwar in geſteigertem Wohlſeyn, wenn ſchon dieſe Gegend von dem größten Unheil mannichfach und wiederholt heimgeſucht worden. Keine Spur von Verderben iſt zu ſehen, ſchritt auch die Weltgeſchichte hart auftretend gewaltſam über die Thäler. Dagegen deutet Alles auf eine emſig folgerechte, klüglich vermehrte Cultur eines sanft und gelassen regierten, sich durchaus mäßig verhaltenden Volkes.

Ein so geregeltes, sinniges Regiment waltet von Fürsten zu Fürsten. Feststehend sind die Einrichtungen, zeitgemäß die Verbesserungen. So war es vor, so wird es nach uns seyn, damit das hohe Wort eines Weisen erfüllt werde, welcher sagt:

„Die vernünftige Welt ist als ein großes un= sterbliches Individuum zu betrachten, welches un= aufhaltsam das Nothwendige bewirkt und dadurch sich sogar über das Zufällige zum Herrn erhebt.“

Nun aber sey vergönnt, mich von jenen äussern und all= gemeinen Dingen zu meinem Eigensten und Innersten zu wen= den, wo ich denn aufrichtigst bekennen kann: daß eine gleich= mäßige Folge der Gesinnungen daselbst lebendig sey, daß ich meine unwandelbare Anhänglichkeit an den hohen Abgeschiedenen nicht besser zu bethätigen wüßte, als wenn ich, selbiger Weise dem verehrten Eintretenden gewidmet, Alles, was noch an mir ist, diesem wie seinem hohen Hause und seinen Landen von Frischem anzueignen mich ausdrücklich verpflichte.

Wogegen ich denn auch einer Erwiederung gnädigsten Wohl= wollens, fortgesetzten ehrenden Vertrauens und milder Nachsicht mich beruhigend getrösten darf, indem ja das von Pawlowsk am 28. July d. J. erlassene huldverkündende Schreiben mir ein so entschieden erfreuliches, fast beschämendes Zeugniß geworden.

Wie sehr dasselbe mich erquickend aufregte, wie dankbar ich anerkennen muß solches von der Hand eines so werthen längst geschätzten, geliebten Mannes zu erhalten, hoffe ich bald mündlich mit kräftigern Worten ausdrücken zu können.

Gegenwärtig füge nur die Bitte hinzu: Ew. Hochwohlgeboren mögen Sich eifrigst verwenden, daß Vorstehendes, wenn auch seltsam scheinend, jedoch aus den eigensten Zuständen und treusten Gesinnungen hervorgegangen, zu ruhiger Stunde von unsern höchsten Herrschaften gnädigst nachsichtig aufgenommen werden möge.

Ein baldiges frohes Wiedersehen hoffend, unterzeichne mich in vorzüglichster Hochachtung.

J. W. von Goethe.

Dornburg
den . . . Juin
1828.

Zur Erläuterung

von

Perſonennamen, welche in der Correſpondenz vorkommen.

Carl Auguſt, Herzog, ſeit 1815 Großherzog von Sachſen-
Weimar-Eiſenach, geboren 3. September 1757, geſtorben
14. Juni 1828. Vermählt 3. October 1775 mit
Louiſe, Landgräfinn von Heſſen-Darmſtadt, geboren 30. Januar 1757, geſtorben 14. Februar 1830.

Kinder:

1) **Louiſe Auguſte Amalie,** geboren 3. Februar 1779,
geſtorben 1784.

2) **Carl Friedrich,** Erbprinz, von 1815 an Erbgroßherzog,
14. Juni 1628 Großherzog, geboren 2. Februar 1783,
und vermählt 3. Auguſt 1804 mit
Maria Paulowna, Großfürſtinn von Rußland, geboren
16. Februar 1786.

3) **Caroline Louiſe,** geboren 18. Juli 1786, geſtorben
20. Januar 1816, vermählt 1. Juli 1810 mit
    Friedrich Ludwig, Erbgroßherzog von Mecklenburg-
    Schwerin.

21 *

4) **Carl Bernhard**, geboren 30. Mai 1792, gestorben
. 30. Juli 1862, vermählt 30. Mai 1816 mit
Ida, Prinzessinn von Sachsen-Meiningen, geboren 25.
Juni 1794, gestorben 4. April 1852.

Enkel:

1) **Marie Louise Alexandrine**, geboren 3. Februar 1808;
vermählt 26. Mai 1827 mit
Friedrich Carl Alexander, Prinzen von Preußen.

2) **Marie Louise Auguste Catharine**, geboren 30.
September 1811; vermählt 11. Juni 1829 mit
Friedrich Wilhelm Ludwig, damals Prinzen, seit
2. Januar 1861 König von Preußen.

3) **Carl Alexander August Johann**, geboren 24. Juni
1818, jetzt regierender Großherzog von Sachsen-Weimar-
Eisenach.

Mutter:

Anna Amalie, Prinzessinn von Braunschweig-Lüneburg, geboren 24. October 1739, gestorben 10. April 1807; Witwe
von **Ernst August Constantin**, Herzog von Sachsen-
Weimar-Eisenach, 28. Mai 1758.

Bruder:

Friedrich Ferdinand Constantin, geboren 8. September 1758, gestorben 8. September 1793.

Ambrozi, Dr., Badearzt in Teplitz.

Anfossi (Pasquale) aus Neapel, Operncomponist, Kapellmeister in London;
von 1787 an bis zu seinem Tode in Rom.

Arends, Baumeister aus Berlin.

Baldauf, Berggeschworener in Ilmenau.

Bandinelli (Baccio), Maler und Bildhauer im 16. Jahrhundert.

Batsch (Dr. August Johann Georg Carl), von 1787 bis 1802 Professor
der Botanik zu Jena, von 1793 an auch Director des dasigen Herzog-
lichen botanischen Gartens.

Beck (Henriette geb. Zeitheim), Hofschauspielerinn in Weimar.

Bentheim (Johann Georg von), Major und Commandant von Jena.

Bertuch (Friedrich Johann Justin), geheimer Secretär des Herzogs Carl
 August, später Gründer des Landes - Industrie - Comptoirs zu Weimar
 und charakterisirter Legationsrath.

Blumenbach (Dr. Johann Friedrich), Professor in Göttingen, berühmter
 Naturforscher.

Bode (Johann Joachim Christoph), gestorben 1793 zu Weimar als S.
 Meiningenscher Hofrath, S. Gothaischer Legationsrath und Hessen-Darm-
 städtischer geheimer Rath, berühmt besonders als Uebersetzer englischer
 Werke in's Teutsche.

Böhme (August Wilhelm von), Herzoglich Weimarischer Stallmeister.

Boisserée (Sulpiz und Melchior), aus Cöln, Anfangs für den Handelsstand
 bestimmt, widmeten sich später mit größtem Erfolge dem Sammeln und dem
 Studium von Gegenständen der niederdeutschen Kunst des Mittelalters.

Böttiger (Carl August), von 1791 bis 1804 weltlicher Oberconsistorialrath
 und Director des Gymnasiums zu Weimar, dann Studiendirector am
 Pageninstitute zu Dresden, berühmt als Archäolog.

Brandes (Dr. Heinrich Wilhelm), Professor der Mathematik zu Breslau,
 später Professor der Physik zu Leipzig.

Bree (Matthieu van), Director der Zeichnenakademie zu Antwerpen.

Brizzi (Antonio), Kammersänger in München, Tenorist.

Buchholz (Dr. Wilhelm Heinrich Sebastian), Hofmedicus und Hofapotheker
 zu Weimar.

Büsch (Johann Georg), Professor der Mathematik am Gymnasium und
 Vorsteher der durch ihn 1767 gegründeten und von jungen Kameralisten
 wie von Kaufleuten viel besuchten Handelsacademie zu Hamburg.

Büttner (Dr. Christian Wilhelm), Professor der Philosophie in Göttingen,
 später privatisirend in Jena.

Canova (Anton), berühmter Bildhauer, geb. 1757.

Carstens (Asmus Jakob), Maler aus Schleswig, geb. 1754.

Castrop (von), Weimarischer Artilleriehauptmann und Baumeister.

Cattaneo (Gaetano), Director des Münzkabinets in der Brera zu Mailand.

Chladni (Ernst Florenz Friedrich), berühmter Acustiker.

Coudray (Clemens Wenzeslaus), Oberbaudirector in Weimar.

Dalberg (Carl Theodor Anton Maria Freiherr von), 1772 Statthalter
 zu Erfurt, 1802 Kurfürst von Mainz, 1806 Fürst-Primas des Rhein-

bundes, 1810 Großherzog von Frankfurt, 1813 resignirt und als Erz-
bischof von Regensburg an letzterem Orte gestorben 1817.

Dessau, Leopold Friedrich Franz, Fürst und seit 1807 Herzog von
Anhalt-Dessau, gestorben 1817.

Louise, Gemahlinn des Vorstehenden, geb. Markgräfinn v. Branden-
burg-Schwedt, gestorben 1811.

Destouches (Franz), Concertmeister zu Weimar.

Doebereiner (Dr. Johann Wolfgang), von 1810 bis 1849 Professor der
Chemie zu Jena.

Doederlein (Dr. Johann Christoph), von 1782 bis 1792 Professor der
Theologie zu Jena.

Dschelal-eddin-Rumi, Persischer Dichter, geboren 1207.

Edelsheim (von), Markgräflich Badeuscher geheimer Rath.

Edling (Albert Cajetan Graf), Großherzoglich Sächsischer wirklicher geheimer Rath und Staatsminister.

Eichhorn (Dr. Johann Gottfried), von 1775 bis 1788 Professor der orien-
talischen Sprachen zu Jena, später zu Göttingen.

Eichstädt (Dr. Heinrich Carl Abraham), von 1797 bis 1848 Professor der
Philologie zu Jena, Gründer und Eigenthümer der dortigen Neuen Literaturzeitung.

Einsiedel (Friedrich Hildebrand von), Uebersetzer einiger Lustspiele des
Terenz und Dichter, Hof- und Regierungsrath, auch Kammerherr zu Weimar, Mitglied des Hofgerichts zu Jena, versah den Dienst des Oberhofmei-
sters bei der Herzogin Anna Amalie und starb 1828 als Großherzoglicher
wirklicher geheimer Rath und Oberhofmeister der Großherzogin Louise.

Ende (von), Hofmarschall in Weimar, später Königlich Preußischer General
und Commandant von Cöln.

Eschwege (Wilhelm Ludwig von), Portugiesischer Oberst und General-
director der Bergwerke in Brasilien.

Facius (Friedrich Wilhelm), Hofmedailleur und Steinschneider zu Weimar.

Fall (Johannes Daniel), charakterisirter Legationsrath, Schriftsteller, Be-
gründer einer Rettungsanstalt für verwahrlose Kinder zu Weimar.

Färber (Michael), Museenschreiber in Jena.

Filcher (Franz Joseph), Hofschauspieler und Regisseur in Weimar.

Frankenberg (Sulvius Friedrich Ludwig Freiherr von), Gothaischer wirklicher geheimer Rath.

Frege, Banquier in Leipzig.

Fries (Dr. Jakob Friedrich), Professor der Philosophie, später der Mathematik und Physik zu Jena, wegen seiner Theilnahme an der Wartburgsfeier des 18. Octobers 1817 von 1819 bis 1824 vom Lehramte suspendirt.

Frieß (Johannes Graf), durch glückliche Speculationen sehr reich gewordener und vom Kaiser Joseph II. in den Grafenstand erhobener Banquier zu Wien, Besitzer großer Kunstsammlungen.

Fuchs (Dr. Johann Friedrich), von 1805 bis 1828 Professor der Anatomie zu Jena.

Genast (Anton), Hofschauspieler und Regisseur in Weimar.

Gentz (Bruder Friedrich's von Gentz), Baumeister und Professor in Berlin.

Gerhard (Wilhelm), aus Weimar, Kaufmann in Leipzig, Dichter.

Germar (Wilhelm Heinrich von), Kammerherr und Major, Mitglied der General-Polizeidirection und Vorsitzender der Stadt-Polizeicommission in Weimar, Commandeur des Infanterie- und des Husaren-Corps.

Göchhausen (Louise von), Hofdame der Herzogin Anna Amalie von Weimar.

Goettling (Dr. Johann Friedrich August), von 1789 bis 1809 Professor der Chemie in Jena.

Gore (Charles), gebildeter reicher Engländer, welcher meistens mit seiner gleichfalls gebildeten Familie viel reiste, sich sehr mit Malerei beschäftigte und von 1791 bis 1807 in Weimar aufhielt, wo er den fürstlichen Personen nahe stand. Vgl. Goethe's Werke, XXXVII, 325 fg.

— (Emilie), Tochter des Vorigen.

Gotha, Ernst II., Herzog von Sachsen-Gotha-Altenburg, regierte von 1772 bis 1804; dessen Söhne:

August Emil, Herzog von Sachsen, regierte von 1804 bis 1822.

Friedrich, letzter Herzog dieser Linie, regierte von 1822 bis 1825.

Griesbach (Dr. Johann Jakob), von 1775 bis 1812 Professor der Theologie in Jena.

Grüner (Sebastian), Magistrats- und Criminalrath zu Eger.

Güldenapfel (Dr. Georg Gottlieb), Universitäts-Bibliothekar und Professor der Philosophie zu Jena.

Hackert (Jakob Philipp), Landschaftsmaler, Hofmaler des Königs von Neapel.

Hage (Carl Christoph), Schatullier des Großherzogs Carl August, Rath.

Haide (Friedrich), Hofschauspieler in Weimar.

Haren (Duco Baron van), Gouverneur und später Oberhofmeister des Erbprinzen Carl Friedrich von Weimar.

Haüy (René Just), Professor der Mineralogie und Physik zu Paris.

Heinitz (Anton Friedrich Freiherr von), Königlich Preußischer Staatsminister und Chef des Bergwesens.

Helbig (Carl Emil), geheimer Referendar im Großherzoglichen Staatsministerium, dann Mitglied des Hofmarschallamtes in Weimar.

Hendrich (Franz Ludwig von), Hauptmann und Feuerlöschdirector in Weimar, dann Major und Commandant von Jena, endlich Oberst a. D.

Hinzenstern (Franz August von), Hauptmann und Gouverneur des Prinzen Bernhard von Weimar, später Oberhofmeister und Oberst.

Hirt (Ludwig), Hofrath und Professor in Berlin, Kunstkenner und Archäolog.

Howard (Luke), zu Tottenham Green bei London, berühmt durch seine Verdienste um die Kenntniß der Wolkenbildungen.

Hufeland (Dr. Christoph Wilhelm, von 1793 bis 1801 Professor der Medicin in Jena, dann Königlich Preußischer Staatsrath, Leibarzt und Professor in Berlin.

— (Dr. Friedrich Gottlob), des Vorigen Bruder, Hofmedicus in Weimar, von 1811 bis 1812 Professor der Medicin in Jena, später in Berlin.

— (Dr. Gottlieb) von 1788 bis 1806 Professor der Rechte in Jena.

Hundeshagen (Bernhard), Bibliothekar in Wiesbaden.

Huschke (Dr. Wilhelm Ernst), ärztlicher Begleiter der Herzoginn Anna Amalie von Weimar auf einer Reise nach Italien, später Leibarzt der gesammten Großherzoglichen Familie.

Hüttner (Johann Christian), Begleiter des Lord Macartney auf dessen Gesandtschaftsreise nach China, dann Uebersetzer beim Departement der auswärtigen Angelegenheiten in London, literarischer Correspondent des Großherzogs Carl August.

Jacobi (Friedrich Heinrich), Philosoph und Dichter, Präsident der Akademie der Wissenschaften zu München.

Jacquin (Nicolaus Joseph von), Professor der Botanik und Chemie zu Wien, geb. 1727 zu Leyden.

Jagemann (Caroline), Hofopernsängerinn und Hofschauspielerinn zu Weimar.

— (Ferdinand), Bruder der Vorigen, Maler und Lehrer an dem Zeicheninstitut zu Weimar.

Jenkins, Englischer Kunsthändler in Rom.

Iffland (August Wilhelm), dramatischer Dichter und Künstler, Director der Königlichen Schauspiele in Berlin.

Kalb (Carl Alexander von), wirklicher geheimer Rath und Kammerpräsident
zu Weimar.

Kauffmann (Marie Anna Angelica, verehelichte Zucchi), Malerinn
in Rom.

Kaufmann (Peter), Hofbildhauer in Weimar.

Kayser (Christoph), Componist aus Frankfurt a. M.

Kieser (Dr. Dietrich Georg), von 1812 bis 1862 Professor der Medicin
in Jena.

Kirms (Franz), Mitglied der Theaterintendanz, des Hofmarschall- und des
Hofstall-Amtes zu Weimar, geheimer Hofrath.

Kleist (Heinrich von), geboren 1777, Lieutenant, dann Kammerassessor
in Preußischen Diensten, dichtete unter Anderm die Dramen „Das
Käthchen von Heilbronn" und „Der zerbrochene Krug" und endete 1811
durch eigene Hand.

Knebel (Carl Ludwig von), Uebersetzer des Lucrezischen Lehrgedichtes „De
rerum natura", Erzieher des Prinzen Constantin von Weimar, Hauptmann, zuletzt Major.

Körner (Friedrich), Hofmechanikus und Optikus in Jena.

Kosegarten (Hans Gottfried Ludwig), von 1817 bis 1821 Professor der
orientalischen Sprachen zu Jena.

Kraus (Georg Melchior), Maler, Director des freien Zeicheninstituts zu
Weimar, gestorben 1806.

Kräuter (Theodor), Bibliotheksecretär in Weimar.

Langermann (Dr. Johann Gottfried), Staatsrath im Ministerium der
Medicinalangelegenheiten zu Berlin.

Lavater (Johann Caspar), Physiognomiker, Prediger in Zürich.

Lenz (Dr. Johann Georg), Professor der Mineralogie und Director des
mineralogischen Cabinets in Jena.

Lichtenberg (Friedrich von), Rittmeister bei dem Husarencorps und Adjutant des Herzogs Carl August.

Ligne (Carl Joseph Fürst von), K. K. Feldmarschall, gestorben 1814.

Lindenau (Bernhard von), Staatsmann und Astronom, 1814 Adjutant
des Herzogs Carl August, später Herzogl. S. Gothaischer wirklicher geheimer Rath, dann Königlich Sächsischer Staatsminister.

Lips (Johann Heinrich), Maler, Zeichner und Kupferstecher.

Lober (Dr. Justus Christian), von 1782 bis 1803 Professor der Medicin
zu Jena, dann zu Halle, endlich zu Moskau.

Lucchesini (Marchese), aus Lucca stammend, Vorleser und Vertrauter König Friedrich's II. von Preußen, später Preußischer Gesandter und Staatsminister, nach 1806 Kammerherr bei Napoleon's I. Schwester Elise, Fürstinn Bacciochi.

Lyd (Georg Leberecht von), Hauptmann, später auch Kammerherr und Major in Weimar.

Manzoni (Alexander), Dichter in Mayland.

Marc Anton (Familienname: Raimondi), Kupferstecher, geboren 1475.

Meiningen. Georg, Herzog von, gestorben 1803.

Bernhard Erich Freund, Herzog von, Sohn und Regierungsnach-folger des Vorigen.

Mellish (Joseph Charles), Großbritannischer Generalconsul für Niedersachsen und die freien Hansestädte.

Merck (Johann Heinrich), Kriegsrath in Darmstadt.

Meyer (Heinrich), aus Stäfa bei Zürich, gest. 1832 als Hofrath und Di-rektor der Großherzoglichen Kunstanstalten in Weimar.

Morelli, Balletmeister in Weimar.

Moritz (Carl Philipp), gest. 1793 als Professor der Alterthumskunde bei der Akademie der bildenden Künste zu Berlin.

Mounier (Jean Joseph), Mitglied der französischen Nationalversammlung, dann Unternehmer eines Erziehungsinstituts in Belvedere bei Weimar. 1802 französischer Präfect, 1804 Senator, 1805 Staatsrath.

Müffling (Friedrich Carl Ferdinand, Freiherr von, genannt von Weiß), 1806 Hauptmann im Königlich Preußischen Generalstabe, später Vice-präsident des Landschafts Collegiums und Mitglied des geheimen Consi-liums zu Weimar, von 1813 an von Neuem in Preußischen Militair-diensten, gestorben als Generalfeldmarschall.

Münchow (Dr. Carl Dietrich von), von 1810 bis 1818 Professor der Astronomie und Director der Sternwarte zu Jena, später zu Bonn.

Rees von Esenbeck (Dr. Christian Gottfried), Professor der Botanik zu Bonn, später zu Breslau.

Oeser (Adam Friedrich), Maler, Director der Kunst Akademie zu Leipzig.

Oken (Dr. Lorenz), von 1807 bis 1819, wo er seiner Stelle entsetzt wurde, Professor der Medicin und der Naturgeschichte zu Jena, 1828 in München, später in Zürich.

Paulus (Dr. Heinrich Eberhard, von 1789 bis 1803 Professor der orien-talischen Sprachen in Jena, später in Heidelberg.

Peucer (Dr. Heinrich Carl Friedrich), Regierungsrath, später Director und zuletzt Präsident des Oberconsistoriums in Weimar.

Pichler (Anton), aus Innsbruck, Steinschneider in Rom.

Pictet (Marc Auguste), Physiker und Professor an der Akademie in Genf, geb. 1752, gest. 1825.

Posselt (Dr. Johannes Friedrich), von 1819 bis 1823 Professor der Mathematik und Director der Sternwarte in Jena.

Preller (Friedrich), Landschaftsmaler, jetzt Hofmaler und Professor an der freien Zeichenschule in Weimar, seinem Geburtsorte.

Quandt (Johann Gottlob von), Kunstkenner und Besitzer von Kunstsammlungen, zu Dresden.

Racknitz (Joseph Friedrich Freiherr von), Kurfürstlicher Hofmarschall und Director des Hoftheaters und der Hofkapelle in Dresden.

Raimondi, s. Marc Anton.

Rehbein (Dr. Wilhelm), Hofrath und Leibarzt in Weimar.

Reichardt (Johann Friedrich), Kapellmeister in Berlin; später in Giebichenstein bei Halle a. d. S. privatisirend.

Reiffenstein (Johann Friedrich), Kaiserlich Russischer und Herzoglich S. Gothaischer Hofrath, Director des Ausbildungsinstituts für Russische Künstler, und Fremdenführer in Rom.

Renner (Dr. Theobald), Professor der Thierheilkunde und Director der Thierarzneischule in Jena.

Ridel (Dr. Cornelius Johann Rudolph), Erzieher in der Familie des Grafen von Taube in Mecklenburg, dann Erzieher des Erbprinzen Carl Friedrich von Weimar, zuletzt Kammerdirektor in Weimar.

Röhr (Dr. Johann Friedrich), Oberhofprediger und Generalsuperintendent zu Weimar.

Ronr, Maler in Jena.

Rühle von Lilienstern (Johann Jakob Otto August), Gouverneur des Prinzen Bernhard von Weimar, später Königlich Preußischer General.

Rust (Dr. Johann Nepomuk), Königlich Preußischer geheimer Obermedicinal- und vortragender Rath im Ministerium der Medicinalangelegenheiten, Leibarzt, Generalstabsarzt und Professor zu Berlin.

Sartorius (Georg, später Freiherr von Waltershausen), Hofrath und Professor der Staatswissenschaften in Göttingen, während des Wiener Congresses mit diplomatischen Aufträgen des Weimarischen Hofes betraut.

Sartorius (Georg Christian), Weimarischer Architekt, zuletzt Baurath in Eisenach.

Scherer (Dr. Alexander Nikolaus), geb. 1771 zu St. Petersburg, studirte in Jena erst Theologie, dann Naturwissenschaften, hielt Vorlesungen über Chemie in Weimar, wurde 1800 Professor der Chemie in Halle, 1803 in Dorpat, später in seiner Geburtsstadt und starb daselbst, in Ungnade, als Staatsrath 1824.

Schlosser (Johann Georg), Goethe's Schwager, Badenscher geheimer Rath, zuletzt Syndicus zu Frankfurt a. M.

Schlözer (August Ludwig von), Professor der Politik in Göttingen, gestorben 1809.

Schmeller (Joseph), Professor, Maler und Lehrer an der freien Zeichnenschule in Weimar.

Schmidt (Johann Christoph), geheimer Referendar beim geheimen Consilium, dann als geheimer Assistenzrath, später als geheimer Rath stimmführendes Mitglied desselben, auch Kammerpräsident in Weimar.

Schnauß (Christian Friedrich), geheimer Rath und Mitglied des geheimen Consiliums in Weimar.

Schreibers (von), Regierungsrath und Director der k. k. Naturalien-Sammlungen in Wien.

Schröter (Corona Elisabeth Wilhelmine), Schauspielerinn und Sängerinn in Leipzig, später in Weimar, gestorben 1802.

Schulz (Christoph Ludwig Friedrich), Königlich Preußischer Staatsrath in Berlin.

Schumann (Johann Ehrenfried), Hofmaler in Weimar.

Schütz (Dr. Christian Gottfried), von 1779 bis 1804 Professor der Poesie und Beredsamkeit in Jena, wo er 1785 die Allgemeine Literaturzeitung gründete, später in Halle.

Schweitzer (Dr. Christian Wilhelm), Professor der Rechte in Jena und Landtagsabgeordneter, trat 1819 als geheimer Staatsrath mit Sitz und Stimme in das Großherzogliche Staatsministerium und wurde 1825 zum geheimen Rath, später zum wirklichen geheimen Rath befördert. Im Jahre 1848 trat er in den Ruhestand, nachdem er als Staatsminister seit 1843 thätig gewesen war.

Seckendorf (Carl Siegmund Freiherr von), Kammerherr in Weimar, Dichter und Componist, Uebersetzer von Camoëns' „Lusiade", später Preußischer Gesandter im Fränkischen Kreise.

Seeger (Johann Georg), Secretär bei der Kriegs- und bei der Berg-
werks Commission in Weimar.

Seibel (Philipp), Goethe's Bedienter und Schreiber, später Rentamtmann
in Weimar.

Sinclair (Sir John), geb. 1754, Gründer und Präsident des Board of
agriculture und der Gesellschaft zur Verbesserung der britischen Wolle;
gestorben 1835.

Sömmering (Dr. Samuel Thomas von), berühmter Anatom und Arzt,
zuletzt in Frankfurt a. M.

Soret (Dr. Friedrich), aus Genf, Erzieher des Prinzen, jetzigen Großherzogs Carl Alexander von Weimar.

Sprengel (Dr. Curt), Professor der Botanik in Halle.

Staff (Christian Friedrich August von), Weimarischer Kammerherr und
Forstmeister, später Oberforstmeister.

Stark (Dr. Johann Christian, I.), von 1779 bis 1811 Professor der Medicin in Jena, Weimarischer Leibarzt.

— (Dr. Johann Christian, II.), Neffe des Vorigen, von 1796 bis 1837
Professor der Medicin in Jena, Weimarischer Leibarzt.

— (Dr. Carl Wilhelm), Sohn des Vorvorigen, 1809 Hofmedicus, 1814
Feldarzt des Herzogs Carl August von Weimar, später Leibarzt und
Professor der Medicin in Jena.

Stein (Gottlob Ernst Josias Freiherr von), Weimarischer Oberstallmeister
und Besitzer des Rittergutes Großkochberg.

— (Charlotte Albine Ernestine Freifrau von), geb. von Schardt, Gemahlinn des Vorigen.

— (Friedrich Constantin von), Sohn der beiden Vorigen, starb als Ge-
neral-Landschafts Repräsentant in Breslau. Als derselbe 9 Jahr alt war,
nahm ihn Goethe zu sich ins Haus.

Steiner (Carl Friedrich Christian), Baurath in Weimar.

Sternberg (Caspar Maria Graf von), K. K. geheimer Rath und Präsident der patriotischen Gesellschaft und des vaterländischen Museums zu
Prag, geb. 1761; Präbendar der Domcapitel zu Freising und Regensburg, Botaniker und Geognost; besonders berühmt durch seinen „Versuch
einer geognostisch-botanischen Darstellung der Flora der Vorwelt".

Sturm (Dr. Carl Christoph Gottlieb), von 1807 bis 1819 Professor der
Oeconomie und Kameralwissenschaften in Jena, Gründer eines landwirth-

schaftlichen Instituts in Tiefurth bei Weimar, später einer ähnlichen Anstalt in Poppelsdorf bei Bonn.

Tischbein (Johann Heinrich Wilhelm), Maler.

Tobler (Johann), Lavater's Schüler und Freund, Archidiakonus in Zürich, geb. 1732.

Trattnik (Leopold), Custos des K. K. Hof-Naturaliencabinets zu Wien.

Trebra (Friedrich Wilhelm Heinrich von), königlich Sächsischer Oberberg-
hauptmann.

Treitlinger (Ludwig von), Staatsrath, Weimarischer Ministerresident zu
Paris.

Trippel (Alexander), aus Schaffhausen, Bildhauer.

Vent (Christian Gottlob), Architekt in Weimar mit dem Charakter als
Hauptmann.

Verlohren (Heinrich Ludwig), Weimarischer Geschäftsträger in Dresden
und Oberst.

Villoison (J. B. Gaspard d'Ansosse de), einer der gründlichsten Kenner der
alt- und der neugriechischen Sprache und Literatur, gestorben 1805 in Paris.

Vogel (Dr. Carl), Arzt in Liegnitz, dann Großherzoglicher Leibarzt in
Weimar, jetzt geheimer Hofrath und vortragender Rath im Großherzoglichen Staatsministerium, Herausgeber des gegenwärtigen Werkes.

— (Christian Georg Carl), geheimer Kanzleisecretär, später Kanzleirath)
in Weimar.

Voigt (Christian Gottlob von), Hof- und Regierungsrath, dann geheimer Assistenzrath und Mitglied des geheimen Consiliums, später wirklicher geheimer
Rath und Präsident des Staatsministeriums in Weimar, gestorben 1819.

— (Johann Carl Wilhelm), Bruder des Vorigen, Bergsecretär, später
Bergrath in Ilmenau.

— (Johann Heinrich), von 1789 bis 1823 Professor, erst der Mathematik,
dann der Physik in Jena.

— (Friedrich Siegmund), Sohn des Vorigen, von 1807 bis 1850 Director des botanischen Gartens in Jena.

Vulpius (Christian August), Rath und Bibliothekar in Weimar.

Wagner (Gottlieb), Hofgärtner in Jena.

Waitz (Johann Christian Wilhelm), Lehrer am freien Zeicheninstitute zu
Weimar.

Waldner (Adelheid von), Hofdame der Herzogin und Großherzogin Louise
von Weimar.

335

Wedel (Otto Joachim Moritz von), Kammerherr und Oberforstmeister, Jugendgespiele des Großherzogs Carl August von Weimar.

Werner (Abraham Gottlob), Königlich Sächsischer Bergrath und Professor an der Bergakademie zu Freiberg, berühmter Mineralog.

— (Friedrich Ludwig Zacharias), Verfasser der „Söhne des Thales", der „Templer auf Cypern", der „Weihe der Kraft", der „Wanda", des „Vier und zwanzigsten Februar" und anderer dramatischer Dichtungen, wurde katholisch und starb als Prediger in Wien.

Weyland (Philipp Christian), geheimer Secretär des Herzogs Carl August von Weimar, dann Kriegsrath, zuletzt Präsident des Landschafts Kollegiums in Weimar.

Willemer (Johann Jacob von), Banquier zu Frankfurt a. M., Königlich Preußischer geheimer Rath.

Wolf (Friedrich August), Professor der Philologie in Halle, später in Berlin, geheimer Rath.

— (Ernst Wilhelm), Kapellmeister in Weimar.

Wolff (Pius Alexander), dramatischer Dichter und Schauspieler in Weimar, später in Berlin.

Wolzogen (Wilhelm Ernst Friedrich Freiherr von), Schiller's Schwager, trat als Kammerrath und Kammerherr in Weimarische Dienste und starb als wirklicher geheimer Rath und Oberhofmeister.

Zach (Franz Freiherr von), Astronom, Herzogl. S. Gothaischer Oberst, später Generalmajor und Oberhofmeister der Gemahlinn und Wittwe des Herzogs Ernst II.

Ziegesar (August Friedrich Carl Freiherr von), auf Drakendorf bei Jena, Herzogl. S. Gothaischer geheimer Rath.

(Anton Freiherr von), Sohn des Vorigen, Präsident der Landesdirection in Weimar, später Präsident des Oberappellationsgerichts und Curator der Universität zu Jena.

Weimar. — Hof-Buchdruckerei.